U0675308

中国历史文化名人传

琵琶情
高明传

金三益 著

作家出版社

中国历史文化名人传

组委会名单

主任：李　冰
委员：何建明　葛笑政

编委会名单

主任：何建明
委员：何西来　李炳银　张　陵　张水舟　黄宾堂

文史组专家成员（按姓氏笔划为序）

王春瑜　王家新　王曾瑜　孙　郁　刘彦君　李　浩　何西来
郑欣淼　陶文鹏　党圣元　袁行霈　郭启宏　黄留珠　董乃斌

文学组专家成员（按姓氏笔划为序）

王必胜　白　烨　田珍颖　刘　茵　张　陵　张水舟　李炳银
贺绍俊　黄宾堂　程步涛

出版说明

中华民族五千年文明史中，涌现了一大批杰出的文化巨匠，他们如璀璨的群星，闪耀着思想和智慧的光芒。系统和本正地记录他们的人生轨迹与文化成就，无疑是一件十分有必要的事。为此，中国作家协会于 2012 年初作出决定，用五年左右时间，集中文学界和文化界的精兵强将，创作出版《中国历史文化名人传》大型丛书。这是一项重大的国家文化出版工程，它对形象化地诠释和反映中华民族文化的基本精神，继承发扬传统文化的精髓，对公民的历史文化普及和建设社会主义文化强国都具有重要而深远的意义。

这项原创的纪实体文学工程，预计出版 120 部左右。编委会与各方专家反复会商，遴选出在中国文化发展史上产生过重大影响的 120 余位历史文化名人。在作者选择上，我们采取专家推荐、主动约请及社会选拔的方式，选择有文史功底、有创作实绩并有较大社会影响，能胜任繁重的实地采访、文献查阅及长篇创作任务，擅长传记文学创作的作家。创作的总体要求是，必须在尊重史实基础上进行文学艺术创作，力求生动传神，追求本质的真实，塑造出饱满的人物形象，具有引人入胜的故事性和可读性；反对戏说、颠覆和凭空捏造，严禁抄袭；作家对传主要有客观的价值判断和对人物精神概括与提升的独到心得，要有新颖的艺术表现形式；新传水平应当高于已有同一人物的传记作品。

为了保证丛书的高品质，我们聘请了学有专长、卓有成就的史学和文学专家，对书稿的文史真伪、价值取向、人物刻画和文学表现等方面总体把关，并建立了严格的论证机制，从传主的选择、作者的认定、写作大纲论证、书稿专项审定直至编辑、出版等，层层论证把关，力图使丛书经得起时间的检验，从而达到传承中华文明和弘扬杰出文化人物精神之目的。丛书的封面设计，以中国历史长河为概念，取层层历史文化积淀与源远流长的宏大意象，采用各个历史时期最具代表性的文化符号与雅致温润的色条进行表达，意蕴深厚，庄重大气。内文的版式设计也尽可能做到精致、别具美感。

中华民族文化博大精深，这百位文化名人就是杰出代表。他们的灿烂人生就是中华文明历史的缩影；他们的思想智慧、精神气脉深深融入我们民族的血液中，成为代代相袭的中华魂魄。在实现"中国梦"的历史进程中，必定成为我们再出发的精神动力。

感谢关心、支持我们工作的中央有关部门和各级领导及专家们，更要感谢作者们呕心沥血的创作。由于该丛书工程浩大，人数众多，时间绵延较长，疏漏在所难免，期待各界有识之士提出宝贵的建设性意见，我们会努力做得更好。

《中国历史文化名人传》丛书编委会

2013 年 11 月

高 明

目 录

第一章 聪慧童年：风轻轻，水盈盈，水乡童年诗意情

第一节 繁华流逝

都说人生如戏。只要披上了世俗的华衣，戏里戏外都是真实的自己。该开幕的时候开幕，该散场的时候散场。可以很投入，也可以很淡然。但最终都是人间过客，做不了归人。当我们转身离去时，这些走进戏里的人，不知道还能不能走出用一生时光编织的戏？

六百多年前的青衣男子，他是一个写戏文的人，却成了我们故事里的主角——高明。

高明，字则诚，晚号菜根道人。他是红透几个世纪的《琵琶记》剧作者，史称"南戏鼻祖"。他的祖辈随着南宋王朝南迁，最后隐居在温州瑞安阁巷柏树村。温州古称永嘉，又地处浙东，因此高明在历史古籍中又称高永嘉或高东嘉。

在高明出生前，历史这部大戏风起云涌，北方金戈铁马，战事频

繁；南方硝烟四起，民不聊生。元世祖忽必烈的铁蹄跨过草原，向中原大地席卷而来。沿途火光冲天，哀鸿遍野，千里无人烟。蒙古铁骑是个很嗜血的军队，每攻占一座城市大多屠城，杀光、抢光、烧光，惨无人道。

翻开中国历史，历代封建王朝亡国最惨的是南宋。据史传，惨到皇宫里的乐器奏乐时都会流泪，泪流干了，自碎自裂。哀哉，乐器也通人性？宁为玉碎，不为瓦全！

历史的书页翻到祥兴二年（1279）。这注定是个不寻常的年份。南宋最后一帝赵昺逃亡途中，登基不过一年。赵昺只有八岁大，由张世杰、陆秀夫两人共同辅政。

赵昺的朝廷小得委实可怜，只剩下小小的几个县。张世杰选择了广东新会的崖山作为复兴根据地。崖山因为两山相对如门，又称之为崖门山。地势险要，扼守有利。

为了给末代皇帝一个像样的居所，张世杰会同部下入山伐木，草草搭建了三十间像样的房屋，作为皇帝的行宫，又搭建营房三千间，作为军旅长期抗战之用。在颠沛流离中，陆秀夫和张世杰依然谨守纲纪，守着陋室，期待朝廷复兴。

元军担心逃亡中的宋室星星之火燃成燎原，派张弘范率军前往剿灭。

一二七九年刚刚来临，张弘范就率兵占据崖山海口制高点，元军副帅李恒率兵追至崖山之北，两军形成南北合围之势。张弘范让张世杰早已投降元朝的外甥韩某，先后三次来劝张世杰投降："舅舅，崖山早晚都守不住，你何苦白白送了性命。识时务者为俊杰，归顺元朝，你将会有享不尽的荣华富贵啊。不要再这么固执了。"

张世杰听了，气得大骂："吾知降，生，且富贵。但义为主死，志不可移也。"（我知道，投降的话，荣华富贵都有了，却对大义有亏，你不必再说了。）

张弘范见没有效果，认为韩某作为晚辈不够分量。他逼迫俘虏文天祥写信招降张世杰。文天祥拒不答应，曰："吾不能救父母，反教人叛父母乎？"（我自己捍卫不了父母，已经够惭愧的了，你还要我教人背叛父母，未免太不近人情了吧？）

过了两天，张弘范又来磨叽。文天祥说："我想我可以为你们写一封信给张世杰。"于是挥笔作《过零丁洋》，自述四年来的战斗经历，表达以死报国的决心。诗曰：

> 辛苦遭逢起一经，干戈寥落四周星。
> 山河破碎风飘絮，身世浮沉雨打萍。
> 惶恐滩头说惶恐，零丁洋里叹零丁。
> 人生自古谁无死，留取丹心照汗青！

张弘范读罢，倒吸一口冷气，"人生自古谁无死，留取丹心照汗青"，何等豪迈，何等悲壮！他从此不敢再打文天祥的主意，全心全意进攻崖山，夹击张世杰，并且派人对着崖山喊话："你们的陈丞相（陈宜中）早已开溜，你们的文丞相（文天祥）又在我们的手中，你们既然没有指望了，还不如早早投降。"

没想到张世杰的部队意志力坚定，竟然没有一人投降。

张世杰誓死抗战到底，自断退路。他一把火焚烧了岸上行宫和军营，然后集合全部二十万人马，撤退到一千艘大船上，用铁链把船与船之间锁起来，四周筑起楼棚。小皇帝的大船停在一字形船阵的正中间。

对这种战略，许多人觉得不妥，纷纷提醒张世杰："别忘了赤壁之战的教训。"

张世杰自有妙计。他料想元军会效仿赤壁之战来火攻，早就预备了灭火的方法。他把每一条战舰都涂上厚厚的泥浆，不容易着火。他又找来许多又粗又长的竹竿，做成撞杆，只要敌军火种船驶近，就用撞杆撞击火种船。火种船互撞之后会自己燃烧起来。

张弘范率领元军浩浩荡荡地开过来，发现张世杰用铁链把船连在一起，对手下大笑道："我以为张世杰有多了不起呢，也不过如此！"便命人火攻。很显然，几次火攻，不仅没伤到张世杰一兵一卒，自己还赔了夫人又折兵。

在战争中，利用创新兵法也许能抵挡一时，但不能持久。

元军断绝宋军粮草，堵住崖山取水之路。宋军吃了十几天干粮，口渴得实在受不了，舀起海水咕噜咕噜直灌下去，海水入口的一刹那，就如六月天吃冰棍，喉头舒畅快意。然而不久，士兵们个个上吐下泻，脸色惨白。情况很狼狈，斗志却不减，张世杰率领一帮弟兄仍然努力奋战。

僵局持续了二十三天之后，正月初六，张弘范分兵前后夹攻宋营。从早至晚，潮涨时从北攻其后，潮退时则从南攻其前。宋兵不能坚持，长蛇阵终于被攻破。元兵登船展开肉搏战，体虚生病的宋军根本不是彪悍的蒙古军的对手。

张世杰知大势已去，便抽调精兵入中军。张世杰与苏刘义以十六只船夺港而出。他派了信差去接小皇帝。

当时天色已晚，且风雨交加，咫尺不能辨。陆秀夫面对信差不太相信，万一此人拿了小皇帝到元军那儿邀功怎么办？当年徽钦二帝所受的折磨实在不忍再次降临到小皇帝身上。他走到帝船上，见船大且被连环索处处系紧，估计逃不脱了，便叫妻子投海自尽。他自己穿好朝服，跪地泣奏曰："国事至此，陛下当为国死，不可受辱。"

小皇帝不知道怎么回事，只知江面风好大，吹得后背冰凉，吓得哇一声哭了起来："我要回岸上，我不要待在这儿，我不要待在这儿。"陆秀夫眼泪簌簌而下，他跪下叩了一个响头："陛下，我们要殉国了！"然后，眼泪一抹，背起赵昺纵身一跃，跳入海中。刺骨的海水将他们卷入海底。中华历史上最悲惨的一幕随之发生：陆秀夫的属下，也都跟着跳入海中，后宫及群臣也纷纷投海殉国。

张世杰护送杨太后回到崖山，太后闻知帝昺已死，抚膺痛哭曰："吾忍死万里间关至此者，正为赵氏一块肉耳，今无望矣！"说罢扑向大海，壮烈殉国。

在国家命运的转折关头，从皇帝到大臣、士兵甚至普通百姓，每个人都在用自己的行为表态——誓不投降，为国捐躯。

七天后，海面浮尸十余万。

张弘范喜出望外，邀功讨赏，并在崖山悬崖上刻下"镇国大将军张弘范灭宋于此"，用以表彰自己的功德。不料，元灭亡以后，这块字迹很快被人铲平，改刻着"宋丞相陆秀夫死于此"。

历史，记住了文天祥、张世杰、陆秀夫。崖山精神，春秋大义。

中国历代封建王朝亡国的遗址大多寂寂无闻，唯独南宋亡国的遗址新会崖山独放异彩。这是因为南宋君臣和将士用鲜血和生命在崖山镌刻着民族的正气歌，在崖山凝聚了爱国主义的民族魂。

浙江省瑞安市阁巷（古称崇儒里）柏树村集善院，正堂放着崖山之战的刻石，上面记录着整个崖山战役的全过程，悲壮、苍凉。正对着崖山战役刻石，掩映在青青松柏之间的是一座高高凸起的墓冢，它是本书的主人公高明之墓。

距崖山战役二十七年后高明出生了。崖山之战给了他怎样千丝万缕的影响，我们不得而知。蹚过历史的河流，我们走进了一个河网纵横的江南水乡，一探"南戏鼻祖"高明的出生地。

江南。浙东南飞云江畔。一个鱼米之乡。青石板铺就的乡间小道，河网四通八达，小桥随处可见。素有浙南威尼斯之称的瑞安崇儒里柏树村是一个美丽的村庄。一条塘河把崇儒里分为南北两岸。

南岸陈府，系当地名门望族。推开厚厚的重门，一座占地几十亩的古朴庭院风光旖旎。环环曲曲的长廊通向竹林，高高的樟树点缀其间，更有那成串的紫薇耐不住寂寞，把一树的灿烂探出高墙深院外。主人陈则翁是宋末爱国志士，原任南宋的广东副使。南宋灭亡后，他不肯投靠元朝为官，遂携妻儿避难崇儒里定居，并建一座"集善院"。他的几个儿女都是爱国诗人。他经常集合附近的爱国文人，哭着祭奠宋朝亡帝及文天祥、岳飞等爱国志士。这其中就有高明的祖父高天赐。他们是爱国志士、南宋遗民，同时世代联姻。

北岸高宅苑住着一户高姓人家，系书香门第。高家祖先是河南开封人，历代为官。到宋高宗建炎四年（1130），曾任威德军节度使的高世则护驾南渡，被封在温州为官，才迁住在温州的九曲里，后裔遍布浙南各地。隐居柏树村的高天赐就是其中的一支。

高天赐次子高功甫从小受父亲熏陶，饱读诗书，出落得一表人才。陈则翁把掌上明珠嫁给高功甫为妻。

新婚一年，陈氏就有喜了。望着儿媳日益隆起的肚子，高天赐一扫之前的忧伤。作为南宋遗民，他亲历过崖山之战，虽然活下来了，但作为前朝的亡国之人，活得隐忍，活得没有尊严。也许他也希望自己是崖山跳海殉国中之一员。如此便不用备受亡国的痛苦，在元军的铁蹄蹂躏下苟活着。

人，有时候活着比死去更需要勇气。

高天赐饱受离乱之苦。现在这即将到来的孙子给灰暗的人生带来一丝曙光。他看着自己的希望渐渐丰满。

和陈氏一起身怀六甲的邻居刘氏，姐妹相称。两个有身孕的女人经常聚在一起，讨论肚子里的孩子是男是女。刘氏已经是第三胎，富有生产经验的她对陈氏说："你的肚子高高往前，尖尖凸起，后背却是挺直的，一点也看不出怀孕的迹象，腹中一定是个男孩。"陈氏笑而不语，望着肚子，感受腹中游龙般的蠕动，安详而满足。她对孩子的性别不在乎，只要孩子健康聪明，她就满足。天下父母之初衷大都如此吧！

然而高天赐却不这样想，他走过了离乱的南宋。崖山战争的惨烈，报国无门的绝望，都在消磨他那颗千疮百孔的心。他这辈子是没希望了，但是孙辈可以延续他的生命，完成他未竟的理想。他牵肠挂肚，非常渴望儿媳的肚子里是个男胎。

真是日有所思，夜有所梦。

公元一三〇五年农历十月的一个深夜，三更，更深露重，万籁俱寂。高天赐沉沉睡去。

突然，窗外电闪雷鸣。

一道白光撕裂天际，"轰隆"一声巨响，狂风大作，"嘭"的一声，门被狂风推开。

高天赐慌忙起床，趿着木屐，急急地来到房门前，伸手正要关门。朦胧中，一位长发冉冉的长者立在房前，一袭白色长袍，手执拂尘，一副仙风道骨的模样。

高天赐十分惊讶，拱手作揖道："敢问道长从何而来？"

道长一拂拂尘，道："我自天庭而来，奉玉皇大帝旨意，护送文曲星下凡投胎到你家，感念你高家祖祖辈辈积善行德。这孩子将来不得了，你好生培养吧！"

"此话怎讲？"高天赐还想进一步细问。

"天机不可泄露！哈哈哈……"一道亮光划过，白袍道长转瞬消失。

"道长——"高天赐从床上坐起，伸长手臂想要抓住什么，可眼前空空如也，除了电闪雷鸣什么也没有。他呆呆坐在床上，久久回味刚才的那个梦。

就在高天赐琢磨着这个奇怪的梦时，他的儿子高功甫正手握黄卷，伴着一盏孤灯，低声吟咏："宫阙万间都做了土。兴，百姓苦，亡，百姓苦。"读到深情处，不禁站起身，踱出门外。

夜，在府灯的映衬下越发显得深沉。

一阵寒风吹过，卷起的黄叶带来肃杀之气，高功甫打了个冷战。想起崖山战役，想起南宋灭亡时，自己跟随父亲，也在这样的深夜，顶风冒雨逃难的一件件往事……

"二少爷，二少奶奶快要临盆了！"婢女小翠急匆匆地前来禀报。

高功甫大喜，大步流星向西厢房奔去，却被高府婆子拦住去路："二少爷，产房重地，请止步。"

这高功甫身虽被拦在西厢房门口，心早已飞到夫人陈氏身上。陈氏一阵紧一阵的阵痛呼喊如密集的锣鼓敲在高功甫心头，使他坐立不安。小翠听从稳婆吩咐，泡好参茶，只待孩子一落地就给生娘送将过去。高功甫端过参茶，嘱咐小翠进去好生伺候，生了之后他会亲自端进去。

好不容易挨到五更天，忽然夜空一声霹雳巨响，一道耀眼白光从窗口闪进。顷刻间，"哇——"一阵洪亮的啼哭声划破夜空。

"生了，生了！"高功甫大喜过望，端起参茶一饮而尽。

"恭喜二少爷！二少奶奶生了个大胖小子。母子平安！"小翠满脸笑容给高功甫道喜，她一眼瞥见高功甫手中空空的茶杯，"二少爷，你怎么把少奶奶的参茶自个儿喝了呀？"

"快活过头了！快活过头了！"高功甫抑制不住脸上的喜悦走进厢房。婆子、丫鬟大笑不止。

婴儿静静地躺在襁褓中，一双小手紧紧握着。他皮肤白皙，并无血污。高高的鼻梁，小小的嘴，天庭饱满，乌溜溜的双眼，两鬓之间的头发稀少，像极了高功甫。

高功甫无法形容自己的狂喜，仰头大笑出门去。

"爹——我有儿子了，您有孙子了！"洪亮的笑声传遍了整个大院。

高天赐正在琢磨这个奇怪的梦，闻听此言，喜得老泪纵横。他顾不得披衣，跑到院子，对天长拜。高功甫无法理解父亲的行为，以为是老父亲想孙子想疯了。

高家沉浸在喜气洋洋的氛围中。生儿子，乡间分红蛋，撒七彩花生，请众亲友邻里吃寿面、莲子汤。这样忙活了一个月。

孩子一天一个样，变化极快，学哭，学笑。每一次新奇的变化，高天赐都感到神奇。他养儿子时还未这么认真地观察过孩子的变化，到了孙辈，他却关怀备至。新生儿一天大部分时间都在睡眠状态度过，高天赐有时甚至想唤醒小孙孙，恨不得把自己毕生所学都教给他。

转眼，婴儿满月。高家上下，张灯结彩，大排筵席，里里外外忙个不停。

高功甫携夫人给父亲高天赐请安。高天赐看着这位额头宽阔天庭饱满的孙子，想想孩子出生当日，神仙托梦这孩子将来大有作为，心中说不出有多喜欢。

"爹，您学问渊博，给孩子取个名字吧！"

老爷子把目光投向襁褓中的孩子。孩子正看着烛光，一双小手欢快地挥舞着。"嗯，有了——"高天赐捏一把胡子沉吟道，"孩子喜欢光明，又是在一道白光中诞生，取明，希望他读书聪明，做事光明，为官廉明。"

陈氏对这名字很喜欢，连声称好。

"功甫，你也饱读诗书，你来给孩子取字。"老爷子乐呵呵地把目光投向儿子。

"这——"高功甫略一沉吟，一眼瞥见庭上匾额：德馨堂。这三字是祖上取自刘禹锡的《陋室铭》：山不在高，有仙则名，水不在深，有龙则灵……斯是陋室，惟吾德馨……

"爹，不如字则诚吧，'则'表示法则、制度，让吾儿学诚行诚，希望我儿能遵守法则，将来做一个诚实、诚恳、诚信的有德之人！做一个诚实忠厚的国之栋梁。"

"好，好，正合我心意。"

不知是这方清冽的水土特别滋养人，还是崇儒里地名蕴含的深意，此地历代出了许多名人雅士，而以高家和陈家为甚。高家素来"师友一门兄弟乐，文章独步子孙贤"。这个家族后来因为高明的《琵琶记》而名垂千古。

六百多年后，一波又一波的《琵琶记》研究让日益沉寂的柏树村声名鹊起，那供奉南宋亡帝的集善院更是成为后人怀古的最佳落脚点。

一家之主高天赐和他的儿子高功甫、高彦，也都是当时有名望的诗人。如果没有高明，高家的儒雅绅士，跟大多地方绅士一样，早已湮没在滚滚的历史尘烟中，少有人记起。

高天赐盼望着孙子高明考上科举来光耀门楣，振兴家族。哪想到乱世中高明身似浮萍随风飘零，十年的宦海生涯带给他深深的厌倦，理想遭遇黑暗的官场打击，在苦闷和孤独中左右突围。浮生若梦，人生如戏，把那些美好的愿望寄托在戏中吧。哪怕只是发发呆，做做梦，也让心灵有个喘息的空间！

失意才子高明改编民间戏文《赵贞女和蔡二郎》，诞生了《琵琶记》。

这故事的原型，在民间戏曲中也有上演：赵五娘罗裙包土，替公婆筑坟，是一个贤妻良母的代表；蔡伯喈不顾父母，遗弃妻子，结果被暴雷震死。高明扭转了蔡伯喈忘恩负义的负心汉形象，给了一个夫妻团聚、一夫两妻共同守孝的美好结局。

因一部戏名垂千古，在滔滔的历史洪流中闪闪发光。高家始料不及，高明更是想都不敢想。很多人，很多事，谁能预料到呢？须知，高明的志向不是当作家、当诗人啊。几回欲挽银河水，他要做一个正直善良的高青天，怎么一不留神成了乱世官场出走的才子、饮尽孤独的剧作家？

当然，懵懂出生的高明不懂上天安排的命运走向。他出生在显赫的家族。外公陈则翁是南宋广东副使，爷爷也是一代名儒。虽然南宋亡国，但凭着祖辈留下的那点田产，幼小的高明较之普通农家子弟幸运得多。在那个饿殍遍野、人吃人的动荡年代，高明不用为吃喝发愁，过着高家小小少爷的无忧日子。书童高林伴随一路成长。吟吟诗赋，听听戏文，在水乡的角落打一场酣畅淋漓的水仗，耍耍小神童的威风。风轻云淡般的生活，仿佛战争的烟火从来未曾在柏树村出现过。

他出生时离灭亡的南宋已有二十七年，没有亲历亡国的哀痛，自然体会不到这个曾经辉煌的家族因为一场时代的更迭而日渐衰落，那些藏在祖父、外祖父深深浅浅沟壑里的忧伤缘何而来？

门前的小桥，流水，人家；榕树，垂柳，栏杆，画一般的美景，高明深深沉醉在其中。

第二节　诗意年华

童年的美，在于对世界的认识模糊。成年之后散失了童年的天真，又遭受一番番打击，于是假装糊涂来换得那份天真。这种天真带着岁月的沧桑，潜藏了对命运无奈的暂时逃离，所以人不由自主地回忆过去纯粹的无知和天真。

母亲陈氏爱极了这个喜欢光明的孩子，在夜晚的烛光下，一首一首童谣伴随着高明成长：

　　阿姆汪汪困，阿妈有事干；
　　阿姆汪汪醒，阿妈买糖饼。

高明在母亲的轻轻拍打声中，安然入眠，日子渐渐丰盈。他对那些永远听不完的瑞安童谣，滋生沉迷的情愫。

母亲会抱着他看屋檐的燕子窝，轻轻摇着他低吟：

　　吊儿，吊儿，你哪里来啊？吊儿，
　　天上落嗳，宝宝。
　　天上落下伲事干啊？吊儿，
　　寻火种嗳，宝宝。
　　火种寻来作伲用啊？吊儿，
　　点盏灯嗳，宝宝。
　　灯点起作伲用啊？吊儿，
　　寻锁匙嗳，宝宝。
　　锁匙寻来作伲用啊？吊儿，
　　开楼门嗳，宝宝。
　　楼门开了伲事干啊？吊儿，
　　拔稻秆嗳，宝宝。
　　稻秆拔来作伲用啊？吊儿，
　　打草鞋嗳，宝宝。
　　草鞋打起作伲用呢？吊儿，
　　外公着嗳，宝宝。
　　外公着起伲事干啊？吊儿，

摘粽箬嗳，宝宝。

粽箬摘来作伲用呢？吊儿，

扼大粽嗳，宝宝。

大粽扼起作伲用呢？吊儿，

重五吃嗳，宝宝。

重五伲事干要吃粽啊？吊儿，

祭屈原嗳，宝宝。

屈原到底是伲人啊？吊儿，

大诗人嗳，宝宝。

该伲叫作大诗人啊？吊儿，

讲不完嗳，宝宝。

什么事情讲不完啊？吊儿，

话很长嗳，宝宝。

今日有事先飞去啊，吊儿，

明朝有闲再讲添嗳，宝宝。[①]

那一串串童谣对答有韵，又包含历史典故、民间风俗，真好听！
他会咿咿呀呀，手舞足蹈，发出咯咯的笑声。

不知道他晚年创作《琵琶记》时，是否想起这些朗朗上口的童谣？
它的音韵可曾为他创作带来影响？

高明的童年在秋千上荡漾，在龙舟中呐喊，还在母亲温暖的被窝里
打滚，以及散落在咿咿呀呀的乡间唱腔戏韵中……

高明出生前后，据史载，正值温州鼓词和南戏盛行。

农闲时节，村里请鼓词师唱词，高明童年在鼓词的熏陶中长大。水
乡夜晚显得特别安静，鼓词一响全村人皆知，那曼妙琴声恍若天籁。最
富吸引力的是"整本词"，崇儒里庙会、结婚、做寿以及孩子满月，都

---

① 吊儿，瑞安方言指燕子。

要请鼓词师连续唱几夜大词，犹如现在的电视连续剧，鼓词师每晚结尾时设下的悬念更是妙不可言，吊足了听众胃口。

高明听得最多的还是"门头词"。那时，经常有盲人流浪鼓词师经过崇儒里。他们肩背一条中间开口两端可装东西的长口袋，一端装着弦琴，一端放置檀板和扁鼓，每当到一家门前，主人都会客气地端凳接待，鼓词师摆鼓调弦，檀板一响琴声一亮，周边邻居闻声而来。门头词一般是情节简单的鼓词片段，如果技艺不错，村里人会建议鼓词师在村里演唱几天几夜，词资往往是村里人拼凑起来的。

温州鼓词拼凑出高明整个童年的欢乐时光。

成人后，高明来往县城要过飞云江，每次往返要乘船渡江。随船的几乎都有一位鼓词师，一开船，鼓词师便顾自开始演唱，词资由乘客自愿给。在微浪中听着鼓词，半个时辰的水路也不感到漫长了。

当我们走进集善院收集史料时，居住在集善院河对岸的乡村人家传来悠扬的琴声，伴着苍凉的吟唱令人动容。难怪陆游有诗云：

斜阳古柳赵家庄，负鼓盲翁正作场。

死后是非谁管得？满村听说蔡中郎。

这样的音韵在高明的成长历程中俯首可拾，只是幼小的高明还不知道，今后的命运会和鼓词中的蔡中郎联系在一起。

南戏始于宋朝，随着南宋朝廷的南移逐渐发展，到元朝时越来越兴盛。也许最初的传播方式来自流浪艺人肩背弦琴，走村串巷用温州方言特别是瑞安腔吟唱。吟唱的内容大都是才子落难，偶遇小姐资助得中状元一家团圆。在缺乏娱乐的年代，这种吟唱给了人们多少希望寄托，慰藉多少落寞的心灵。如今这种吟唱方式逐渐有了自己固定的名称——温州鼓词，并作为世界非遗文化传统项目保留下来。

受鼓词影响，戏班的普及也越来越广，逐渐在崇儒里一带活跃起来，农家富户，逢红白喜事都要请戏班过去热闹一下。渐渐地，耳濡目染，连田头的老翁都会哼几句自娱自乐一番。

高明满周岁，高府请来戏班庆祝。正在大哭不止的高明听到锣鼓声响，停止哭闹，随着悠扬的唱腔声，嘴里咿咿呀呀，开始含糊不清地发出"咿——呀——"。粉嫩的小手，挂在嘴边清冽的口水，逗得高家上下哈哈大笑。孩子咿呀发声，第一声虽不是爹娘，但开口学语还是喜煞高府老太爷高天赐。他捋着胡子乐不可支，目光里满是慈祥。

戏文的教化真是功不可没，把一个乳儿唱开了腔。这是巧合还是命运的暗示？高明平生吐出的第一个音符竟跟戏有关。

周岁的高明，已会蹒跚地迈出几步，他清亮无邪的眸子对世间万物充满好奇。他的人生走向似乎在周岁的时候已经透露玄机。

中午吃长寿面之前，在众亲友的见证下，抓周仪式开始了。院子里陈设大案，丫鬟端上一铜茶盘，上摆：印章，儒、释、道三教的经书，还有笔、墨、纸、砚、算盘、钱币、账册、首饰、花朵、胭脂、团扇、吃食、玩具。高明望着父母为他设置的抓周物件，他一手抓起毛笔，一手握着团扇，就再也不肯放下，对其他的物件视而不见。

一手脂粉气，一手学识，对于这个寓意，祖父高天赐有喜有忧。喜的是他手握毛笔，将来必是读书之人，学识过人；忧的是他手握团扇，不是混迹勾栏瓦舍，也是多情种子！后来，《红楼梦》中贾政让贾宝玉抓周，以及我们行走山西祁县乔家大院，看到那些真实的蜡像抓周场面，似乎都在向世人诉说着，抓周，寄予一个家族对男丁未来的厚望。

抓周，一场似是而非的游戏，真的可以判定一个人的命运走向吗？每个人来到人间似乎都是带着使命而来的。或许，一个人的使命，未必就是成就大业，驰骋疆场，平定江山。他可以为一段情、一首诗、一阕词而来。哪怕只为了一个诺言，还一份情债，也是使命。

高则诚的使命究竟是什么，我们只能从他抓周开始探寻他的人生脉络，和文字有关的、和毛笔有关的！时至今日，当我们从集善院门前的小桥走过时，蓦然惊觉，这位惊艳六百多年光阴的旷世才子，那支紧握在粉嫩小手中的毛笔是否就是他今生的红颜？伴随他穿越六百多年的风尘仍不褪色!

紫藤萝爬满菱格窗,啾啾的小鸟落在晾衣绳上,组成动人的五线谱,在春风中摇曳生姿。

临窗而坐的高功甫逐字逐句地教儿子高明朗诵赵师秀的诗:

> 黄梅时节家家雨,青草池塘处处蛙。
> 有约不来过夜半,闲敲棋子落灯花。

高明熟读成诵,总是幻想无数。

江南多雨,望着雨敲在鳞鳞千瓣的瓦上,由远而近,轻轻重重轻轻,夹着一股股的细流沿瓦槽与屋檐潺潺泻下,各种敲击声与滑音密织成网,仿佛谁的千指百指在按摩耳轮……

这样的音韵,高明总是听了又听,沉醉其中。

这一年,高明五岁。父亲教他《三字经》《千字文》《千家诗》《百家姓》《孝经》以及平平仄仄的唐诗宋韵……

高明格外喜欢瑞安前辈曹豳那首入选千家诗的《暮春》:

> 门外无人问落花,绿荫冉冉遍天涯。
> 林莺啼到无声处,青草池塘独听蛙。

高明后来的格律诗写得很不错,是不是受这位前辈影响?古老的文化引发他对知识的向往。他聪敏好学,记忆力超常,很多文章过目不忘。

《孝经》在元明清很流行,似乎是那个年代的普及本。百善孝为先。它对高明后来的创作产生了深远的影响。在他正式入学之前,父亲有意无意在高明心田播撒道德的种子,不期然,在日后官场失意,遍尝各种打击时,童年撒下的种子却长成一片参天大树,构建了在乱世中依然傲然挺立的道德王国,并以《琵琶记》的形式展现出来。

到了七岁,父亲把他送到了集善院正式拜师求学。

供奉着南宋二帝灵牌的集善院，用鲜活的事例告诫孩子：勿忘亡国之痛！勿忘崖山跳海的十万臣民的民族气节！

初进集善院，一树灿烂的紫薇花爬出墙头，点亮旖旎的春光。集善院在幼小高明的眼中很大，穿过曲曲弯弯的回廊，高明第一次见到先生陈与时端坐在孔子像前。陈与时是陈则翁的小儿子，高明的启蒙老师，后来他的侄女陈素嫁予高明为妻。缘分天注定，在这个巍峨肃穆的院子，高明和陈素青梅竹马，并最终喜结连理。当然这一切，幼年的高明是料想不到的。

陈与时魁梧，严肃。这和高明平时看到的和蔼形象截然不同。

父亲让他端端正正地行了拜师礼后，起身告别。他拉过高明嘱咐道：好好学习，文字好比是一把钥匙，没有钥匙怎么能打开文化宝库呢？

似懂非懂的高明郑重地点点头。

寒来暑往，高明大多时间在集善院度过。他经常对着崖山海战纪念碑诵读儒家经典。我们不知道崖山的悲壮给了他怎样的精神影响，以致成年后即使明知道元帝国大厦将倾，他依然不肯弃之投靠朱元璋。生是元朝的臣，死是元朝的魂。

一年后，上苍给高明送来了一个活泼伶俐的表妹。她是陈则翁的孙女。在重男轻女的封建时代，如果不是嫁给南戏之祖高明，她的姓氏就像天下大多数的妇女一样，湮没在历史的尘埃中。她是高明青梅竹马的同窗，陈则翁的掌上明珠，历史上没有提及她的名字，作为伴随了大戏曲作家一生的爱人，我们应该给她一个名字。她出生在梦幻般的水乡，一颗素心伴着高明低吟浅唱，我们就叫她陈素吧。

初次相逢，在那青翠葱茏的集善院，陈素就像门前池塘盛开的白荷花，纤尘不染，高贵典雅。尚不知男女情事的高明被这朵白荷花深深迷醉，迷上她眉间的笑颜，妙语连珠的利齿，还有那轻盈的身姿。高明因为她，爱上了荷花的素雅。

陈则翁是个格外开明的绅士，为了子孙后代能成为有出息的人，他鼓励陈家大族凡是七到十四岁的儿童都送来学习。学堂为孩子们提供丰盛的点心。外族亲戚如果有好学的孩童也可以送来。这一做法得到了族人的支持和赞赏。陈则翁去世后，他的小儿子陈与时接了他的班，继续在集善院授课。高明、高明弟弟高旸、陈则翁孙女陈素等三十来个孩子，齐聚集善院上课。陈与时从《百家姓》《孝经》开始教起。

阳春三月，田里的麦苗齐身，深绿的麦叶衬托着浅绿色麦秆，在阳光下绿油油地耀眼。小麦秆像是被小嘴巴吹了气，一根根麦秆都鼓起一个个小包，在春风中摇曳着。野草夹杂着黄的、红的、白的小花，暖暖地绽放着。

春光里，集善院内，陈素给了高明如花般的笑靥。她陪他读书练字，陪他裁纸研墨，帮他拭去额头的细汗。高明越发爱上了集善院，爱上了诗书年华，成了享誉乡里的小神童。

她为他斟茶，于是白瓷杯里，清澈的茶叶漂浮着，一如陈素清澈的眸子。他给她讲历史典故，夕阳的余晖淡淡地洒在他们身上，晕黄而柔和。

和大多数的孩童一样，他们喜欢玩各种游戏。

高明最喜欢跟着同伴们在麦田间的田埂上猛跑，喜欢隔着麦田追击、拦截和阻击。他的骨子里有一股男孩子特有的野性，渴望游戏的成功。

尤其对于翻绳游戏，他们乐此不疲。翻绳是崇儒里流传了几百年的游戏，考验着游戏者的心灵手巧。游戏两人对玩：一人用手指支撑编出图案，另一人用手指接过去翻出另外成形。高明能掌握的变幻招数很少，他小心翼翼，担惊受怕，不贪图击败陈素，只是害怕线绳的图案破坏在自己手中。于是明明是游戏，他却玩得谨小慎微。这小小游戏是否为他后来耿介的秉性埋下正直和谨严的因子？比如高明成年后那十年的官宦生涯，能够清正廉洁，执法一丝不苟……

作为水乡成长的男孩子，高明偏爱给了他无尽乐趣的水域。他喜欢趁母亲午睡时，溜出门外，哧溜一声跳入水中。这温柔的水，给了他无穷的奇幻想象。

午后的太阳很毒，躲在水里却很凉爽。他喜欢爬浮在水里，展开双臂，闭着眼睛，随着水流漂浮。偶尔睁开双眼，蓝蓝的天上飘浮着朵朵白云，很澄澈很干净的蓝，给了他无尽的想象。他喜欢父亲给他讲的那个历史故事：一个与他一般大小的男孩喜欢躺在水里看兵书，熟记了很多兵法。当敌人来攻城时，这个男孩吸收了兵法中精髓内容，运筹帷幄，一次次击退了敌人的围攻。

高明不知道父亲口中的男孩是谁，是祖父，是外公，还是父亲？抑或是父亲编出来的毫不相干的人物？

他也在水里试过几次仰浮。当他把撑开的手臂收拢拿书时，会突然失去平衡沉下去。倒灌进来的水呛得他马上冒出水面，狼狈不堪。那线装的书随水流冲走，他心痛不已。但是孩子就是孩子，他的乐趣却能因一只小船的到来转移了。他一个猛子扎入水底，泅过小船，一手抓住小船的船舷。随着船的移动，他不费点滴力气就往前漂走了好远，长长的波纹在他身后一路荡漾开来。等船夫发现嗔怒时，他一个猛子扎入水底又逃走了。

午后，母亲只要在桥头一出现，高明马上从河埠头爬起来，钻进集善院。他是孝子，不想做忤逆母亲的事。于是他拿起书本高声朗读，只有听到朗朗书声，母亲的怒火才会消失。调皮聪明的高明深知母亲的脾性。

他的玩伴除了弟弟高旸、表妹陈素，还有一些是村里的孩子。

村中有一个地主庞然，生个儿子叫庞娃，垂着一对鼻涕，在村中游手好闲，整天不是欺负这个就是捣乱那个，把个村子搅得鸡犬不宁。庞娃看上聪明伶俐的陈家小姐陈素，有事没事总是拦住小陈素戏弄一番，以此为乐。

这一天，刚一放学，高明一帮孩子走出集善院聚在道边玩耍。

"高明哥，高明哥，我们一起玩'点脚雷盘'好不好？点到谁，那个人要表演一个节目。"陈素说。

"我也来，我也来！"也不管人家同不同意，庞娃硬插进来。

陈素只好依了他。朗朗的童谣声中，陈素指着一双双脚前进：

点脚雷盘，

盘到南山，

七星北斗，

托星牛牛，

鸡啼马啼，

哪只脚脚并拢米恁齐！

伴着陈素清脆童音的是高明用棍子击打石阶的"哒哒"节奏声。节奏起先是缓慢的，随着陈素越念越快，节奏似奔驰的马蹄声"哒哒"成密集的一片，紧张的气氛使得小伙伴的小心脏扑扑跳。陈素嘴里最后一字归落，众人齐舒了一口气，目光不约而同地落在了陈素的手指上。这手指，正不偏不倚地指向高明。

"哈哈，高明哥，你被点上啦！演一个！演一个！"陈素欢呼雀跃。

高明走到人前，朗朗高声念了一首童谣："摆摆龙船，糯米汤圆。摆来金，摆来银，摆来铜钿娶新妗。"

"娶新妗，娶新妗，高明娶亲，娶个新娘叫陈素……"庞娃在边上起哄，陈素涨红了脸，作势要跑去打他。庞娃哧溜一下躲过了陈素的花拳，平时受过庞娃小恩小惠的小伙伴们笑得东倒西歪，不断起哄着。唯独一位叫李贤的小伙伴站在了高明身边，小声说："不要理他们，我们继续！"高明攥紧的拳头松开了。

点脚雷盘童谣继续响起，这回点到庞娃。庞娃被众人揪了出来。他挠了挠后脑勺，平时不爱学习，半天都想不出一句诗文。此时才悔恨书到用时方恨少，平时只忙于和伙伴们打泥碗，现在在陈素面前争不了面子。

"和尚娶亲，娶个美英。美英躺底角（里边），和尚躺外角（外边）。和尚掉下床，美英吓一吓。"

庞娃口不择言，想起乡村偷听来的不入流的淫调子，脱口而出。

"羞羞羞，庞娃耍流氓！"陈素又一次涨红了脸。

"走！不要跟如此粗野的人为伍。"高明带着陈素、高旸、李贤等人就走。

庞娃被高明训斥，顿感在小伙伴面前丢了面子。他不但不认错，反而两脚跺地，破口大骂。

这事正巧被在河边打水的阿柳嫂看见了。她心直口快，就替高明抱不平："庞娃庞娃，越宠越坏。他高明出口成章，你庞娃开口就骂！"只奚落得庞娃哑口无言，恨恨地跑开了。

庞娃回家告状，添油加醋数落高明的不是，硬要父亲庞然去找高明说理。庞然听了儿子的谎话，气得如六月天反穿皮袄——里外生火，眨眨老鼠眼决定治治高明。

第二天，庞然头戴方巾，身穿蓝袍，手握一把折扇，约了一位乡绅同去拜访高明父亲谈诗论文。席间，胡缠高功甫，叫出高明对对子。庞然出："银壶酌酒，老幼皆醉。"

高明略一思索，随即赔笑回对："玉案呈肴，齿颊留芳。"

庞然见高明出口成对，不禁暗吃一惊，感到高明果然反应敏捷，才学出众。

他看到高明神态自若，越生妒忌之心，接着又出一句挖苦高明的上联："童子不知道理，据案大嚼。"他出此联是报高明骂他儿子"粗俗"之仇。你高明不是自认为懂礼数吗？大人在侧，哪轮得到你小儿在旁大吃大喝！

高明瞟了一眼庞然那高傲的神情，回敬："老叟有何才学，满嘴胡言。"你认为自己很有才学，跑到我家卖弄，却不知道满嘴胡话！

庞然遭此回击，顿感丢了面子，找了个借口，顾不得吃酒，愤然而去。

被高明戏弄一番的庞然回家把气都撒在了儿子身上："狗生儿！是你这个不争气的，才让老子丢了脸，从今以后给老子进书房苦读，超过高明，中个状元给高家瞧瞧，把这口气争回来！"

庞娃被老爹吓住，果然收心好几天，躲在书房苦读。

一日一小偷潜入庞家。庞娃在房中苦读："人之初，性本善……"小偷躲在床底下，不敢贸然行动，心想等这厮睡了以后再行窃。更鼓从一更敲到四更。小偷对庞娃所读内容耳朵听得起茧，早已烂熟于心。庞娃不停纠结翻来覆去背不出"性相近，习相远"的下一句。这小偷终于忍无可忍，忘了自己此番的目的——行窃，一下蹿到庞娃面前，夺过他手中的书，一口气背了下来。完了说："见过笨的，从来没见过像你这般笨的，背了一个晚上都不成句。俺目不识丁都记住了，你这猪脑子！"

庞娃被半夜闯出来的小偷吓蒙了，等明白过来是怎么回事，大嘴一咧："爹——爹——小……小偷……"

小偷这才惊醒过来，赶紧三十六计，走为上计，翻身向墙外逃去。

不久，庞娃"猪脑子"的外号不胫而走。

而高明聪颖早慧在乡邻出了名。

一日，高明巧遇早年在京城做过尚书后来归乡隐居的老者。那尚书送客出门，他见高明趴在田边看青蛙跳跃正入神，目光清澈，炯炯有神，情不自禁捋着胡须吟道："好一只绿袄。"

高明回头一看，一位着红色长袍的长须老者正笑吟吟地看着自己，好哇，你这个老头，倒会寻我开心，把我比作青蛙，遂灵机一动："好一件红袍。"

呵呵，有点意思，反应好敏捷的娃儿。"出水蛙儿穿绿袄。"

"落汤虾子着红袍。"

"出水蛙儿穿绿袄，美目盼兮。"

"落汤虾子着红袍，鞠躬如也。"

尚书一怔，反应好快的娃儿！我只不过把他比作活青蛙，他倒好，把我比作死虾子，对得工整而俏皮。神童啊神童！将来必是将相之才！

这些把高明神童化的描述虽不见史实，但在柏树村的村民口里代代相传，在近代资料里相继流传。虽不能说有什么真实性可查，但成为这个地方乡亲的骄傲，是不争的事实。尽管多少年来这个地方再也没有出现过如此聪慧的人物，柏树村仍被以为是附近乡里最有灵气的村庄。诚然，街坊邻里对高明这个故人充满着敬仰，也寄托着念想。

咚——咚咚锵——，咚——咚咚锵——

震耳的锣鼓声把集善院里孩子的脚勾去。

龙船来了！

临近端午节，这片清澈的水域引来许多附近乡村的龙船。水面的龙船如洛阳盛开的牡丹，开在水中，只只描龙涂凤，争奇斗艳。

伙伴们顾不得继续读四书五经，放下书，个个拔腿就往河边跑。

河边早已里三层外三层围拢起看热闹的人。远远望去，观战台前黑压压一片人潮涌动。

陈素跟着高明跑上一座桥，钻过人群，靠在栏杆上一睹为快。宽阔的瑞平塘河上一字排开十几只龙船，描金绘彩。依据颜色分别起名为白龙、黑龙、黄龙、火龙……

龙船时而疾驰，你追我赶，时而悠闲行走在水面，像散步老翁悠闲自在。而当有龙船停下来闲逛时，总引得观战台上那些恨不得参与的看客们骂声一片。一青衫老人似乎早年战过龙舟，对这种懒散的船队早已看不惯："啧！老子划只乌篷船都能超过你们，奶奶的，快划啊！"

老人家话语虽粗俗，却道出去年龙船的士气和精神与今日的散兵游勇有天壤之别。去年的龙船队彩旗飘扬，鼓手鼓点如雷震耳，掌舵忘情起跳助威。高明就亲眼所见一舵手卖力呐喊，擂着战鼓在龙头上蹲下跳助威鼓劲。一次，由于起跳过高，龙船速度过快，他从空中落下时没能落在船上，一个猛子直接掉入水中，溅起水花一片。两岸观者笑成一团。今年这种场面很难看到，老伯难免有点失望。高明和陈素却看得兴致盎然。高明自懂事以来，觉得似乎这次龙船最好看，因为旁边多了个漂亮活泼的陈妹妹。

龙船好看在斗。两船相斗，二十几名壮年男子的力量使在一起，桨起水落，水花迸射，船头像脱缰的野马飞驰在河面上。船上平时其貌不扬的男子此刻在女人面前最具美感，最有野性。

"叔父，叔父——"陈素对着"白龙"上的陈与时大叫。只见陈与时穿着一身青布白裓，褪去书生模样，一副壮汉派头。他双手握桨，目光射向前方，仿佛上阵杀敌的勇猛战士，汗珠和水珠混在一起，早已把胸前浸湿一片。桨起桨落，龙船如离弦的箭，在水面飘过。战鼓咚咚，彩旗挥舞，霍霍作响。陈素和高明一路随着龙船追，一直追到林垟，气喘吁吁，那龙船却不为他们停留，越飘越远，越飘越远……

日子过得飞快，龙船的鼓点还在耳畔回旋，转眼到了七月。对于高明来说，七月是个好时节。这个月可吃的东西太多了。七月初七是民间传说牛郎织女相会的日子，村里家家户户妇女对着天空穿针引线，以期望像织女那样心灵手巧。每家还会为孩子们准备巧食。这是一种细长条的饼食，里面嵌上芝麻和薄荷。咬一口，一阵清凉的薄荷香味在口中弥漫开来。可惜这么好吃的食物也像牛郎织女相会一样，一年只有这么一次能吃到。或许因为少见才深记。就像端午节吃粽子、清明节吃炊糕、冬至吃汤圆一样，节日跟美食连在一起，给人很多念想和故事，因为一年才一次故而倍感珍惜。吃多了变成平常，吃少了才稀罕，令人难忘。日子因等待而丰盈。

七月半虽然不是大节，在崇儒里却是一个极受重视的节日。作为祭祀先人的日子，民间的鬼节，依然过得隆重。家家户户都要做"节"，杀猪宰羊，祭祀先人，祈求来年丰收。

高天赐、陈与时等乡贤聚集在集善院，对着南宋先帝哭告。悲哀的声音穿透云霄，让人颤栗。

夜幕降临。一盏盏莲花灯被村民们放入河中，顺水漂流，在夜色掩映下发出神秘的光，阴森鬼魅。据说这些河灯是用来泅渡那些在河里淹死的冤魂，让它们沿着灯光，早日升天，不要做水鬼出来吓人。伴着弦琴，一声声凄惨的招魂声洒在苍凉的旷野上，让人闻之无不驻足落泪。大人们通常不让孩子到河边来，怕孩子的魂被鬼招了去。

高明只得悻悻地待在家里，想象着外面那片神秘未知的水域，有着怎样的神灵在挣扎和升腾。

除了鬼节带给高明好奇外，另一个节日插香球也是高明喜欢的。

插香球的习俗由来已久，也无从考证。农历七月三十据说是地藏王菩萨生日。插香球是百姓们祈求菩萨保佑平安。这个时节，恰逢柚子成熟。柚子，在崇儒里叫"文旦"。

"文旦"这一称呼，源自一传说。相传唐太宗年间，有一个名叫林旦的孝子。一年冬天，其母卧病在床，林旦遍访名医，皆束手无策。母亲想吃柚子，但时值严冬，哪里买得到柚子？眼看母亲快不行了，林旦悲伤莫名，跪在柚子树下哭泣。泪水滴落在树上，竟在严冬里长出了柚子。母亲吃了柚子，病情很快好转。

此事传到唐太宗耳中，派太子前往了解，随后以"旦"命名了这种柚子，后来逐渐演变为"文旦"的称呼。孝心故事就此植入高明内心。

孩子们手拿一长枝条或木棒、竹竿，一头削尖，再插一大柚子，柚子上插满燃着的香。他们在集善院里奔来跑去，那闪闪的红光映得孩子们的脸红红的。直到檀香燃尽，大人们再拔了香梗，剖开柚子，露出里面一瓣瓣雪白的肉瓢。孩童早已垂涎欲滴。对这个寓含"孝"心的文旦，高明总是舍不得吃。那透明的肉瓢分明是一颗赤子之心，他一口一口地舔舐，温习着林旦的故事。

插毕香球，高明和陈素坐在院子台阶上，遥望着天空一闪一闪的星星，捧着甜甜的柚子。

整个七月，似乎沾着神灵的光辉，高明吃遍了家乡的特色美食，在成人以后无论漂流到何方，想家时总会想到崇儒里的特色食品，那是属于家乡特有的记忆。唯其如此，才能慰藉思乡的孤寂。遥知兄弟登高处，遍插茱萸少一人。思乡，总是跟家乡的节日和习俗连在一起。

瑞安崇儒里地处沿海，每年七八月份的做风水（今称台风）是少不了的。高明之所以对台风念念不忘，缘于一种油泡丸（又叫油爆丸）的食物。企盼着刮台风，每到这个季节母亲就会炸油爆丸给他解馋。

八月的一天，刮了一阵零星的风。高明在家随口一说想吃油爆丸，随后就午睡去了，醒来却不见母亲陈氏的身影。心想：这个时候母亲会去哪里？难道会去磨糯米粉了吗？果然如此，不一会儿，母亲陈氏端着磨好的糯米粉回来了。

陈氏的油爆丸做得很地道。先倒碗开水，等开水冷却后加入适量的红糖。这种红糖是瑞安特有的糖蔗经榨煮而成，香、甜且补益身子。搅拌均匀后倒入糯米粉中，糯米粉由白色变成暗褐色，不停地揉搓，直到糯米粉够筋道了，然后撕下一块块面团，把它搓成一个个椭圆形的丸子，放入油锅。油要选菜籽油才香。等金黄的菜籽油熬到滚烫，再下丸子，就如同炸油条，等到丸子在锅里翻滚变成金黄色了，就可以出锅了。

陈氏夹了一块送往高明嘴里。顿时，软软的、甜甜的香味漫过舌尖，非常好吃。等他嚼够了，一口吞入肚中，饱腹之感让人特别满足。冷却了的油爆丸蔫蔫的，像霜打的茄子，不似刚出锅时的坚挺，吃起来黏黏的，比刚出锅时还要甜。高明一边咂巴着嘴一边满足地望着母亲。高明成年后游走他乡，对母亲的思念总是混合了油香味儿！

贪玩是孩子的本性。高明神童美名外扬。他逐渐自满，经常溜出集善院，找小伙伴玩耍。

这日，高明回来对母亲说，私塾年底要对入学的孩子考核。前六名有奖励，倒数三名给予补考的机会。如果还是通不过，要除名。考的内容除《三字经》《孝经》和对对子外，还要另加了口才。先生说如果口才不好，纵使有满腹经纶也倒不出来。

高明对自己进三甲信心满满，每天不是追风扑蝶，就是爬树摸虾，一点也不收心。而高旸、陈素、李贤等人自知资质不如高明，一刻也不敢放松，日夜苦读。连伴读高林也是趁服侍少爷的空隙，见缝插针地挤时间读书。

高林是个孤儿，来高家已经一年多了。他跟着盲人爹爹沿村唱鼓词讨生活。父子俩行走江湖，相依为命。后来盲人被一场瘟疫夺去生命，只留这孩子沿街乞讨。讨到高家，陈氏见孩子可怜就收为书童，改名高林，当自己的孩子一样对待。他比高明小两岁，却很懂事，照顾高明读书有条不紊。

陈氏见儿子自恃聪明,如此顽劣,也不说破他,只是日日得空儿叫他与她一起拉着绳子锯木头。

高明暗笑母亲太天真,绳子怎么能锯得断木头?但也不敢忤逆母亲,只好象征性地拉几下,跑出去玩了。

秋去冬来,时间过得飞快。

临近腊月,高府叫了不少帮工,开始筹备年货了。第一大件是绞糖糕。糖糕,又叫年糕,大年初一时,崇儒里家家户户第一顿饭要吃年糕,预示新的一年生活如意,年年高升。

抬头看,高家院是个梁架结构的宅院,进了三面石头矮墙的门台,道坦宽敞。其后是座五间六橼的大屋。陈氏吩咐仆人们收拾了院子,把蓄水的水缸挪边上。帮工们就在院子里忙碌开了。有洗米的,有蒸米的,一个个笼屉一字排开,热腾腾的烟雾弥漫开来。男人们把蒸熟的米饭倒进石臼,再高高举起锤子用力往下捶,一粒粒饱满的米饭顿时变成粉团,加水进去,再翻个面又捣下去,软软的米饭逐渐成了糊状。为防止粘手,还要时不时地洒水。

高明、陈素几个小伙伴早已站在旁边咽口水。帮工福伯摘下一块"糖高奶"给他们。握着又热又软又香的"糖糕奶",孩子们欢呼着跑出去玩了。过一会儿再回来时,大大小小的状元糕已经在糖糕盒中制作成型,整整齐齐地摆放在篾席上晾着。

除了捣年糕,另一项盛事是绞糖。崇儒里临海,略带咸味的水质为甘蔗的生长提供了丰富的营养。这一带种出来的甘蔗连甘蔗顶梢都是甜的。农户们每到过年时节,把储藏起来的甘蔗拉到糖坊榨汁,再绞出透亮黏稠的红糖。红糖是出了名的好,浓度纯,而且营养丰富,是春节赠送亲友的最佳礼品。用纸蓬包好,系上红绳,提出来很有面子。这东西还是此地妇女坐月子必备的营养佳品。如此物美价廉,深受百姓喜爱。高明和陈素更喜欢吃黏性十足、无论怎样撕扯都还牢牢粘在一起的糖锤,那是父辈给孩子最佳的零嘴,咬在嘴里,甜在心里。而且这东西不像糖果糕点，吃多了还不上火。

除夕晚上，高家长明灯点亮，叔伯兄弟聚在一起喝酒，辞旧迎新。八仙桌上摆着丰盛的菜肴：清蒸鳜鱼代表年年有余；红萝卜寓意日子红红火火；切成长条的年糕，寄托着子孙后代能年年高升的希望……

爆竹声里一岁除，春风送暖入屠苏。鞭炮噼里啪啦，烟花璀璨处，自是万家灯火，笑声爽朗。

过了正月十五，私塾开始上课，陈与时考核如期进行。

这是个下雪的早春，陈与时召集孩子们谈论有关做文章的事。一会儿，雪越下越大，陈与时很高兴，就问孩子们："纷纷扬扬的雪像什么？"高旸说："雪像空中撒盐。"陈素说："雪像三月飞舞的柳絮！"陈与时听了哈哈大笑："高旸是务实派，以后会是个踏踏实实过日子的人；陈素能从雪中窥见暗藏的春天气息，有远见，文辞更美。高明，你呢？"

高明沉浸在前日的戏曲中，答道："雪像咿咿呀呀的戏曲，锣鼓声响出场，锣鼓声落退场。看戏的人如漫天的雪花，来也无影去也无踪哪。"

"不好不好，心思不在文章上，全在戏上。"

高明未能进入三甲，更不要说独占鳌头了。让弟弟高旸、表妹陈素，以及陈家的另一个孩子抢了先。陈与时奖励给他们三人一套徽州笔墨。三个孩子欢欢喜喜领了去。高明的脸涨红了，懊悔自己的不用功。

他闷闷不乐地回到家中。陈氏早从高林处探知消息，对垂头丧气走进院子的高明视而不见，只叫他过来继续拉绳锯木。由于连日来的拉锯，那木头早已不堪一击。高明心中郁闷，稍稍用力，"啪嗒"一声，木头在绳子的摩擦下断为两截。母亲也不说话，直接进屋里去了。只留下高明望着那堆木头怔怔发呆：滴水穿石、绳锯木断的故事是真的！时间是最强悍的验金石，验出了懒惰和勤奋两种不同的结果。资质聪明的他不是败给弟弟妹妹，而是败给了时间，败给了毅力！

匆匆间立夏，又过了端午，夏至，母亲带着他前往门前的稻田。一排排的稻子正在抽穗，一棵棵挺直身秆，冲向云天，"你过段时间再来看看，看发生什么变化。"

高明谨记母亲的教导，每当从集善院放学总是经过那段由青泛黄的稻田，看着一株株挺直的青苗变成像弯腰的老公公，低垂着头。风吹稻浪，沉甸甸的稻谷谦卑得快贴近土地。在那一刻，高明突然明白母亲的良苦用心：做人应该像稻穗一样，即使颗粒饱满，也要谦虚地低着头。

他悟出了母亲对自己的良苦用心，从此收心勤读，低调做人，收起锋芒。

一场秋雨一场凉。伴着淅淅沥沥的小雨，秋意越来越浓，它黄了叶，萎了草。风雨涂改了自然的容颜。

一天从集善院回来，高明冻得哆哆嗦嗦。回到家，他伴着一盏黄灯，凝神练书法。母亲端着点心，推门进来，走到高明书桌边，放下托盘，拿起剪刀剪了剪烛花。她一边安详地看着高明练字，一边铺开被单缝被子。过不多久高明搁下毛笔，瞧着温暖的被窝，兴奋地滚了进去。绸缎的被面特别柔滑，背面上的大红牡丹开得真艳，满满的都是温暖的太阳味道。母亲也不斥责高明的调皮，爱怜的目光追随着这个聪慧的儿子，由着他在被子里欢泼打滚。她顾自穿了针线，折好被角，把棉絮掖藏在里面，再一针一针地上下飞舞，针脚整齐而严密。这手绝活看得高明目瞪口呆，纠缠着母亲让自己试试看。高明笨拙地穿针引线，不是针脚歪了就是险些戳到手指头，看得母亲胆战心惊："去去去，练字去吧，这不是男儿做的事情。"

"娘，为何你缝得又快又好，而我却不得针法？"

"傻孩子，每个人都有各自的专长。我们家虽不是大户人家，但上上下下人口也不少，虽有女工帮忙做活，但里里外外的衣服、被子，娘也做了不少。能帮衬的自然要帮衬一把，久而久之也就熟练了。就像你写字，写着写着就又快又好。娘都赶不上你了。"

"哦，娘，我懂了，这叫熟能生巧。"

淡淡的烛光把母亲的剪影投射在窗户上。高明望着一上一下很有节律摆动的剪影，那种温暖的感觉更强烈了，脱口而出：慈母手中线，游子身上衣。临行密密缝，意恐迟迟归。谁言寸草心？报得三春晖。

母亲爱怜地望一眼儿子，欣慰而笑，继续埋头做她的针线活。

成年后，恪守礼仪孝道的高明行走在异乡繁华的街头时，遥望故乡的方向，涌上心头的都是家乡的庭院，皓皓的春晖，芬芳甘醇的杨梅酒，绿油油的菜地，以及母亲一声声热切的呼唤。慈母的心就像一根穿了线的针，时刻将牵挂和温情缝给远方的游子。待到线尽针断的时候，我们应当披星戴月地赶回去，任何一次的失约都可能是"子欲养而亲不待"的终身遗憾！

其一

蘦蘦庭际草，皎皎阳春辉。

淑气播嘉泽，匀萌悉荣滋。

元化虽无言，寸草心自知。

尝恐霜露零，春晖报无时。

愿言慈母线，永托游子衣。

衣线有零落，母恩无终期。

其二

筑室在近郊，开轩面平冈。

前营列宾友，中房鼓琴簧。

彩服及春日，奉觞升华堂。

醴酒既嘉粟，肴蔬亦芬芳。

流景虽易迈，春晖岂能忘！

竭此寸草心，以慰母颜康。

（高明《春草轩诗二首》）

"衣线有零落，母恩无终期。"这是高明对童年背诵孟郊的诗做的最好的解读。每当读到高明的这一句诗，我们心中涌动无尽的感恩：写得真好，再好的针线也会断落，只有绵绵不尽的母爱亘古永存。红颜易逝，母爱源远流长！

这种孝道后来写进《琵琶记》，赵五娘吃糠自咽如此打动人，观戏者热泪盈眶，因为高明拨动了人们内心那条最柔软的神经，缘于一个"孝"字。自古孝道一脉相承。命运在高明童年就埋下伏笔，慈母的言传身教无形中影响着高明的人生。可是此时的高明浑然不觉。他依然是个畅跑在田间地头的聪慧少年，身边有忠诚的粉丝表妹和高林跟随。

第三节　遗民泪尽

元宰相脱脱拿着奏章匆匆步入皇宫向元顺帝道："启奏陛下，河南汉人谋反，请陛下速派天兵前往镇压……统统杀掉那些可恶的汉人……"

这是发生在元朝末年皇宫中的一幕。

何为"汉人"？元政府为什么对他们如此恨之入骨？这还得从元朝政府的种族压迫主义政策说起。

元朝统一中国后，他们把全国各族人民分为四等：蒙古人、色目人、汉人和南人。

蒙古人建立的元朝，他们是统治者，地位当然最高了。色目人呢？他们是指早就为蒙古人征服的，并且帮助蒙古人征服了全中国，住在西北及其以西地区的各族人民。他们属于中间人，地位居中。汉人和南人则是生活在社会最底层的人了。所谓汉人指淮河以北早年在金统治下的以及早先被蒙古人所征服的今四川、云南一带的各族人民。南人则是指原先南宋统治下以汉族为主的各族人民。

这四个等级的人，他们之间的鸿沟很难逾越。元统治者残酷压榨着汉人和南人。元朝的各级官吏正职一律由蒙古人担任，部分副职由南人和汉人承担。而且各地军队的数量和驻防情况，从不透露给任何人或南人。但是这些官居要职的蒙古人和色目人大多不识字，文化远远比不上南人和汉人。所以一些公文他们根本不会动笔，人家写好了要他们签日期，经常闹笑话。元朝前期还将科举废除了，汉人要当官还得推荐，皇上乐意了就可以，不乐意就没门。后来元朝统治者终于看到他们管理政务的才能不及汉人，在元仁宗延祐四年（1317）恢复了科举。但录取时，南人、汉人和蒙古人、色目人分榜，且规定前三名不得让南人进入，所以很多汉族人苦读经书却不得志。

另外，元朝还有这么一个规定：要是蒙古人打了汉人，汉人不得还手。如果造成了人命案，凶手也只罚出征，死者家属顶多得些供下葬烧纸用的碎银子；而且蒙古人犯罪汉人无权惩罚。要是汉人、南人犯罪了，除判死刑外，还得赔款以作"烧埋银"。而且当时政府还规定南人汉人不许拥有兵器、马匹，不得打猎、习武、集会，甚至禁止夜行。所以民间流传"只许州官放火，不许百姓点灯"。

元朝末年，统治者对百姓的压迫越来越严重，管制也十分严酷恶劣。有一天，高明的邻居娶亲。新婚之夜，新娘子被元人占有。新郎告到官府，官府不仅不帮新郎主持正义，反而打了新郎三十大板，名曰元人享有初夜权。百姓激愤不已。

为了防止汉人反抗，元统治者规定每十户人家才准许用一把菜刀，而且还用铁链锁在屋柱或井岸上。

蒙古贵族们的思维似乎很奇怪，他们即使占据了中国之后，好像仍然把自己当成客人，主人家的东西想抢就抢、想拿就拿，反正不关自己的事。在他们的思维中，这些南人只会忍受也只能忍受他们的折磨。最高等级的蒙古人杀掉最低等级的南人，唯一的惩罚是赔偿一头驴。碰到个闲散劳工之类的人，可能连驴都省了。

不是亡国奴，体会不了亡国的哀痛。一代词人李煜做皇帝马马虎虎，最后把国家都拱手易主。但他那一首又一首的词啊，穿越岁月的沧桑，深藏在寂寞文字里。亡国的哀痛直击得你泪奔。痛彻心扉刻骨铭心，流露的真情永远不会过时！

遗民，似乎和泪奔连在一起。旧时的圆月，旧时的风；旧时的庭院，旧时的人，那是对一个朝代的祭奠，也是对远去青春的祭奠。似乎这样，才让遗民有一个活下去的理由：我的心是忠于故主的啊。几千年渗透在骨髓里的儒家文化烙在陈则翁、高天赐身上。再加上元朝处处屠城杀戮，歧视南宋遗民，几千年备受尊重的读书人地位不如妓女和僧道。这种落差和侮辱让他们倍感怀念逝去的朝代。

元朝除了给他们带来野蛮的掠夺和惊恐的烧杀外，毫无一点美好的感觉。

每逢初一、十五，集善院人头攒动。高天赐、高功甫等南宋遗民都要偷偷祭拜南宋亡帝以及爱国将领文天祥、陆秀夫等爱国志士。

这种哀思只有亲身经历过亡国之痛的人才体会得到。但是随着元朝地位的巩固，流逝的血泪逐渐让人淡忘。每个朝代都不乏卑鄙告密者。

爱国哀思的情感，奈何成了别有用心之徒加害好人的把柄！

庞然自从在高府碰了一鼻子灰，高明的"神童"美誉和儿子的"猪脑子"外号刺激得他每天心火难耐，他总想抓到高家的把柄，狠狠报复一下，出出这口恶气。

这一年，庞家和高家因为一个稻草垛的小事起了纷争。庞家下人故意收走了高家的一处稻草垛，高家仆人护主心切找上门来，不依不饶讨了回来。

草垛的风波还未平息，又一件事情发生了。因为庞家在宋末元初较早投靠元朝，分了不少田地。他家的田地紧挨着高家，每逢灌溉，河水先走庞家的田地然后流经高家。自草垛事件之后，庞然指使奴才封住水源缺口，高家得不到灌溉，禾苗大批枯死。两家又起纷争，打了一架。

一日，庞然路过集善院，听得里面哭泣声。他贴在门缝细听，原来高家还记挂着前朝君主呢。这还了得！跑到元朝蒙古族官吏府中告状：高府心念旧主是对新朝的大不敬！他们结党营私，这是想搞阴谋复辟呢。

雷电交加的夜晚，高功甫替父担罪被抓走。可怜的高家二少爷，从小羸弱多病，如今关在暗无天日的大牢。潮湿、蚊蝇叮咬是对肉体的折磨，孤独、含冤莫白是对精神的摧残。牢头的呵斥、哭天喊地的噪音俨然人间地狱。如此折磨，好人都只剩半条命。高天赐上下打点，散尽家产，最后才保出血肉模糊的儿子。此时的高功甫，被折磨得奄奄一息。

因在狱中感染伤寒，躺在病榻上的高功甫自知命不久矣。他把毕生经历通过故事的形式讲给儿子高明听。他讲得最多的是戏文，当时乡间小戏正蓬勃发展，父亲讲到英雄建功立业，高明就激动得满面通红；父亲讲到好人受到委屈，高明就难过得愁容满面。高功甫下狱之前经常带着高明去看戏。高明深深陶醉在这些情节离奇、生动有趣、引人入胜的戏文之中。他对其中优美的唱词过耳不忘，经常绘声绘色地唱给别人听。

到后来，父亲病得越来越重，再也讲不动故事了。高明变成了讲故事的人，父亲则成了听故事的人。

父亲力气越来越小，以前还能坐着听高明讲戏文，现在躺着连转头都困难了。

一天，高明跪在床榻前，伏在父亲的枕边说："父亲，我每天给您讲些戏文，当作医病吧。"高功甫虽然觉得孩子稚气未脱，哪有戏文医病的，但心里想：孩子这样孝顺，不能拂他的心意。听听戏文也是好的。

幼小的高明专拣那些精彩动人的情节，自己还添油加醋，临时插进一些细小的情节，讲得有板有眼，引人入胜。讲到生动处，他还打着拍子唱起来。父亲看到的，是儿子的可爱；听到的，是戏文的生动和有趣，以及那美好的大团圆结局。他不知道，高明唱着唱着早已泪流满面……稚气未脱的孩子何时眼角平添了一份成人的沧桑？

这也许是父子俩人生最温暖的时刻。父亲虽然听着听着就沉沉睡去，但高明还是一直讲，他怕戏文一停父亲就远离他而去。

许多琐屑悲凉的人生背后，许多浮华可笑的人生背后，许多迷茫动荡的人生背后，如果去细细体味，就会发现深深隐藏着顽强的热爱、真诚的泪水和丰厚的灵魂。高明向往喜剧，就如他死命地想把父亲从死神手中拉回来一样。可是，人生，往往喜剧开场，悲剧结束，这是每个人的宿命。

他最终也没能拉住父亲。高功甫没过多久就撒手人寰。

对于个体来说，人生最大的不幸是少年丧父、中年丧夫、老年丧子。于高明来说，父亲只有一个，唯一的天塌下来了；于陈氏来说，人到中年失去了支撑的丈夫；于高天赐来说，在垂垂暮年失去了寄托全部厚望的儿子。他们的哀伤，只有经历过的人，才能理解。怎一个痛彻心扉！

出殡那天，高明头戴孝梁冠，身穿麻布孝衣，手执白幡，低着头走在出殡队伍前列。他的肩头不停抖动，但还要咬住牙拼命压抑自己不哭出声来。高家的天塌了一角，他必须补上去。

每过一座桥，高明在族人的带领下，跪在桥头，恭送父亲的灵柩过桥。

有时候，桥是一股清泉，欢乐地叮咚作响；有时候，桥是一片枯萎的落叶，寂寞地咽咽哭泣。他第一次感觉到，原来这连接两岸的桥梁，居然有着如此刺骨的凄凉！

崇儒里系水乡，桥多，跪得高明双膝通红。他不吭一声。似乎越痛，越能铭记父亲离去的哀伤。虽然他含泪的眼睛还不明白此举的含义，但他知道父亲这一去就永远也回不来了。如果跪拜能让父亲醒来，即使长跪一生也愿意。父亲再也不能握着他的小手教他练字，再也不能打着拍子和他吟唱戏文了。一切的一切都成回忆，他似乎看到，他在桥的这头，父亲站在桥的那头，慈祥而深情地看着他。孟婆端着茶汤，高明拼命地摇头："不要喝，不要喝，父亲，不要啊……"父亲还是被灌了下去。

高明昏厥了过去……

很多的声音铺天盖地而来，脚步声、呼喊声、鞭炮声一起淹没了杂乱的人群，他终于"哇"的一声哭出声来，似乎把一生的眼泪流干，哭得肝肠寸断，哭得撕心裂肺，哭得树上的小鸟扑棱棱腾空而起……

唢呐开道，凄凉的乐声回荡在空旷的四野，天地死一般的寂静，浓浓的哀愁笼罩着这支孤独的队伍……

　　山一程，水一程，旭日一程，斜阳一程。时间如沙漏，每天都目送着它的离开。感慨也好，忧伤也罢，它不为谁多停留一秒，消失在目送的远方。

　　如今，高明目送着父亲的离开，往后又有谁目送他的远离？任泪水成决堤的海，他用小手擦拭祖父混浊的泪水，呜咽着说："别哭，爷爷，还有我！我会代替父亲好好照顾您的。"小小的心被满满的哀伤覆盖。高天赐把他拥入怀中，泪水肆意在祖孙俩的脸颊上流淌，又苦又咸。

　　人生第一次经历死别，竟然是这样亲的人，给高明的冲击力是何等深刻！

　　高天赐一夜之间白了头，他受不了儿子先他而去的打击，整个人佝偻下去。

　　面对泛滥成灾的泪海，亲戚们只能紧紧地搀扶着高天赐，用最无力最虚幻的话安慰道："节哀啊！你就当他远游去了。"

　　当墓穴门洞被厚重冰冷的砖头一点点吞噬，最后的缝隙也被填满时，高明母亲陈氏突然倒地，满地翻滚，带血的哀号传遍四野，一双干瘪的手伸向空中想抓住什么，可什么也没有，空空荡荡……

　　高明听见肝肠一寸一寸断裂的声音在空谷回荡。

　　原来世间最大的痛不是贫穷，不是疾病，而是墓地那扇冰冷的障碍：娘在门外肝肠寸断，爹在门内长眠不醒……

　　巍巍青山，浩浩江水，高明的目光从坟茔越过，扫向长长的飞云江，暗暗发誓：父亲，高明对着你的坟茔发誓，今后无论走到哪里，一定谨记你的教诲：立身立德立言，不辱门风。

　　高天赐怀抱着高明，恸哭。他需要时间去平复内心的忧伤，他怀中的孩子是他余生寄托的最后希望。那个梦又在脑中清晰，高明会给他全新的震撼的，会的，他相信！

　　自此高天赐把全部的希望寄托在高明身上，希望他考取功名，光耀门楣，不受人欺负。

　　经此一变，高明忽然长大了。童年倏忽一下就没影了。

第四节　诗文戏曲

动荡的江山，离乱的人世，如蝼蚁般生存的现状。元朝九儒十丐的尴尬地位，读书无用论得到了统治者空前的支持。是啊，元朝本身就是马上打天下。你们这些满口"之乎者也"的知识分子除了会纸上谈兵，能打得了江山吗？把你排在乞丐前面已是抬举了你！

于是乎，一诗一词难以表达对人生的感慨和无奈。戏曲就迎着时代的悲歌继唐诗宋词后崛起，并占据了中国五千年的文学史中的重要一席。伴随着曲的调子，一路传扬，戏曲空前繁荣，戏台遍地都是。最著名的当属关汉卿的《窦娥冤》，从北方传到了南方，深深震撼了高明的心。

"地也，你不分好歹何为地？天也，你错判贤才和蠢材，真是冤枉地做了天啊……"

……

"父亲，您听听孩儿的诉说，您孩儿实在是受刑不起才屈认的啊……"

"我那屈死的儿啊……"

戏台上，一男一女哭得悲悲切切；戏台前，人山人海，挤满了观众。

那是一场活生生的人生大戏。悲欢离合在几个小时的锣鼓声中轮番上演。一场正剧要唱到幕落，没有掌握节奏的冷静理性，是一定会把嗓子烧坏的。起起落落，高潮低谷跌宕，太令高明痴迷了，看着看着就忘了自己，迷失了自己。戏散场了，人还醉在戏中。

就如同现在人们在电影院看大片，那些精彩的画面激起了观众无限的向往。尚在私塾读《春秋大义》的高明，怎么抵挡得住戏曲的诱惑？通常邻村锣鼓声一响，他再也无心读书。好在陈与时也是个爱好戏文的票友，哪里开戏，放了假让孩子们看去。

为了查明南戏发展史，我们特意去了趟温州南戏博物馆，企图离高明的戏曲时代近些，近些，再近些。那里呈现着南戏的渊源、流派、传承，资料详尽。

在宋朝，南戏就开始在温州一带上演。那时还属于乡村小曲，供街头巷尾茶余饭后娱乐的节目。演的内容大多是穷汉变富后变心变节的故事，类似现在的草根说新闻。由于跟老百姓的生活很接近，在那个娱乐资讯匮乏的年代，这种图（真人演绎）文（现场唱念）并茂的讲故事形式大受欢迎。最先的草台班子淘到第一桶金后，有商业头脑的人打起了这个主意：演戏，这生意不错，即使不是一本万利，也有七八分余赢。拉几个人，搭个草台就可以正式营业，不用执照，不用交税，演得好还有当明星的机会。至于剧本嘛，编，那些跑码头的人嘴里有的是故事。因此南戏愈演愈烈，从前人的记录来看，宋戏文在北宋宣和之际就蓬勃发展，到宋王朝南渡之后开始兴盛起来。

这中间的七十年，南戏由原始状态的村坊小戏逐渐演变为完整的戏剧形式。

到宋末元初时，不仅草台班子多如牛毛，就连正规军也登堂入室。戏班不再是民间找几个人演，戏台也由临时性的土台（用竹竿和杉木悬空架起棚子，也称"草台"）转变为永久性的戏台，一般设于寺庙大殿的对面，说是演给庙里的菩萨看。如今全国各地很多的宗祠遗存或城隍庙里都保存着古老的戏台。

对于爱看戏的穷苦百姓来说，演出经费是一笔不少的开支，需要大家共同承担。虽然生计困难，但为了看戏，老百姓还是纷纷慷慨解囊筹钱。即便典衣典物、罢市歇业也不愿错过，可见当时温州百姓是如何痴迷戏曲。大户人家更不用说了，像《红楼梦》大观园里养着戏班子、高明的好朋友昆山玉山草堂顾仲瑛家也养着戏班子（后文单独介绍），就是一个明证。因为戏曲成了丰富人们精神生活的主要来源。

温州戏曲专家沈不沉先生在阁巷发现了一块"抽谷额章碑"。该碑记录了阁巷柏树村筹措经费聘请戏班的情况：先是一年从每亩田中抽取稻谷四斤，后加到十斤，最后定位五斤，外加稻秆一把，作为"崇神演戏资用"。这样一件事情，要通过官府立碑的方式来规定，可见当年的崇儒里百姓对戏曲有多爱多痴迷！

当然，这事记载的是明清时候的事情，但现在阁巷这种风俗还在。逢年过节，村里请戏班庆祝大多是村民凑份子集资。我们想这种风俗不会是一朝一夕形成的，肯定有个较漫长的发展过程。可以想象高明生活的元末，南戏发展很是成熟了。戏曲由农村进入城市，由业余戏班过渡到民间职业戏班，由"士夫罕有留意"发展到类似温州"九山书会"那样的书会才子从事编写剧本的创作活动。

当然，当时的戏曲都是单线编排，高明后来改变了这种单线结构，改为双线平行发展的戏剧结构，在古典剧作中都堪称典范，这在戏曲史上是他的独创，此后明清传奇小说都是参照高明双线叙述，大大丰富了小说的结构，也使他名垂青史，被后人誉为"南戏鼻祖"。

各种戏班如雨后春笋般冒出来。谁家有喜事也总请戏班来庆祝一番。

从高明孩童时开始，各种传奇在民间戏文里轮番上演。他是典型的追戏族，哪里有戏曲演出哪里就有他，方圆几十里的庙宇戏台他都看了个遍。他对戏曲有着深刻的观察和超级的记忆力，对那些看过的戏总是能娓娓道来，唱词更是学得动听。他的敏感和细腻投射到平平仄仄的词曲里。但是没人感觉到，也没人愿意去想他会成为震惊中外的剧作家。他的一生寄托着家族的厚望，要走往官场。凭着他的聪慧、灵气，注定担负着振兴家族、荣荫后代的使命。

如果从时代的动乱来说，高明生不逢时，一生跨越几度战火烽烟。如果从戏曲创作来说，高明生对了时代。中国文学从唐诗宋词一路延伸而来，后世再也难以超越前人诗词的成就。戏曲正以一种全新的文艺种类崛起，迎着诗词的势头正有并驾齐驱之意，给了太多文人表情达意的载体，书写春秋！

早在高明出生前几十年，一个叫关汉卿的元杂剧大作家已给缤纷的乱世涂上浓重的几笔:《窦娥冤》《救风尘》《单刀会》等戏曲作品，一路从大都南下巡演，风靡全国。最后也驻足在这片多情诗意的江南水乡。

高明是多么喜欢戏曲，经常流连在戏园听戏，看唐宋传奇里那些破镜重圆、红叶题诗、人面桃花相映红的故事。

在如流的时光中，高明和陈素在懵懂不知情事中，渐渐长大。一个玉树临风，彬彬有礼，谈吐优雅。一个美丽素洁，眉目含情，肤若玉石般温润光滑，冰清玉洁。这一年，他十八，她十七，花样的年华，梦幻般的青春。他带她到旷野上放风筝，一紧一松的线掌握着风筝展翅高飞的命运。她咯咯地笑，目光追随着他的身影，迷恋而陶醉。他气喘吁吁地扑倒在开满紫云英的田野，春风轻抚脸颊，白云在头顶悠闲走过。她坐在他边上，一袭素洁的白裙，衬出她凹凸有致的曼妙身姿。高明痴痴地看着表妹，他第一次惊觉她已经从那朵含苞的花蕾绽放成亭亭玉立的白荷花。他就是这么情不自禁地握着她冰凉的玉手。第一次，彼此眼中流露出男女的情爱。他眉目带情，她含羞带怯。高明知道，陈素就是他在书中寻找的颜如玉。而陈素也似乎明白，高明就是她心底的烙印，是她在三生石上刻下的名字，前世命定的姻缘。

那日黄昏，他们与其说在集善院长廊偶遇，不如说两个初懂情事的少年被彼此的思念吸引，不约而同地再次来到集善院。她着一袭淡绿裙衫，梳着流云髻，一支精致的步摇斜插在头上，斜挂的坠子随步子的挪动轻轻摇动。简约、淡雅，如一朵盛开的荷花娉娉婷婷地落在高明的眼眸。或许因了白天的心事，彼此已深知，一时间竟无语凝噎。陈素含羞低眉从他身边轻轻走过，一路的清香令高明心牵。他在心里低低轻唤她的名字，又恐心里的情愫被人知晓，想对她倾诉衷肠，终还是默默离开。看着衣香鬓影远去，惆怅黯然。

多才之人必是多情之子！

高明坠入情网。和大多数的少年一样，他渴望见到心上人，渴望远远的一瞥，甚至连梦里都是她的影子。他爱她爱到自卑，他认为她就是一朵圣洁的白荷，来世间引渡他那颗凡俗的心。她会吟诗，写得一手好字，得优良家风的熏染，待人处事端庄又大方。

在集善院里，他的诗文输给谁都不服气，唯独输给陈素，他心服口服。在他眼中，这个素洁的人儿聪明程度远在他之上。她的善解人意和敢于担当让高明自愧不如。有一次，几个孩子趁陈与时先生不在的时候，追逐打闹，不小心打碎了他那宝贵的砚台。在陈与时怒目注视下，孩子们吓坏了，谁也不敢开口承认闯祸一事。瘦弱的陈素挺身而出，跪在陈与时面前说："叔父，砚台是我不小心打翻的。你要惩罚就惩罚我吧。千万不要累及无辜。"陈与时看着一向乖巧的侄女，顿时没了脾气，只用罚抄《三字经》来结束这场意外。

草长莺飞三月天，他喜欢在三月的暖阳里看她的侧影，那是非常温暖的时光。她喜欢唱曲，通常在无人的角落哼着自己的心事。他就那么偷偷地打量着这朵淡雅的荷花，看着她吐蕊，看着她含苞，看着她绽放……

多好的年华啊，可以尽情地挥霍时光，不去计较功名利禄、前程往事。

那时候，晚他六年出生的大明朝开国功臣刘基正在南田深山隐居苦读。同样是满腹诗文，而那个亦有旷世之才，后来在朱元璋三顾茅庐之后才出山的人，却不如阁巷这枚月亮淡定，投射在门前塘河的清辉在后人的回忆中是如何惊艳。

刘基和高明，也许他们拥有了万花丛中，一样的荣耀和孤独。

后来，那位在建立大明朝腥风血雨中立下汗马功劳、精通权谋的刘伯温，对这位文采飞扬的青年才俊高明无比地尊崇，一再地在朱元璋面前提及。

青年时代高明因为和刘基才气相投，成了刘基身边的挚友，与刘基一起遍踏名胜山川，看过夕阳，赏过风月，一起拔剑问江山，一起煮酒论英雄，一起诗书著年华，甚至一块儿多情酬红颜。如此挚爱和友善，不是兄弟胜似兄弟，多少人拼却一生的努力都无法企及。一个是因一部《琵琶记》名垂千古，一个以大明朝的开国功臣高居庙宇。

他们都爱看戏。细细寻来，他们身上，几乎每处都是一出大戏、长戏、意味深长的戏。

人生如戏。很多时候现实上演的剧本比戏更加离奇，更多悬念。我们都曾做过，在别人的戏里流自己的泪。殊不知，我们曾几何时又会成为别人流泪的对象。

青春年少的他们有太多的壮志未酬，来不及伤感，来不及惆怅，一个劲儿地往前冲。他们渴望满腹的经纶能有安放的地方。他们是不幸的，元朝对文化的轻视使得科考制度时有时无，几度中断，因此可以解释才高八斗、从小冠以神童称号的高明年届不惑才登进士第，固然有他不想走仕途之路的原因，更重要的是历史原因耽误了一代知识分子，浪费了他大好的青春年华。他们又是幸运的，岌岌可危的元政府在四面八方起义军的号角下风雨飘摇，脱脱丞相给天下的读书人带来一个好消息：元朝又恢复科举取士了。

士子们也是相当兴奋，好像已经状元及第，官袍加身。殊不知，等待他们的是重重考验。

其实，岁月是一棵枝丫纵横交错的巨树，而生命，则是其中飞进飞出的小鸟。刘基和高明，从此要经历人生众多的凄风苦雨。有时，他们以为已经不堪承受，但是彼此鼓劲：请等一等，这棵巨树的背风处也许正在营造出一种春天的气象，并一点一点靠近，只待努力了。

那么这个春天究竟什么时候到来？也许有人一下子就等来了，也许有人从青丝到皓首都无法等到。但是我们相信越是等得久的东西来得越是惊艳！上天自有安排！

第二章 游学青春：梦难寻，梦难平，但见长亭连短亭

第一节　师从黄绮

古语云，"行万里路，读万卷书"。

虽说"父母在，不远游"，但担负着振兴家族使命的高明，却在祖辈高天赐的殷切期望之下选择了游学之路。作为南宋名门将军之后，虽然曾恋着旧朝，但改朝换代几十年，高天赐逐渐接受新朝代，他让后代重新迈上仕途之路的热情渐生。自儿子高功甫去世之后，虽然孙子高明、高旸都是读书人，高旸后来也是个闻名乡里的大诗人，但高天赐更喜欢衔光而诞的高明。不知道是那个古老的梦境所示，还是高明从小的天资过人，他总觉得这个孙子会带给高家莫大荣耀。

高明在饱学了四书五经以及杂学之后，这片小小的乡野已经不能满足他的求知欲了。

十六岁那年，祖父给了他一些盘缠，让他到各地游历，去认识社

会，考察古迹，增加实践知识。如果能寻到名师更好，在学识上可以更进一步。

他告别家人，怀着对未来的无限期待，向未知的前方行进。

离别的场景总是那么相似，一个拥抱，一句叮咛。母亲陈氏眼眶里的热泪就像一句美丽的旁白，滋味百态。送行的队伍中，还有一个玲珑的身影，她在人群的背后，看着心爱的人儿远游，无语凝噎。一条淡雅的手帕在风中凌乱。一别经年，山长水阔知何处？

尽管高明没有看到躲在人群中含情脉脉的陈素，但她一直相信，心有灵犀的他会感应到的。事实上，他也曾回眸，在人群中搜寻她的影子。当一切无果后，他收拾起那颗失落的心，走向码头。

青春英气的高明带着小他两岁的书童高林外出游学，等待他的是怎样的风景？他不得而知。可以肯定的是，他接触了形形色色的人，为他以后的创作积累了原始的生活素材。他用双脚丈量的土地不知什么时候成了他戏中的布景。

从阁巷逆水而上，来到千年古渡飞云江口。由于江面开阔，要转渡船。飞云渡位于飞云江下游，北岸是瑞安城区南门，南岸是飞云马道，自古是浙闽水上交通要道。元代后，飞云江南岸日益繁荣，飞云渡也繁忙起来。

原先也有百姓尝试用木船渡过江去。但是，飞云渡江路程六七里，江面开阔，流水湍急。民间木船抗风能力差，事故时有发生。

元延祐六年（1319），刮了一场台风，掀翻很多船只，百姓溺亡的不计其数。再也没人轻易尝试。当时的郡守赵凤仪带领一干下属祭拜江面后，督造渡船十只，两岸对开。飞云渡的安全有所改观。

高明带着高林经此渡口。渡口商贸已经很成熟，两岸有点心店之类的摊点。高明和高林穿过一字排开的地摊货道，径直向江边走去。一艘建造两层的铁皮家伙横亘在江面，气势磅礴，果然不同于木船。

高林摸出两个铜钱丢入木桶，渡口老夫放手让他俩进去。

渡船内热闹非凡，别有一番洞天。唱莲花落的、吹笛子的、演皮影戏的、挑货担的、卖狗皮膏药的、走江湖的，各占其道，利用开船的间隙做起了生意，好不热闹！俨然一个超级市场。

高明被一个穿短打衣服的络腮胡子吸引住。只见他敲了几声锣，待人气聚集得差不多时，双手抱拳道："各位看官：在家靠父母，出门靠朋友。鄙人路过贵地，盘缠用尽，献丑一手，给大家表演个八仙归洞。各位，有钱的捧个钱场，没钱的捧个人场！"说完，他蹲下身子，在他面前放好三个碗和四个球。随着他快速移动，球一会儿向左，一会儿向右，任你眼睛有多快，总赶不上他的手快。偏偏络腮胡子还故意卖关子，问围观的百姓球在哪个碗里。大伙儿明明看得很清楚，这个球在中间的碗里，他却故作神秘，东吹一口仙气，西抓一把，揭开碗时，明明在中间的球却跑到了左边的碗里。

"快手，快手啊！"乘客们纷纷称赞络腮胡子的高超表演技巧，心满意足地掏出几枚铜钱放入络腮胡子的帽子中。

"有趣！有趣！"高明也加入了捧钱场的行列，向帽子里放入几枚铜钱。

> 宾也醉主也醉仆也醉，
>
> 唱一会儿舞一会儿笑一会儿，
>
> 管什么三十岁五十岁八十岁。
>
> 你也跪他也跪恁也跪。
>
> 无甚繁弦几管催，
>
> 吃到红轮日西坠。
>
> 打得那盘也碎碟也碎碗也碎！

船尾的莲花落唱得正是热闹，一个双目失明的长衫老人，拨着琴弦，嘹亮的声音瞬间净化了嘈杂的空间。

盲艺人虽然看不见，但这段唱词却活灵活现描绘出了农夫的宴会。农夫终年辛劳，没有什么娱乐，难得相聚一次，喝酒吹牛闹得东倒西歪，把碗碟打得稀里哗啦，十分有趣。

如此遣词，高明在圣人书本中根本没有读过，倍觉亲切。

高林却不言不语，默默地把身上的铜板轻轻地放入盲者帽中。高明知道他一定想起去世的爹了，揽着高林的肩走开了。

主仆二人从莲花落人群中挤出来后，爬上第二层的船板。船板上视野开阔，江风很大。放眼望去，只见浊浪滔天，一片黄水滚滚。豪情壮志顿时涌上高明心头，脑海中浮现出陆游过飞云江的诗篇：

俯仰两青空，舟行明镜中。
蓬莱定不远，正要一帆风。

南宋陆游的名句，高明脱口而出。不过他也明白，陆游是从上游高楼过的飞云江，那里潮水不到，一江澄碧，哪有这渡口的风潮浊浪！

船在前进，岸在后移。少年壮志未酬！

此去若能访得名师，如同找到蓬莱仙山，岂不令人快哉！

路上很辛苦，怀抱远大理想的青年高明化辛苦为乐趣。因为他深信在他前面出现的将是一条充满希望的道路。

生活的美好，总是在你不经意的时候，盛装莅临。

古人没有好的交通工具，有钱的雇个轿子或买匹马行走，高明自父亲去世后家道中落，能让他出来行走游学已是奢侈，哪有余钱供他路上挥霍？除了不得已的船费外，他和高林是一步一个脚印丈量着大地。好在沿途风景不错，省路费的同时，也饱览了大好河山。

从春走到夏，时间有点漫长。路上遇到很多人和事。

人和人的相遇需要缘分，人和物的相遇也是需要缘分的。

这一天，他走到了缙云。盛夏时分，酷暑难耐。高明只穿一件挂衫，汗水还是顺着后背渗出来，浸湿了整件衣服。一路走走停停，正是口干舌燥时，忽见一条小溪横在不远处。

清凌凌的溪水在烈日阳光下泛着花白的波纹。一条搭石整齐地插在溪中，构成了一道美丽的风景。他俩奔入水中，"哗哗哗"捧起水直往脸上泼，好不惬意快哉！喝够了水，顿时浑身有了力气。

他们起身走过搭石，抬眼望，不远处有一凉亭。四周柱子上均刻着遒劲的书法：

何必问津，一峰直指升天处；

谁能望祖，千古永垂立德地。

顺着对联的方向，一座黛青色的山峰直插云霄，在蓝天白云映衬下更显挺拔。传说此处就是轩辕大帝炼丹得道升天的地方。

他正看得出神。"这位仁兄，有礼了！"一袭白色长衫的青年躬身作揖。高明这才发现亭内还有两人：男的是个与自己年龄相仿的年轻人，国字脸，剑眉，透出刚毅的轮廓。女的是个小姑娘，扎着羊角辫，一双大眼睛扑闪地望着高明，充满好奇。

高明通过交谈得知，此二人系兄妹，鄞县枥社名门之后。哥哥沈明臣，喜欢游山玩水，读万卷书，行万里路，旅途钱财用光就以卖字为生。此次带着稚嫩的小妹妹沈小瓯到处州访友，见此处风光秀丽，便驻足停留休憩。

小姑娘一双明亮的眼睛清澈得照出人影。她好奇地打量着高明。高明蹲下身子，用手指刮了一下她的鼻尖问："小妹妹，可不可以告诉哥哥你的名字？"

沈小瓯跟哥哥出来游走数月，长了见识，练了胆量，一点也不怕生，稚气未脱地说："名字是女孩子的秘密哦，哪能随便相告！"

三个青年被孩子的童真打败了，哈哈大笑。

读书人相见，惺惺相惜，话很投机。高明指指沈明臣身后的琵琶说："此琴别致，可否借小弟一阅？"

沈明臣敬重高明是读书人，遂递上琴去。

高明拨弄了一下，一长串切切嘈嘈的音滑落。他转头向沈小瓯："小妹妹，你会弹吗？"

沈小瓯看着哥哥，见沈明臣点点头，于是接过琵琶试了一下音。只这一拨高明已惊心："小丫头年龄不大，琴技却了得。像是受过专业训练？"

沈小瓯虽小小年纪，却能歌善舞，再加上沿途还学会不少小曲，让她的拨转更加显得灵动。

"都说三岁看老，这小姑娘如此灵性，将来肯定不同凡响。"高明暗忖。

夕阳西下，沈明臣兄妹二人离座赶路，别过高明。

望着兄妹二人远去的背影，高明怅然若失。

人的一生都会遇到几个重要的人。他们像弯道的路标、海上的航标那样，影响着我们的人生。每个出现在生命中的人物都是上天埋下的伏笔，不管你愿不愿意，合适的时候，他（她）会在你的某个时间节点出现的，或许有人擦肩而过，或许有人恩怨交集，或许各奔东西……不管怎样，相濡以沫也好，相忘江湖也罢，谁也逃脱不了命运的安排。高明和沈小瓯的相逢竟也是命运的伏笔。

高明主仆二人赶至义乌，来到浙江士子心目中向往的稠城书院。

稠城书院院长黄缙（1277—1357），因知识渊博，德高望重，被朝廷聘为选拔人才的考官。

高明出生时，黄缙二十八岁，将近而立之年。他是朱熹门下四传弟子，元代著名史官、文学家、书法家、画家。这样一位传奇人物，出生也自然是不同凡响。据说他母亲童氏怀孕时，梦见一颗巨星坠落于她的肚子，人家十月怀胎一朝分娩，黄缙的母亲却怀了二十四个月才生下他。按照生理科学知识，这是不可能的，大家姑且当传说听。大人物的降临总有各种各样的奇征异兆，以示将来与普通人的不同。黄缙在随后的成长过程中确实不同凡响，才思敏捷，出口成章，才华横溢，又长得一表人才。

说到相貌，现在很多单位录取员工以貌取人。无独有偶，古代人做官也是以貌取人。明朝时候，曾经有一个考上状元的人，因为长相丑陋被降为第二名。看来外貌协会自古以来就存在。

黄缙在地方上是一位大儒，很有名望，元朝刚打下江山，根基不稳，为了方便统治，也想拉拢汉族士人。黄缙才貌双全，想不引人注意都难！自然脱颖而出。

元延祐元年（1314），朝廷恢复了科考制度，就像现如今的高考。在那个没几个读书人的年代，声名远播的黄缙自然成了朝廷延揽的对象。在宪吏的催促下，黄缙参加了当年的省试。他的试卷文笔优美，陈诉有力，流畅深情，在众考生中出类拔萃，堪称范文。

第二年参加朝廷面试中选。排名时，读卷官却找一个理由，把黄缙排在三甲末等，赐同进士出身。不是进士，打个比方讲，现在的学历有大学本科学历，正规完成大学四年或五年学制取得毕业文凭。还有一种是等同于大学学历——就是没读过正牌大学，但积累的学识已经达到大学水平。耿直的黄缙大概没送礼，不得考官喜欢，被赐同进士出身，离进士还差一个档次。但尽管如此，也算中了功名，被分配到台州路宁海县当知县（后来他的得意门生高明死于此处）。

黄缙没嫌官小，既然为官一任，必造福一方，做好父母官的本职工作。那时的父母官不好干，不像现在，职责分工细致。那时知县还要兼工商、财税、法官、公安、教育等局长职责，什么都要干。

宁海是沿海小城，濒临盐场，盐业兴旺。元朝盐业是受官府垄断的产业，经过层层腐败，那些盐户送给地方官吏白花花的银子，自然要从老百姓身上盘剥回去，所以盐价奇高，百姓苦不堪言！

黄缙到任第一件事就是平抑盐价，对不法商户收监的收监，罚款的罚款。黄缙的下属忧心忡忡，害怕受到打击报复，好心提醒黄缙，但黄缙正气凛然：官可以不当，百姓的事不能不管。在他的打压下，盐场恶霸气焰终于有所收敛。百姓得以安心。

也许是黄缙在宁海兢兢业业，为民风打下良好的基础，后世才涌现许多硬气、有骨气的历史人物。

有名的是明代方孝孺。

方孝孺生于一三五七年，卒于一四〇二年，浙江宁海人。是朱元璋的皇长孙朱允炆的老师，帝师。因为太子朱标死得早，朱元璋就把皇位传给了朱允炆，这就是建文帝。后来他的叔叔燕王朱棣起兵"靖难"，夺取了皇位，要方孝孺写即位诏书。方孝孺坚拒不从，被灭十族（九族加门生共十族），遇难者达八百七十三人。历史上评价他是"台州人的硬气"。（解放前宁海县归属于台州，解放后才划归于宁波市。）

还有，被鲁迅誉为民族脊梁的左联五烈士之一柔石也是宁海人。

朝廷派大员到地方巡视，得知黄缙能干又清廉，便提升为两浙都转运盐使，专门监督盐运。

一三一九年，黄缙任绍兴路诸暨州判官。这个官后来他的学生高明也干过，是个吃力不讨好的差使。当时诸暨地方恶势力形成已久，很难治，但是黄缙不怕。这几年来跟恶势力斗智斗勇，什么样的人没见识过。在他不懈努力下，诸暨终于变难治为好治。

由于他才能出众，一路做到京官，编修史书。书稿完成之后，他又功成身退，回到原籍从事选拔后才俊秀的教书工作。一辈子都在为国效劳，享有盛誉。

黄缙德高望重，博学多才，自然声名远播。

慕名求学的江浙才子不计其数，陈基、宋濂、高明有幸成为同班同学。

陈基，字敬初，台州临海（今浙江）人，寓居吴中凤凰山河阳里（今属张家港市）。元末江南著名文人，受业于当时著名学者黄缙，随之游京师，被授以经筵检讨一职。尝为人起草谏章，几获罪，引避归吴中，以教授诸生度日，颇有声名。陈基敏而好学，精通《春秋》等儒家经典，德性端重，兄睦亲孝，时人郑元佑有《陈敬初兄弟》诗云："阊阖城里寄闲身，四壁秋蛩语近人；何异京华旧时月，清光相照白头亲。"即反映了他们兄弟平易孝悌的景象。

元末大乱，群雄纷起，割据于吴地的张士诚闻其名，召为江浙右司员外郎，参其军事，张士诚称王，授内史之职，后迁学士院学士。军旅倥偬，飞书走檄多出其手。朱元璋平吴，爱其才，召之参与《元史》的纂修工作，书成后赐金而还，卒于常熟河阳里寓所。陈基能文善书，写的诗也有不少是反映张士诚起义军生活的。明史有传。著有《夷白斋稿》三十五卷，内诗一卷，文二十四卷，又外集诗、文各一卷。

宋濂（1310—1381），字景濂，号潜溪，别号玄真子、玄真道士、玄真遁叟，明初政治家、文学家。汉族，浙江人，曾被明太祖朱元璋誉为"开国文臣之首"，学者称太史公。宋濂与高启、刘基并称为"明初诗文三大家"，又与章溢、刘基、叶琛并称为"浙西四先生"。他因长孙宋慎牵连胡惟庸党案而被流放茂州，途中病死于夔州。他的代表作品有《送东阳马生序》《朱元璋奉天讨元北伐檄文》等。

宋濂曾经与客人饮酒，皇帝暗中派人去侦探察看。第二天，皇帝问宋濂昨天饮酒没有，座中的来客是谁，饭菜是什么，宋濂都以实话相回答。皇帝笑着说："确实如此，你没有欺骗我。"皇帝问起大臣们的好坏，宋濂只举出那些好的大臣说说。皇帝问他原因，宋濂回答道："好的大臣和我交朋友，所以我了解他们；那些不好的，我不和他们交往，所以不会了解他们。"主事茹太素上奏章一万多字。皇帝大怒，询问朝中的臣子。有人指着茹太素的奏章说："这里不敬，这里的批评不合法制。"皇帝问宋濂，宋濂回答说："他只是对陛下尽忠罢了，陛下正广开言路，怎么能够重责他呢？"不久皇帝看茹太素的奏章，觉得有值得采纳的内容，把朝臣都招来斥责，并口呼宋濂的字说："如果没有景濂，我几乎错误地怪罪进谏的人。"

宋濂和高明一样是个提倡孝道的书生，他写过一篇《猿说》，大意如下：武平方盛产猿猴，猿猴的毛像金丝一样，闪闪发光。小的猿猴更加奇特，性格很温驯，但不离开母亲。母猴很狡猾，不能接近。猎人在箭上涂毒，等到母猴松懈的时候射它，母猴知道自己不能活了，将乳汁洒在林间，让小猴喝。乳汁洒尽后，就气绝而亡。猎人用鞭子抽打母猴的皮，小猴悲哀地鸣叫，从树上下来了。每天夜里一定要枕着母亲的皮才能睡觉，更有甚者则抱着母亲的皮翻腾而死。唉！猿猴尚且知道有母亲，不忍心看到它死，何况人呢？

稠城书院虽然聚集各路精英，但难免也有鱼龙混杂，出个把败类。这包括靠父亲四处活动打点而进的庞娃。

这庞娃书读不进去，社会关系却是活络，来稠州没几天，把周围人际关系搞得左右逢源。他处处看高明不顺眼，想办法排挤高明。高明不跟他一般见识，没事带着高林去勾栏瓦肆，听听小曲，喝喝茶，回到书院再把白天所见编入戏文中，倒也自得其乐。

这天，听说书院旁边来了个颇有影响的戏班，芙蓉班，上演剧目《窦娥冤》。此乃前朝才子关汉卿的名剧，书院的师兄弟早就悄悄传开了，等待着一睹大剧的精彩。庞娃更在大声嚷嚷："听说芙蓉班的台柱木未央长得倾国倾城。如果得以一见，死而无憾！"哄笑声不断，大家各怀目的等待着一睹名剧的盛宴。

饰演窦娥的是芙蓉班花旦木未央，她把窦娥角色饰演得淋漓尽致。台下观众纷纷叫好，有些观众还向台上扔铜钱甚至碎银子。当血溅白练、六月飞雪、干旱三年的咒语应验，有人不寒而栗，有人掬一捧同情的泪。高明被深深地震撼了：戏曲有如此强大的感化和鞭策功能！

锣鼓声响，戏里戏外都是人生。人说演戏的傻，看戏的痴，殊不知有多少人的人生都曾出现在戏里。短短的两个小时，世态炎凉、官场瞬息变化、人性的善良丑恶都展现在舞台上，撞击着观众的心灵。台下掌声不断，一半是献给演员的精彩表演，一半是警醒自己。每个人一出生本性是良善的，随着各种欲念的诱惑不知不觉堕入一个又一个的陷阱，以致坏人越来越坏，殊不知很多时候都是身不由己，以恶的方法去补一个个恶的漏洞，以致越发不可收拾。

剧终，人们久久回味，不愿散去，除了剧作者高超的编剧值得敬佩，演员的真情投入也是一个原因。

散场时，高明和高林悄悄地来到后台，准备拜见一下芙蓉班的班主，感谢他呈现这样一台好戏。

班主老尤是个五十多岁的瘦削老人，发须皆白，人看上去却很矍铄。

高明说明来意，尤班主对这位喜爱戏剧的年轻书生第一印象不错，请进屋里，他们一起聊了很多。原来老尤是嵊州人士，因为家里人口众多，土地稀薄，度日艰难，老尤就领了儿子媳妇以及几个侄儿侄女一众几十号人口以做戏为生，混口饭吃。

正说着，前院一阵嚷嚷，接着脚步声杂乱，有小厮慌张跑进来报告："班主，前台来了位公子，非要带未央姐出去喝酒，和大家吵起来了。"

尤班主朝高明拱拱手，一句"失礼了"，拔腿往前院去了。高明哪里坐得住，起身急急地跟了过去。

前院已是一片狼藉，花盆碰倒了，椅子散架了。被一群人围着还未卸妆的木未央惊魂未定。前头一个面部黝黑的青年握紧了拳头，朝着不远处绸缎加身、歪戴书生帽的无赖挥拳，地上躺着两个恶奴正"哎哟哎哟"起不来。

高林眼尖："庞娃，你怎么在这里？"

庞娃一看，走进来的是自己的同窗高明，顿时来了狗脾气，神气起来，他"唰"的一下从地上爬起，"高兄，你来得正好，帮我收拾这个恶奴！"

"你调戏良家妇女，还倒打一耙！"木未央边上的丫鬟伶牙俐齿，简要把事情的经过说了一遍。庞娃气得牙痒痒："本公子请这小妞吃饭，是看得起你们这班戏子……"

"够了，庞娃，还不够丢人现眼吗？滚回书院去！要不然，先生知道了非逐你出师门不可！"高明大声喝道。庞娃被唬住了，他瞪了一眼黝黑青年，用手指着对方，狠狠地说："等着瞧！你等着……"

"呸！"两个恶奴狗仗人势，扬长而去。

大家这才舒了一口气，纷纷来道谢高明直言解围。高明摆摆手，一眼看到黝黑青年手上正渗出血迹。原来就在刚才，他和庞娃的两个奴才打斗中不小心被花盆割伤了。班主赶紧命人找来止血散，木未央把药倒在黝黑青年伤口上。黝黑青年倒吸一口气，"嘶"了一声，紧蹙眉头。

"疼吗？三水哥。"木未央一边问一边轻轻地朝伤口吹气，以期能减少三水的疼痛感。

黝黑青年摇摇头，深情地注视着木未央。众人见状，心照不宣，纷纷散了开来。有丫头小厮挤眉弄眼："嗨，原来是一出英雄救美啊！"众人大笑。三水和木未央如梦初醒，赶紧分了开来。

高明见他们已无大碍，对班主拱拱手起身告辞。

尤班主亲自送到门口："感谢高公子解围！唉，游走江湖，尽管行事低调谨慎，还是难免招歹徒惦记。今日多亏了公子解围，不然，不知又闯出什么祸呢！"

"林子大了，什么鸟都有。尤班主不必放在心上，只是日后小心为好。"

"后日我们要上演关汉卿的《救风尘》，公子如肯赏脸，请来捧场。"

"一定一定。"

第三日，高明如约来到戏班。木未央在戏中扮演被负心情郎卖到青楼的女子，三水饰演的公子携一班兄弟千里迢迢，几经波折，终于解救出木未央，有情人终成眷属。

对于大团圆的结局，高明满心欢喜。一散戏就找木未央，探讨戏中人物的唱腔、情感把握，说得条理清晰，点评到位。木未央不住地点头。

旁边的三水很佩服高明的学问："没想到先生不是这一行的人，却比这一行的人还要懂戏。"

"在下出生在鱼米之乡瑞安崇儒里。敝乡处处有戏台，逢年过节、播种收割都要请戏班来祭祀告天大演，人人喜欢吟唱词曲。我从小耳濡目染，不知不觉中也学到了一点。让三水兄见笑了。"

"哪里！哪里！公子如若不嫌弃，当我们的戏曲师爷好不好？"三水发出邀约。

"好主意，好主意！"木未央也是满脸真诚地望着高明。

高明一方面盛情难却，另一方面天生喜欢戏剧，很高兴地答应了。

"高林，拿跌打膏过来。"

高林忙从袖笼中掏出跌打膏，递给高明。

高明转身交给三水："这是临走之前我娘给我带的，怕途中有个磕碰也好防备。现在看来你比我更需要它，送给你。上次被庞娃推揉没伤到骨头吧？"

"这怎么行？这是老夫人交与公子你的，饱含着慈母情深。我怎么能要呢？"三水忙推辞。

"我娘给我带了好几瓶，我那里还有呢。呃，对了，说说你娘吧。"高明岔开了话题。

"我娘……"三水神情黯淡了下来，叹了一口气，悠悠道来，"我娘在我三岁时因风寒去世了。我爹娶了后娘，生了三个弟弟，日子过得吃了上顿没下顿。我十岁那年就跟尤班主出来混饭吃。尤班主待我不错，给我衣穿，给我饭吃，还教我学艺，如同再生父母。"

"说起三水，真是命苦。他娘死了以后，他爹又当爹来又当妈，艰难地拉扯着他，虽日子清贫，可从没让三水受委屈。可是自从续了弦，又添了三个弟弟，日子过得紧巴巴的。他爹是个泥水匠，有一次做工回来，见三水没把弟弟照顾好，又听了后母告状三水如何好吃懒做，顶撞后母。他爹怒火上来，抓来扫把就抽在三水身上。三水不躲不避，任由爹爹打骂。他爹也是心疼儿子，并不想真心打坏他，思忖着三水穿着厚厚的棉袄，抽几下子做做样子，让后母消消气。哪想到扫把刚抽到身上，三水身上棉衣绽裂，芦苇飘飞，红红的血印触目惊心。原来，后娘偏心，给自个儿儿子缝的是十足的棉絮，给三水缝的却是芦苇。看似棉衣蓬松饱满，实则充了芦苇的单衣，在这天寒地冻的日子里，三水每天靠不停地劳作来取暖。三水爹得知真相，抱着三水痛哭，觉得对不起这个儿子。后母严氏眼见事情败露，一下无语。

"三水爹当下要休了这个狠心的恶妇。三水扑通向他爹爹跪下：爹爹，留下后母，只我一人受苦。如果休了后母，再娶一位，连三个弟弟都遭殃。那三个孩子也齐刷刷跪下，请求三水爹留下母亲。严氏的脸红一阵白一阵，既恨三水，又感激三水此时还为她求情。三水爹面对四个哇哇啼哭的孩子，也软下心来。严氏对三水好了一阵。日子久了，又重新露出本性，对三水非打即骂，短衣少吃更是常见。他爹明知道严氏对儿子不好，为了另三个孩子也只好忍着，偷偷藏点好吃的给三水。一两次被严氏碰见，更是视三水为眼中钉，时不时地对着三水爹指桑骂槐。三水爹夹在当中很难做人。三水只想远走他乡，让他爹好好过几年舒心日子。恰巧芙蓉班进村演出，严氏就把三水半卖半送塞给了芙蓉班。临走时，老父老泪纵横觉得对不起三水，三水反而安慰父亲，等自己出息了，将来接他进城享福。"

班主老尤讲完三水的身世，大家沉默不语。

木未央和三水青梅竹马，在戏班里一起长大，还是第一次听到有关三水的身世，唏嘘不已，爱怜的目光投向三水。

从芙蓉班回来，高明深深为三水的事情而感动。这个一心在舞台上演尽沧桑的三水，原来他的身世更传奇。

如何把这个故事写出来，让更多的人受到感化，这是高明常常思考的问题。他开始偷偷地写戏。

这是一座远离城市的山中书院，它叫崇善书院。

进入密密层层的山林，越入深谷越见云蒸霞蔚，云雾缭绕。经过长长的樟树林，崇善书院隐在层层叠叠的树木之中。疏落的篱笆墙内，一座青黛的泥房临水而居，淙淙的溪流在泥房脚边穿过，古朴清幽。

学子们的琅琅书声，伴着晨钟暮鼓，散发出浓浓的幽谷气息。隐在这里的学生，少了别人的照顾，一切都要靠自己，每日总有人轮流劈柴、扫地、煮饭……

这一年，为了让学子们领会读书须至"达则兼济天下，穷则独善其身"的儒家真谛，为将来学子们成才，走入官场或报效社会做准备，黄缙安排了这次乡间私塾借读。除了私塾先生讲课外，还请了当地宿儒、名流及山寺住持讲经论道。

夜课后，高明走出书院，一阵大雨突如其来。瓦上的雨，顺着瓦垄流下，如细微的河流，湍急率性。高明在屋檐下驻足半晌不见停歇。正当他怀抱书本想冲入雨幕中去时，一把红色的纸伞撑在他的头顶。高明抬头一看，一阵惊喜："是你！"

淡绿色的纱裙，高高挽起的发髻斜插着碧绿的绢花，和山野风光浑然一体。木未央娉娉婷婷如空谷的幽兰蓦然而至。她笑盈盈地站在高明面前，眼神顾盼流波。乡村遇故交，空气散发泥土的芬芳，好闻又清新。

初夏，路边的野草蔓延，借着灯笼的微光，山的剪影隐隐约约，很柔美。

"你不是在戏班吗？怎么会到此？"高明接过木未央手中的伞，往她的身边挪了挪。

"说来话长。"木未央叹了口气。

"还记得未央曾对你说过，我的出生地在一个山清水秀的地方，四处种满了樟树？我的家就在不远处。先生想不想随未央去看看？"木未央转移了话题。

高明点点头，把灯笼往前伸了伸，沿着弯弯曲曲的山路走出了书院。雨后山林，青草的气息混合着泥土的潮湿味，一股浓浓的乡野味包围着他们，不掺杂任何世俗的功利，宁静辽远。

路越走越窄，伴着雨丝，两人低吟浅说，回忆以前相识的点点滴滴，探讨各自看过的、演过的戏，心中的默契感陡增。

木未央声音细柔，一点也不像舞台上的铿锵和激情。

"这不像你！"高明浅笑。

"先生认为怎样才像未央？"木未央反问道。

高明一时还真找不出更好的词来形容木未央，只好讪笑着。

"每个人一生要扮演不同的角色。舞台上的角色和生活中的角色也不一样。比如我现在与你在一起，以朋友的角色共处，说的话、行的事必然符合朋友的身份。"木未央深有感触。

"随着时间的流逝，人也是会变的。现在的你也一定不是刚离家求学时的你。"她补充道。

他们并排走着，两人的肩偶尔触碰在一起。

雨渐渐停了，高明收了伞。木未央接过灯笼走在前头，高明跟在后面。走过一段泥泞小路，他们来到了一座废弃的村子。整个村子孤零零地静立在山岙间，残院断墙，破落不堪，凄凉沧桑。

高明跟随木未央，手脚并用，爬上一处台阶，展现在眼前的是一片开阔的空地。随着灯笼微光的指引，高明看到了一排三间泥屋，虽已颓败，但在它身旁的柚子树却正抽绿长芽，荒芜中略添生机。

"我四岁时，因为荒年，村子的人都逃难到别处去了。离开家乡后，我日夜思念这个地方。以前爷爷奶奶都住在这个村庄，如今他们都不在了。喏，这棵就是爷爷种的柚子树。在它旁边，本来有一棵桃树。每年三月桃花灿烂树头，粉红娇羞，美不胜收。待桃花落了以后，树头开始挂果，附近的小孩都来偷摘青涩的果子。爷爷见如此糟蹋果子，一气之下砍了果树。只留这棵柚子树，因为它当年只开花，还没到结果的树龄。"

"老人家真是倔强，宁愿毁掉也不让桃树遭百般凌辱。"高明叹息道。

"你不是一样吗，对于自认为不好的文字，宁愿毁掉也不愿流传人间。"木未央想起那日向高明讨要《闵子骞单衣记》的情景，不觉莞尔一笑。

"希望有一天，能回到此处，为父母重新造一所房子，不在乎简陋，却一定要温馨。"说到父母，木未央的眼神黯淡下来。

木未央告诉高明，此次从戏班回来，因为得知母亲病重，将不久于人世。以前总觉得孝敬父母还有大把的时间，等自己打拼成功时，再衣锦还乡，让父母过上好日子，陪父母尽享天伦之乐。现在才明白，尽孝不能等。有些事错过便成为过错，再也弥补不了。

"停留只是刹那，转身已是天涯。我们总是在错过。错过昨日，错过今朝。而今朝仍在重复，重复着一种相同的别离。日子，其实经不起推敲。风过，是一天，雨过，又是一季。一生当中，又有几个明天的明天？或许最后，剩下的是一声低低的叹息。怕只怕这样的机会也不会再有。说给谁言，亲人已经分离。叹给谁听，爱人已成陌路。悔与何人，斯人已经走远。唯能让遗憾少一点，让愧疚轻一些，珍惜我所有。"

高明望着眼前这个柔柔弱弱的女子。她的哲思，她对生活的感悟一点也不逊色于男儿。一股敬佩之情陡然而生。

"你对令堂真好！"

"父母是生我养我的至亲，我不对他们好，还指望谁对他们好呢！爱父母是人之天性。"

……

"走吧，时间不早了。再不回去，书院要关门了。"

高明把木未央送回家后，就返回了书院。

这个夜晚于高明而言是很美妙的感觉。心中涌动着要写点什么的冲动。在三水和木未央之中，有共同的地方，那是什么呢？一股浓浓的孝道。他就着红烛，在《闵子骞单衣记》上涂涂改改……

下了一夜的雨，酣畅淋漓。高明不时在山泉流泻声中半梦半醒，做着美妙又神奇的梦。梦到母亲，梦到陈素……

清晨，在大自然中，最先苏醒的总是耳朵。

高明赖在床上伸了个长长的懒腰。直到一阵悦耳的古筝传至耳朵，高明全身的细胞都被唤醒，趿拉着木屐，推开古朴的木窗，和整个绿色抱了个满怀。一树的叶子在雨水的清洗下清新可人。

雨还在下，一片片绿叶吸足了雨水，焕发全新的绿。透过树叶，隐隐约约在树缝中望见"诚信友"三字在绿意的映衬下，越发红亮。

楼下的扫地声"唰唰唰"插到这钟鼓齐鸣的民乐中。没有唐突，似乎本身就是乐曲的一部分。随着打扫面积的扩大，逐渐成了主旋律。不用说，那是同窗们自发做的。在山中书院，感召他的不是语言，而是学子们的亲和愉悦。很多感动流泻在不起眼的一举一动中。

踏足山间野外，山中的精灵似乎比别处的霸气，青蛙在脚边跳来跳去，不时朝高明叫两声，小鸟吱吱喳喳，从这棵树跃到那棵树，此起彼伏，在他眼皮下飞来飞去，毫无怯意。

高明和同窗行进山林，红尘喧嚣远离，六根清净。不羡鸳鸯不羡仙，只愿长住山间，听溪水淙淙，看山雾缭绕，公鸡啼叫，小狗狂吠。千年的农耕生活悠然，如不是身临其中，古境探幽，真体会不到深山带给人的平静和安宁。

悬崖上的红杜鹃，将落未落的雨珠，水嫩嫩，晶莹莹，彰显着蓬勃的生命力。

在山中淡淡的生活，心不觉得累。如此清浅的时光里，将心开成一朵淡然的花朵，盛开在生命中。心静了才能听到自己的声音，才能停下来笑看风云，风雨人生，淡然在心。

一晃儿数月过去了。春去了林红，桃花谢了匆匆。

高明隐在山中，埋头苦读，快乐似神仙。当黄缙告知回程的日子后，弟子们流连忘返，发出"乐不思蜀"的慨叹。

山中回来，高明文思泉涌，进入了创作中，用笔记录人生的感动。

高林这几日见少爷埋头涂写，除了吃饭以外就是写。他从小跟着高明在集善院里认了一些字，探头一看，原来高明又在写《闵子骞单衣记》。以前之所以不让木未央看，是觉得时机还未成熟。

这闵子骞乃孔子的有名弟子，属七十二贤之一，是有名的孝子。三水的经历和他很像，高明就借三水的原型来赞扬古人。再加上山中书院孝道的感召，高明入情入境把文字熔铸笔端，原本只为感动自己，自娱自乐，不想此篇戏文无端惹来麻烦。

稿子每写一点，高明就到芙蓉班找木未央探讨，请她共同把关修改。木未央被高明的才华折服，更为闵子骞的孝心感动，答应高明如果写出来，她一定说服班主排练此剧。

庞娃每次去找木未央都撞上高明，难免心里酸溜溜的。

高明是什么东西，竟敢抢我的女人？

"哟，高明的春天来了！"他故意把春天两字拉得很长，唯恐别人听不出字里隐含的讥讽意味。

随从发出一阵放肆的讥笑。

高明不为所动，相信自己行得正坐得端，任庞娃冷嘲热讽，只管沉浸戏曲人生，探讨曲艺世界。

木未央身边有个三水已经够庞娃恼火了，偏偏又窜出了玉树临风的高明，庞娃心中的郁闷可想而知。一双鼠眼贼溜溜地乱转，整天怀着一肚子的坏水：不行，必须把他挤走，自己才有机会下手。

庞娃于是暗中派奴才跟踪起高明的行踪。

"高明除了写书，就是找木未央、三水聊天，也没有什么不良嗜好。不知他每天神神秘秘在写什么。"奴才禀报。

庞娃好失望。

抓不到辫子的庞娃一计不成另生一计：在老师黄缙面前捏造高明不务正业，四书五经不读，整天编野曲，勾引戏子，有辱儒学门风。黄缙只是不信。

一日，待高明主仆二人出去找芙蓉班的间隙，庞娃悄悄潜入高明书房，取走了高明刚刚完稿的剧本。

他匆匆忙忙跑到老师黄缙跟前告密："先生，高明不好好读书，整天混迹勾栏瓦舍，跟一群戏班伶人鬼混，坏了书院规矩，有辱先生名声！"

高明原本就是黄缙的得意门生，听了庞娃的告状，黄缙不以为然，以为庞娃妒忌高明才华，故意诋毁他。像高明这样的学生，绝对不会做出有辱师门的事情。

庞娃看出了黄缙的犹疑，马上进一步说："我知道先生不相信我，我多说什么也没用，不如我带先生去一个地方。"

黄缙也想看看庞娃到底葫芦里卖的是什么药，带了一些书院学生一起跟了庞娃去。

穿过黛青碧瓦的青衣巷，尽头处一处古朴的院落呈现在众人眼前。悠扬的二胡三弦琴声中夹杂着咿咿呀呀的唱腔飘来。黄缙平生最讨厌杂耍人员，认为他们江湖卖艺混日子，整天唱些淫曲败坏风气，才子佳人，你侬我侬沉浸在儿女私情，教坏世人。

庞娃"砰"的一声踢开虚掩的院门。那门因为这使劲一踢，发出"咣当"的声响，随着惯性不住摇晃。

门里伶人正在练功：扬着水袖的，舞着剑术的，耍着棍棒的……听着这么大的响动顷刻间石化了一样僵在那里，不知道发生了什么事。高明正在舞弄着木未央的水袖，伸出修长的兰花指，憋着嗓子在唱旦角。他沉浸在戏中，回转身猝不及防见到老师和同学，顿时愣住了。

"荒唐！"

黄缙气得脸色铁青，一甩袖子，转身走开。众生见先生动怒，赶紧夹紧尾巴跟着黄缙匆匆离开。庞娃一脸的得意，冲高明做了一下鬼脸，伸出大拇指晃了晃。三水抡起拳头作势要打，庞娃急着跟黄缙溜出来。

回到书院，庞娃自知黄缙这回动了气，赶紧来个火上加油，落井下石，把从高明处偷出的《闵子骞单衣记》呈给黄缙，并且添油加醋诋毁高明："高明在书院不读圣贤书，整天学些旁门左道，还自己编这些违背恩师教导的戏文……"

"岂有此理！赶出去！赶出去！"

黄缙余怒未消，逐高明出师门。

庞娃得了黄缙"令箭"，趾高气扬地往高明住处赶。

哪想到高明羞愧难当，早已收拾行李不知所终。

庞娃一肚子的羞辱话没地方发泄，失落是可想而知。

在兵荒马乱的年代，《闵子骞单衣记》早已遗失，我们无法再在剧中看到高明的创作内容。但可以想象，青年时代的高明已深深爱上了戏剧创作，如一位回首蓦然遇见的红颜，今生再也放不下，所以不难理解他最终出走官场，只因赴一场戏剧的盛宴，了却来世间的尘缘。

第二节　三杯惜别

太阳毒辣辣的，把地面晒得可以煎熟鸡蛋。黄缙回到书院，不知是高温的天气使人烦躁，还是得意的弟子干出离经叛道的事情令他心火难耐。

蒸笼似的书房，黄缙再也待不下去了。他手里拿着《闵子骞单衣记》走出了房间，漫步在孝子祠花园。葱茏的树木、遒劲的题字在他眼前渐渐模糊，高明的身影却越来越清晰。林间吹过的夏风，吹散了心头的阴霾。他逐渐冷静下来，为自己的冲动心生后悔。

在书院里，当其他的学生课余时间聚在草地里蹴鞠、嬉戏玩闹时，高明独自漫步在孝子祠花园，在乌鸦反哺的塑像前一站就是老半天，盯着赭色的一行字反复琢磨：羊有跪乳之恩，鸦有反哺之义。就在这尊塑像前，他一步步完成了《闵子骞单衣记》的构思。

"高明，想什么呢？"

"恩师，您看，这只羊尚且知道跪谢母亲的养育之恩，乌鸦都知道反哺老乌鸦，人同此理，做人一定要孝顺母亲。不知道母亲在家怎样了？"高明的目光越过青葱的树木，母亲的形象在脑中清晰，灯下纳鞋、河埠头洗衣服，她青丝里夹杂着的白发分外刺眼。只恐时光，催人老去难留。母亲唯一的心愿是他能早日学成归来，及早换上金章紫绶。

黄缙为高明的孝道赞许地点点头。

高明的目光却收不回来，人生百岁，光阴几何？亲在高堂，幼而学，壮而行，如今祖父已是六十高龄，人生七十古来稀，恨自己出门远游，不能亲身侍奉。还有母亲，四十不到，早已青丝夹杂着白发，父亲的早逝，家道中落，生活的重担全部压在了母亲身上。每每想到这些，高明心中总有愧，这种愧疚和乡愁无处寄托，他会盯着乌鸦反哺塑像发呆。

黄缙喜欢看他的背影。在黄缙眼中，觉得这个学生就是自己年轻时的翻版。他的主见、他的理想以及对孝道的尊崇跟自己如出一辙。

然而这个自己如此器重的学生，却干出如此离经叛道的事情，真是气煞老夫也！

如雷的责骂声还在云间翻滚："你可知十年窗下无人问？你若不学成归故里，谁知你读万卷书？整天编这些无用的戏曲，这是戏子所为，不是尔等读书人涉及的领域。"

高明任由恩师责骂，他的内心却翻滚着千万条的反驳："写戏带不来实利，多数时候也无法改变人生道路，但至少可以丰富我们的人生，补偿生活中的不如意、不完美。它不是无用的东西！"

戏曲是他的一个丰富的精神世界。每当沉浸在虚构的闵子骞的世界里时，他的灵魂从肉体的躯壳里飞了出来，他感到这时的生命比原有的要精彩，在这个虚拟的世界里，他愿意宽宥，与世无争。

但是他没来得及为自己辩驳，黄缙一个"滚"字，彻底封住了他的嘴巴。

他转过身，情绪低落到极点，老师的厌恶已经到了极点。不走是不行的，他跨过门槛，抬了抬脚，忽然缓慢转身："恩师，我只想在课余编个剧本自娱自乐，并不伤害谁……"

"不必多言。人要有所成就，必须刻苦努力，不可放任自流。古今中外，哪一个成才之人，不头悬梁、锥刺股？又有哪一个混迹勾栏瓦肆逍遥自在的公子哥儿，能成为真正的人才？成人不自在自在不成人，你走吧。"

黄缙挥挥衣袖，高明再也无法回旋，只好满肚委屈，黯然离去。

人就是这样，因为误解和怒气，前一秒对所爱的人恨之入骨，让他能滚多远就滚多远，后一秒就后悔了，被孤独和寂寞包围着。爱之深，责之切！他恨高明的不争气，把大好的时光浪费在路边野曲、民间戏文上；他恨高明辜负了自己的一腔爱意；他更恨自己冲动之下做出赶走高明的不理智决定……

黄缙不觉间来到八角凉亭，此处是高明常来读书的地方。

青黛的八角庭檐，红漆的柱子，柱子上刻着楹联，上联：游子不忘心中牵；下联：慈母寿长笑满颜。横批：唯有孝心。

在这个亭子里，黄缙曾对弟子们进行一场学业考试："大家听着，你们跟为师已经有一段时间，你们将来有很多人要走上仕途，通过层层选拔考试，朝廷考试第一场考文，第二场考论，第三场考策。今天为师心情好，也来考考大家。第一场作对，第二场猜谜，第三场唱曲。若是作的对好，猜得着谜，唱的曲好，就奖励放假一天，可以出去自由活动；若是对得不好，猜不着，唱不好曲，就将他黑墨搽脸。"

"好啊好啊！"弟子们鼓掌。

"高明过来请听题！"

"学生领命。"

"我出天文门一个对，你接着往下对。"

"愿闻其详。"

"星飞天放弹。"

高明看着远处一轮红日，对道："日出海抛球。"

"妙哉，妙哉！且站一边。庞娃，过来听题。"

庞娃躲在人群中扭扭捏捏，早有学生把他推到黄缙跟前，"快些！"

"毛诗三百首。"

庞娃抓耳挠腮，半天想不出来，他的书童刚刚买到两张戏票，朝他伸出两个手指。庞娃脱口而出："还有十一篇。"

"不好不好。且站一边。高明过来，我出天下八个省名的谜儿与你猜。"

"愿闻。"

"一声霹雳震天关，两个肩头不得闲，去买纸来作褙褙，欠人钱债未曾还。"

"第一句是京东京西，第二句是江东江西，第三句是湖东湖西，第四句是浙东浙西。"

"妙哉，妙哉！且站一边。庞娃过来。"

庞娃又被人群推出，"快些！"

"我出山上四样树名的谜儿与你猜。雨中妆点望中黄，独立深山分外长，庙廊之材应见取，家家织就绮罗裳。"

"第一句是柏树，第二句是槐树，第三句是枫树，第四句是柳树。"

"不是不是，且站一边。高明过来。我唱一支曲，你末尾凑一句，要押韵。"

"愿闻高音。"

"长安富贵真罕有，食味皆山兽，熊掌紫驼峰，四座馨香透——来，你来押下韵。"

"奉与恩师来下酒。"

"妙哉，妙哉！三场都好。学习用功，放你一天假。且在庭外休息。庞娃，过来！我再唱一曲，你末尾也凑一句，要押韵。

"听题，看你腹中何所有。一袋腌菜臭，若还放出来，见着都奔走，你来押韵。"

这个简单，庞娃想，刚才高明不是拍了黄老师马屁吗？老师这么受用，别的不会，拍马屁我还比不过高明啊！遂答道："把与恩师来下酒。"

哈哈哈，学生们哄堂大笑。转脸看黄缙，早已铁青着脸。大家把笑憋回去，可是有人还是忍不住，嘴巴"噗噗"地喷出声。

"来人，将他黑墨搽脸。赶出去。"

……

伴着回忆，黄缙翻阅《闵子骞单衣记》，工整的小楷书法，通俗清丽的语言，平实的故事，细腻的抒情，闵子骞的孝道经高明传神的描摹跃然纸上，令人动容。黄缙从小丧母，跟着继母长大。虽然黄缙继母不如闵子骞的继母狠毒，也是从小少有看到好脸色、打骂、干重活、缺衣少食，一一经历过。高明的文字引起了他的共鸣。不觉间陷入了书中，他深深为闵子骞的孝心感动。这颗孝心不是同时存在于高明的身上吗？联想着高明在书院早请示晚汇报，中间不忘奉茶倒水，尊师如父，师生情谊浓厚，怎么看也不像一个坏学生。况且他虽然和别的弟子不一样，喜欢混迹勾栏瓦肆，喜欢结交三教九流，喜欢不入流的文学，但翻阅《闵子骞单衣记》，闵子骞的孝道通过高明细腻的描摹，如一阵电流瞬间击中黄缙柔软的内心。虽然闵子骞的后母不待见他，但成年以后，他却对后母孝敬有加。他才发现：这种通俗易懂的艺术形式比艰深晦涩的四书五经更能打动人！须知道，中国南北，几亿人大多数是目不识丁的文盲啊！戏曲传播方式好哇！

哎呀，不该听庞娃恶意挑拨！追悔莫及。

三十年之后，高明在他的《琵琶记》创作中明确提出了"不关风化体，纵好也徒然"的创作思想，强调作品的社会教育作用，努力尝试把戏剧这种"小道"提升到教育工具的地位，正是延续写《闵子骞单衣记》的理想。只可惜黄缙体会到时，高明已经匆匆离去。黄缙仰天长叹：恨自己的失察赶走了真正有才的好学生！高明有一颗悲天悯人的心。他独特的感悟，流畅的笔法，精通音律，娴熟的艺术感悟能力，处处显示出才华横溢。

高明远在自己之上，是不可多得的人才！

不行，一定要把高明追回来！

黄缙带着几个门生一路追寻，这其中有陈基。至稠州城外十里处，突降大雨，天地灰蒙蒙一片。学生劝黄缙先避雨，天晴再追。黄缙说："正因为下如此滂沱大雨，才有可能追上高明。如躲雨，必错过时机。"

果然行至不远处亭子，望见高明主仆二人在亭子里避雨。黄缙喜出望外："则诚，终于追上你了。为师错怪你了，赶紧回来吧！"

高明拉住黄缙湿漉漉的手，说不出的感动。本来顶着被恩师赶出师门的羞愧感。黄缙这一声呼唤，让高明鼻子发酸，委屈和感动的泪水溢出眼眶。

高明也曾有片刻的犹豫，想跟着黄缙回去。无奈他实在不想与庞娃为伍，压下去的去意又升腾上来。况且跟在黄缙身边已经三年，也该回家看看了。他婉拒了老师的挽留。

惜才爱才的黄缙，尊师、有独创见解的高明，两人依依惜别，不是父子胜似父子。说不完的往日情怀。

亭外风大雨大，亭内师生情浓。黄缙徐徐斟上黄酒，亭子里弥漫着浓烈的醇香。情到浓时却无言。干！干！干！师生连喝三杯。许是酒的刺激，许是别的伤感，一向严肃威严的黄缙话多起来。他拍着高明的肩说："你的文章好，为师错怪你了。你的戏剧才华深深折服为师，后生可畏啊，前途无量！"他说完递上《闵子骞单衣记》。

高明感激恩师的器重，接过黄缙手中的《闵子骞单衣记》，爱惜地翻了翻，又递到黄缙手中，说："承蒙恩师厚爱，高明不才，没有什么东西送给恩师，这本手稿就当留给恩师做个念想吧！"

黄缙心里一震："文章是一个人心血的凝结。你能以心血结晶相赠，实在令人感动，为师一定会好好保管。

"听说朝廷将再起科举，此番回家，希望你研读经典，备战考试，将来中举报效国家。愿你今后在文坛和仕途上齐飞，多为黎民百姓造福。"

"记住：写作只是让人心安，而不可将此锁定为最终的目标而将全部人生赌注押在这里。"黄缙补充道。

"多谢恩师教导！一日为师，终身为父，高明一定谨记老师教诲。就此别过，还请老师珍重！"

此亭被后人称为三杯亭。没有高明和黄缙，义乌郊外的这个亭子和其他亭子无异，普通得不会引起任何人的注意。历史就是这样凑巧，它也随着高明的出名站立成了千古，成为后世景仰膜拜的场所。

黄缙的弟子班阵容豪华，常被后世人所道的大师级人物有：宋濂、陈基。他们都曾得到黄缙无私的关爱和教诲。但是像这样冒雨追学生，黄缙亲自送一程的经历却只高明独享。可见，在当时弟子众多的黄缙，是多么器重高明。

冥冥之中，上天自有安排，这学生必有大用。用今天的话讲，高明，你一定会火！

长亭外，古道边，芳草碧连天……骊歌唱过短亭连长亭。高明辞别老师，孤独的身影消失在地平线上。人生是一趟没有回程的旅途，甘苦自尝。

伴着这个孤独身影的，还有黄缙沧桑的嘱咐回荡在旷野：高明，如果有一天立德、立功均无缘，千万要记住——把人生大戏用笔记录下来，读书人还有为天地立言、为往圣继绝学的使命呀！

碧云天，黄花地，西风紧，北雁南飞。晓来谁染霜林醉？总是离人泪。此刻，高明才真正领悟了李白的离别诗意：天下伤心处，劳劳送客亭……

第三节　血性青春

青春，一场盛世的繁华。愿不倾城，不倾国，只倾我所有。只为过简单安稳的生活，单纯而平凡。一支毛笔，一杯清茶，一段时光，浅笑又安然。

好莱坞流行一句话：一个人能否成功，不在于你知道什么，而是在你认识谁。人脉是一个人通往财富、成功的入场券。

人这一生会遇到很多人。有些仅仅是你生命中的过客，有些却在你生命的戏场进进出出，影响一辈子。

高明性情耿直，重情重义，喜欢结交朋友，拥有了许多后来名垂千古的朋友。除了遇到一位好老师黄缙，他还结识了刘基，并通过刘基结识了一位忘年之交——吴梅涧。

青年时代，最常见高明的地方是刘基求学的青田石门洞书院。这里曾经是刘伯温长期修学、修身、修养、修炼、休整的重要场所。

青田石门洞位于青田县城西北六十多里的瓯江右岸，依山傍水，景色瑰丽，素来与雁荡、天台、仙都齐名为"括苍四胜"。横过石门渡，那龙、虎两峰恰似两道石屏。"石门洞"由此而得名。相传，刘伯温早年在石门洞内刻苦读书，感动了白猿仙姑，从这巨石的柜内拿出十八册兵书赠给刘伯温。从此，刘伯温辅佐朱元璋夺得天下。人们为纪念他，建有"刘文成公祠"。

刘基又名刘伯温，为何叫伯温呢？石门洞景区刻有一段传说。

读书生涯是清苦的，非有志者难以到达成功的彼岸。在封建社会，有多少儒林士子因耐不住寂寞而前功尽弃！相传刘基去石门洞读书，初时，见山清水秀，风景如画，只沉醉于山水之间，日日玩耍，无心苦读。

先生拿出《荀子·劝学篇》给刘基，要他读一百遍。刘基只读一遍，就能背个八九不离十了。再读一遍，就只字不差了。先生叫他再读，刘基就烦了。

先生又拿出孔子的教喻"学而时习之，不亦说乎？""人不知而不愠，不亦君子乎？""学而不厌，诲人不倦"，来教育刘基。刘基呢，当面诺诺是听，过后还是收不了心，先生很无奈。

有一天，刘基去溪边玩，突然传来棒槌击打之声。循声望去，只见溪边堆积着如小山般的棉纱，一个姑娘槌槌洗洗，一刻不停地在劳动。

刘基想，这么多的纱，要到什么时候才能洗完呢？这姑娘怎不嫌烦。

刘基正在思忖，那姑娘口中飘出美妙动听的歌声：

天下没有浣纱女，

人间哪有衣暖身？

没有百温不厌者，

哪有高深学问人？

铁杵磨针为至理，

问君攻书可专心？

刘基听罢歌声，心中涟漪顿起，渐渐地满脸通红，愧疚之情一阵一阵涌来。他连忙一路小跑，回到学馆书房去读书。从此，刘基再也不放松学习，常常通宵达旦，勤奋攻书。

刘基很感激浣纱女的提醒，为警诫鞭策自己，又给自己取名"百温"，以示自己千读百温之决心。后人尊敬他，又因他封诚意伯，就把"百"字改成"伯"，叫他伯温。

高明与刘基同是黄缙的弟子，有共同的诗文爱好和报国理想。高明喜欢石门洞的空气和鸟鸣。乌木的长台，沉沉的书架子，泛着古韵的厚厚书脊……置身于书的世界里，他的灵魂是纯净而愉悦的。

石门洞的清幽寂寞和与世隔绝，是很多热爱繁华的青年难以忍受的，但高明独爱那份阴冷和孤独。他的手轻轻抚上发黄的书页，灵魂瞬间穿越了古今，触摸到了古人鲜活脉动的心跳。身上像被施了魔法般沉浸书海欲罢不能。

为了探访古人，我们特意去了一趟青田石门洞。一条大船将我们渡过瓯江。时至今日，石门洞的清幽还是那么令人流连。

插入云霄的青樟，林间跃动的大鸟，半空悬挂的瀑布，潺潺环绕的溪水，带来沁人心脾的清凉气息。大江隔开了外面的喧哗，走进里面心顿时宁静下来。在二十一世纪的今天，世界喧嚣沸腾，多少人为名来利往追逐争斗，甚至丢命。这里依然是一块净土，清风秋月，亘古不变，确乎读书的清幽之地。

刘基和高明常常一道去坐落在好溪之畔、少微山麓的紫虚观游玩。一来二去，和道士吴梅涧成了忘年之交。

吴梅涧，名自福，字梅涧。据刘基《紫虚观道士吴梅涧墓志铭》，知其性慧敏，好清净，父母谓其有仙风道骨。稍长，即命入紫虚观，从叶邦彦为道士。此后学问、德行，皆与日俱增，声名渐著。天师正一真人闻其名，授其号为崇德清修凝妙法师，玄教宗师亦称其为教门高士、金阙紫衣，主领观事达五十年之久。

仰慕吴梅涧的学问、德行，刘基、高明常去拜访。虽然他是长者，对于高明和刘基这两个年轻人却没有一点儿架子。每当高明来到观中，他便束带同游，当起了免费向导。他博学多才，领着高明和刘基每到一处景点，必然解说景点的历史文化典故。他们告辞离去时，必相送好远。

刘基和高明在国家烽烟四起、四方割据的时刻依然能保持内心的宁静和波澜不惊，是这方环境赐予他们的力量，让他们能在纷乱的战事中擦亮眼睛找到自己的理想所在。

终究，一个成了大明国师，一个成了"南戏鼻祖"。

刘基和高明后来在仕途上屡屡碰壁，产生出家的念头，跟吴梅涧的影响是分不开的。

万古石门涧不合，半空瀑布雪常飞。

两只大鸟在石门洞隐居。等待起飞的良机会在几时呈现？天将降大任于斯人也，必让他们经受不断的磨难和辛苦。不经一番寒彻骨，哪得梅花扑鼻香？

另一个他们常游的地方是文成县百丈漈。文成一词是取自刘基的谥号。刘基家在南田，以前归属青田县。一九四六年国民政府为了纪念这位历史上赫赫有名的人物，就以他的谥号（文成公）命名文成。

六百多年后，我们重走百丈漈，望着白练般翻飞的瀑布，依然豪情万丈，一时感慨万千：

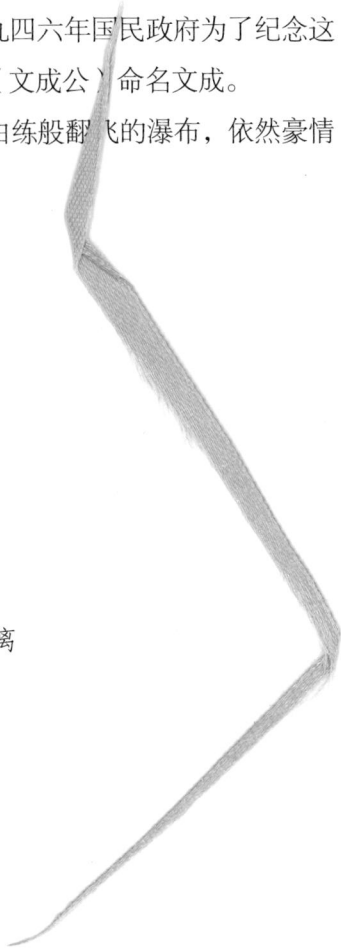

　　午后的百丈漈
　　瀑布站在悬崖的边缘
　　做好俯冲的姿势

　　就这样坠落吧
　　带着一去不复返的豪情

　　你我之间，不过陌生到熟悉的距离
　　从高山跌至低谷
　　绽放到毁灭
　　欢到极致，再痛到极致

　　允许我钟情
　　允许我形迹可疑
　　允许我在溅落的空中再跳一支舞

　　这场失散多年的相遇
　　在深渊里复活
　　如有知音

粉身碎骨也是甜蜜

人生最大的无奈是：子欲养而亲不待。受三水和木未央影响，高明觉得人生要及时尽孝。崇善书院那个晚上，木未央冒雨前来书院找高明，让他明白，所有事情可以等，报答父母之恩不能等。趁着母亲还在，陪伴左右，是做儿女莫大的幸福。

相伴数日，高明觉得是时候和刘基分别了，他们在石门洞码头分手。大江东去，惊涛拍岸。临行，刘基送给高明一本书。高明径直登船，立于船头顺流东下。他展开手中的书，是一本民间戏本《赵贞女和蔡二郎》。

许是年轻的缘故，此时的高明浪漫多情。虽然各地战火纷飞，但瑞安这方水土是暂时被战争遗忘的角落，温暖的阳光掩盖了波涛汹涌的暗流。

儿行千里母担忧。得知高明将要到家，母亲陈氏喜出望外。八仙桌上，早已摆上一桌美味佳肴，八冷八炒四烧一甜一菜一汤，已没了热气。她不住地往门外张望："这酒都烫了十八遭啦，人还没回来！"

那一声洪亮的"娘"终于打破了院子的安静。高明大踏步地走进来，胡子拉碴，风尘仆仆。高母虽然心疼，但见到儿子总算心里一块石头落地，多少个朝朝暮暮的思念此刻化为真切地拥儿入怀，温暖而踏实。

许久许久，她抚摸着儿子的脸颊。这张脸更成熟，棱角更分明了。经过游学的历练，高明虽然黑了、瘦了，却很显精神。他见多识广，沿途的见闻一一道来，言语中透露着一副忧国忧民之情怀，正合老太爷当初送他出去的本意：好男儿应在四方历练，不应困在家中虚度年华。

如今长大成人，陈氏和老太爷商议着要把高功甫为高明定下的娃娃亲结了。

陈素得知高明回来，淡淡的红晕飞上脸颊。三年未见，不知记忆中的高明变成什么样子了？还是那个嫉恶如仇、刚正不阿、棱角分明的他吗？

她按捺不住激动的心情，想跑到高家，要见见高明表哥。母亲喝住了她："你现在是大家闺秀了，哪能像小时候那样疯疯癫癫地随便抛头露面呢？"

"娘，我又不是去见别人，他是我高明表哥。"陈素嘟着嘴撒娇。

"见高明更不行了！你们是有婚约的人，不能随随便便跑去见人家，让亲家取笑为娘教女不严。"陈素娘亲固守传统礼仪不敢松口。

陈素虽然和高明青梅竹马，然而高明这三年外出游学，断了音讯。她日夜思念。尽管很想见，却在母亲的阻拦下不能如愿。

但是她到底见上了，虽是惊鸿一瞥，心底却掀起万丈波澜。

陈素再见到高明时，是在大龙宫庙会上。

大龙宫是紧挨着崇儒里的一个村子。大龙宫最负盛名的庙会到高明这代时已流传了几百年。固定的时间，固定的场所，数百年来，人事沧桑，寒暑易替，赶庙会的人换了一茬又一茬，而它依然年年传承下来。

过了正月元宵节，春节就算过完。古人对过年极其重视，甚至有点恋恋不舍的味道。所以从元朝初始，每年正月廿八，都会在崇儒里的交界地大龙宫举行庙会（民间称赶集）。

大家抓住节日的尾巴出来逛庙会，一为年的余韵未消，走亲访友；二为在集市上购置农资，为即将到来的春耕做好准备。

从正月廿五晚上开始，庙会就有了苗头。大龙宫的老戏台锣鼓喧天，传出震耳欲聋的"打头通"。

"打头通"又称开场锣鼓，是戏曲将开演的前奏乐曲。一般用于民间戏台演大戏时的闹场和招聚观众。演出之前吹打一阵头通，意在告诉人们，这里的戏要开演了。田间劳作的农民，在家养猪做家务活的妇女，想看戏，听到头通都会放下手中的活，急忙赶场去看戏。

当地民谚"锣鼓一响，脚底板痒"，说的就是百姓看戏的迫切心理。

火把将整个大龙宫照得如同白昼，台下的板凳上坐满了等待好戏上演的看客。大龙宫里面供奉着高明叫不上名字的"娘娘"。人一多，泥塑的"娘娘"样子就不如平时的苍白和令人敬畏。小孩们也就三五成群地在神龛周边穿来跑去，玩"藏宝"的游戏。

民间有"大龙宫，打头通。不是雨，就是风"的谚语。这句谚语在这一带几乎是妇孺皆知，可见每年的庙会天气总是不尽如人意。但每年的阴雨天气丝毫浇灭不了人们赶集的热情。方圆数十里地的人都聚集过来，纷纷铆足了劲各购所需。商家乐不可支，带来的货物将街边堆得满满当当，有竹椅、竹筐、锅盖、盘碗、锄头、镰刀、钉耙、斧头、锯子，还有种子、布匹、女人头饰……各色物品，应有尽有。只有你想不到的，没有你买不到的！直到正月廿九的上午，街上的人看上去才会稀落一些。雨后的泥巴混合着各类废弃品，整条街像一个刚刚消弭战事的战场。周边农户的家里也会新添许多崭新的、足以用上一年多的用品，而几乎每个孩子的脸上，也都洋溢着满足的笑容……

这年大龙宫打破了"不是雨，就是风"的魔咒。高明求学刚回来，就遇上如此好天气，运气真不错。

天气放晴，早开的油菜花按捺不住春的讯息，偷偷地探出淡黄的小花蕊。碧云高天，杨柳飞花，整个大龙宫浸染在一片流光溢彩的锦绣繁华中。轻扬的烟尘夹杂着脂粉的香气在街巷肆意蔓延。路上行人如织，瑞平塘河上的画舫游船已排成长龙。大龙宫街上车水马龙，通往大龙宫的路上人群络绎不绝。沿途有摆字画的老者，有表演杂技的艺人，有称骨相面的术士，有卖狗皮膏药的江湖郎中。而平日里只有夜晚才热闹的烟花巷在今天比任何一处都要喧嚣。

大家穿着新衣，喜气洋洋地在人群中挤来挤去。一排排的农资闪着银色的光：锄头、柴刀争着亮相。各色的花种铺了一条桥。还有那女孩子喜欢的针线、发饰挂在箱笼里招摇过市……

高明被拥挤的人群挤到戏台前。戏台搭建在大龙宫庙里。这个地方的地名来自这座古老的龙宫庙。每年集市，这里成为繁华中的焦点。五天五夜的戏曲狂欢，如磁铁般把临近乡镇的人口都吸引了过来。戏班总是不放过这样一个吸夺眼球的机会。这曲未完，那曲又锣鼓铿锵。有时演不过来，干脆搭了两个戏台争相斗戏，俗称斗台。

斗台是浙南演戏的一种习俗，一般是指同一个地方聘请两个或多个戏班，在同一场所、面向同一批观众演出，以观众观看率的高低来判定戏班的胜负优劣。有的大庙特建有两个戏台，以供斗台之用。戏班斗台按高腔、昆腔、乱弹、和调等剧中顺序先后开锣，不得僭越。开锣时挂牌公布上演剧目告示，不得临时更改。戏班不得组织观众起哄贬低对方。斗台习俗提高了戏班的表演水平，刺激了演员临时演出的积极性。

两个戏台演的是一模一样的戏，左边如果是文戏，右边戏台肯定不是武戏。通常是一模一样的戏，高明要看两遍。他觉得甚是可惜，如果两条线同时进展，多好看哪。他没想到若干年后，他青年时的设想竟然在自己的笔下实现，开创了戏曲双线结构的新时代。

这一年因为风调雨顺，大龙宫搭台唱戏更是夸张。村民搭了三个戏台，请了三个戏班。各个戏台班子为了显示自己的实力，各拿出看家曲目，铆足了劲飙戏。只是忙坏了台下的孩子，这边跑跑，那边转转，在人群中钻来钻去。气得正看戏入迷的妇人大声嗔怪："倒三烂，一边去！别烦老娘看戏！"

这样的看戏效果其实不太好，互相干扰。但有什么法子呢？反正老百姓看的不是戏，是热闹，难得！

高明望向舞台，只见台柱上贴着大红对联，右联是：古今唱世事世唱今古；左联是：天地颂人间人颂地天；横批"人间百态"，甚是贴切。

台上演的是打八仙。这是一种在正戏开演之前演出的吉祥小戏，有"蟠桃会""跳魁星""跳加官""跳财神""拜堂"等五项演出程序和内容。演出形式皆为神仙聚会，亦唱亦舞，主要借神仙聚会的热闹场面来烘托节令气氛，祈求平安幸福、五谷丰登、人丁兴旺。剧目有《赐福》《叠寿》《天官》《文武帝》等十多种，专为庆寿、地方喜庆、官员莅临演出现场的"献礼"而设，是重要的演出习俗。

他看了一会儿，被人群挤了出来，不觉间来到水边临时搭建的、用来煮点心的草棚边。旁边面店伙计叫道："姑爷，姑爷……"扯长了声调。

高明回头一看，原来是陈素的舅舅在集市上搭建了茅草棚，摆了点心店，生意红火。初春时节，乍暖还凉，那些逛累了的人们拥挤到这个棚里，叫上一碗煮粉干。虽说上面只浮着几朵青葱和咸菜，但香味扑鼻。食客一碗在手，"哧溜"一声，声音的亮度就把人的馋虫勾了出来。更有甚者，吃得挂下两行清涕都来不及擦，只大口大口地喝汤，过足嘴瘾。

高明看得有趣，一时忘了和这位舅老爷寒暄。

伙计手脚麻利地给高明来上一碗。挤了半天，高明这时也觉肚子饿了，但他却轻轻地将碗向高林身边一推，高林正想推辞，另一碗粉干也端上来。高明也不客气，捧着碗，大快朵颐。不一会儿一碗粉干一扫而光，他心满意足地放下筷子，顿觉从心到胃无不暖暖的。

高明摸出五文钱，舅老爷无论如何都不肯收，"都是亲眷了，哪能收姑爷的钱呢！"

闹得高明脸红，只好作罢。辞过舅老爷，携了高林自玩去了。

"咚咚咚"，一阵锣鼓喧天，花魁大赛开始了。高明随人群朝留香阁涌去。原来每年庙会，都由地方上的王员外出资白银百两，作为花魁的奖金，奖励多才多艺的女子，倡导一种积极向上的美。高明因忙于外出游学，这些年一直错过花魁盛事，今年碰巧赶上了。

留香阁临着瑞平塘河。阁外的台上为姑娘们献艺的舞台，阁内为休息场所。高明在人群之中，踮起脚尖，向舞台方向抬眼望去，各色妙龄女子排列台中，莺莺燕燕站了一排，多是平庸之辈。

不多时，一着红衣纱裙的女子上来主持："今日是一年一度的大龙宫选花魁盛事，承蒙王员外抬爱，让各方佳丽都有展示自己才华的机会，也让各方的公子名流一睹姑娘们的风采。今日选出花魁，作为姑娘们的榜样，给各位乡邻怡情，也算是聊寄风雅了。"

台下已是一片欢呼之声。红纱女子举了举手，继续说道："下面比赛正式开始，有请一号姑娘展示。"

一片掌声响起。

一号姑娘朝大家微微福了一下身，优雅地坐下，早有侍从为她摆好古筝。她轻拂衣袖，玉指轻盈，刚落到弦上，已是惊心，瞬间清泉流淌。塘河上摆渡人早已听得如痴如醉，顾不得再做摆渡生意，斜倚在桨橹上浮想联翩。

一曲清筝，似行云流水，韵在天边。高明暗自叹服一号姑娘的琴艺。

"有请二号姑娘为大家带来《水草舞》。"

高明还未回过神来，二号已翩翩登台。只见她舞动水袖，在台上似彩蝶蹁跹。瞬间天上云卷云舒，波中碎影摇荡，飞花弄露，不胜妖媚。台下的看客，已是醉眼迷离，心旌荡漾。

"下一个——有请十六号姑娘。"话音刚落，只见台上姑娘轻移莲步，一袭柔软碧绿裙衫，珠钗摇曳，身姿婀娜，朝台下看客轻盈浅笑。幽幽楚韵，甚是动人。端坐下来，怀抱琵琶，玉手轻捻，犹如大珠小珠落玉盘。一首《夕阳箫鼓》，百转千回，拨亮了莺声柳浪，嘈嘈切切，独醉于蝶梦春光。再看一下弹奏者，娇羞盈盈，楚楚动人。看来这方鱼米之乡，亦藏龙卧虎，才艺高超者比比皆是。高明暗自叹道。

"好！"旁边传来甜美的嗓音。

高明抬眼望去，只见一女子着绿色裙装，头上插一朵翠芙蓉，耳上垂着翠玉清珠，一袭碧绿，娉娉婷婷，好熟悉。他从来不知道一个女子竟会美成这样，阳光之下，她的乌丝闪耀迷人。高明不禁失口叫道："陈素！"当陈素转身与高明的眼相撞时，他觉得自己的心似乎要跳出来似的，自己这是找到了吗？那个陪伴自己一生的人！

陈素回眸一笑，只见一个清瘦的男子立在人群中，双目炯炯有神。她望向他的黑眸，里面平静无一丝波澜，却深邃迷人，那里倒映着她的身影。她心里一惊，女孩的矜持让她避开了他深情的目光。她羞涩地飘入人群。待高明再去寻时，早不见踪影。

依旧是初春明景，河水碧融，柳幕垂烟，东风摇花枝而动荡，晴空耀波水而璀璨。台下的看客笑语盈盈，画舫的游人浅吟低酌。高明再也无心欣赏这无边的韵味，给母亲带了一些针线之类的家什，一路寻着陈素就回来了。虽然没追上陈素，但那摇曳的绿色在眼前娉娉婷婷，如一幅水墨画挥散不去。

过了正月，春暖花开，高明婚事就提到了议程上。

高家张灯结彩。自高功甫去世后，高府从来没有大操大办过了，趁此机会，来个热热闹闹。府上还请了瑞安有名的戏班子，早几天就日夜操练，只等高明拜堂成亲时来个彻夜狂欢。

陈基、宋濂前来祝贺。文人墨客济济一堂，吟诗作对，舞文弄墨。石桥下、柳树边留下他们踏足赏春、谈论理想抱负的身影。

春江水暖鸭先知，水乡怎能少得了鸭的点缀呢？三五成群，在水上扑扇翅膀，洁白的羽毛，飞溅的水珠，装饰着田园的生气。

成亲那日，高府一派花团锦簇，花灯锦绣。正门、侧门以及花园里所有的曲径幽廊、亭台楼阁都挂上了红灯笼。梁檀橡柱上的雕花彩绘、檐角长廊悬挂的八角玲珑灯、高高挂起的黑漆鎏金的德馨堂匾额，让一切看起来喜庆而温馨。高家如此安详、欢欣、幸福。

陈家和高家虽只一桥之隔，但因高明是长子，陈素又是陈家掌上明珠，该有的繁文缛节，一样都少不了。高明身着红袍，头戴红冠，胸前系红球，骑着高头大马，器宇轩昂。那马也系着大红花，分外喜庆。一顶花轿跟在身后，花轿后面跟着敲锣打鼓的戏班，唢呐吹出欢快的曲子，包括《柳摇金》《迎佳娘》……

桥上早已聚满看热闹的人。孩子们跟着花轿跑："新娘子，新娘子……"村里的那些愣头青更是羡煞高明。

才子抱得佳人归，乡邻羡慕嫉妒恨，各种表情不一而足。

此时因为不学无术被黄缙赶出师门的庞娃也回了乡，混在看热闹的人群中更是伸长了脖颈。从小漂亮伶俐的陈素落入高明的怀抱，心里到底有点酸溜溜。

花轿抬到高府门前，高府百子炮"噼里啪啦"炸响。高老太爷命人点了火塘，高明踢开轿门，牵出陈素。早有老嬷嬷扶着新娘子小心翼翼地跨过火塘。跨火塘，寓意日子红红火火。

一对新人被众亲友簇拥着来到院子。高老太爷红光满面，坐在梨花檀木椅子上。陈氏坐在边上，笑吟吟地看着这对新人。

拜过天地，见过长辈，高明牵着凤冠霞帔的新娘走进洞房。红烛昏罗帐，大红的鸾凤床，富贵的鸳鸯锦，精致的玉盘，散落一床的花生红枣莲子，寓意着早生贵子的吉祥。

他手持如意杆秤，心里忐忑不安。揭开陈素的盖头，只见她眉如远山，眼如清池。满目含羞的新娘，姣美的脸上泛起红晕。浅浅微笑，妩媚动人。高明不禁被新娘的美色挑动得心旌荡漾。琥珀杯，琉璃盏，深情款款地喝下交杯酒。那么近的距离，彼此可以闻到对方的呼吸。

他紧搂她细软的腰肢，轻解她的盘扣，露出她凝脂如雪的肌肤。他的手轻轻触摸着，拂过她如丝绸般光滑的玉体。他的唇贴上她的唇，温润柔软……掀起芙蓉被，帐底尽风流。陈素在熠熠的烛光中把自己的一切都交付出来。他走进她的生命，住进她的身体，融入她的血液，从此不会有分离，不会有背叛！

年华似水轻轻一瞥，多少岁月轻描淡写。想起那过往的日子，一点，又一点，不知不觉间，幸福泪流满面。

蹚过近二十年的岁月之河，他们终于拥有了彼此。她决定这一生，只爱枕边这一男子；他决定今生不辜负这个女子。这一年，他十九，她十八。

在大红灯笼艳丽的映衬下，这对才子佳人迎来了人生新篇章。郎有情妾有意，一夜缠绵烛泪喜流。

第一缕晨光，透过窗格落在他们红色的新房。高明看到细小的粉尘在光影里旋转，这微小的生命亦有生命的内涵。他臂弯里的新娘，因为昨夜的劳累还在沉沉痴睡，嘴角带着甜蜜幸福的笑靥。他仔细地打量她的容颜，目光肆无忌惮地扫过她的每一寸肌肤：白皙的脸庞，弯月眉，长长的睫毛微微上卷，娇嫩欲滴的肌肤犹如雨后含露的白荷花。他忍不住轻轻吻了她。

她假装还在浅睡，因为她实在贪恋他坚实的臂弯。一夜之间从少女长成他人妇，有惊喜，有惆怅。从此后，她要好好执他的手走下去，荣辱与共，甘苦相随！

尽管贪恋温暖罗帐，陈素还是挣扎着早早起床，下厨忙碌。虽有丫鬟伺候，还是亲自把早点做好，一碗敬高太爷，一碗送入婆婆陈氏房中，直把陈氏高兴得直夸陈素懂事。用过早点，陈氏在大堂坐定。陈素敬过媳妇茶，陈氏笑吟吟给了她一个大红包。

第二日是回门的日子。陈氏命仆人准备了很多纸蓬包，装上糕点，放入食盒，另加多匹绫罗绸缎，备了马车送了夫妻回去拜见陈家长辈。遇见陈家的小辈，高明就把母亲准备好的红包一一分发。注重礼数、一表人才的高明自是得到陈家老少的喜爱。他们围着新姑爷争着说笑。高明见多识广，把自己一路的游学经历悉数倒出，语言幽默风趣，听得陈家子孙津津有味，恨不得也跟高明游学去。岳父陈昌时有一处藏书楼，他爱书如命，藏有很多稀世孤本。陈昌时仙逝后，藏书楼关闭，从来不允许外人踏入半步，如今岳母把藏书楼的钥匙交到新女婿的手中，只有学识渊博的高明才配拥有它。

似水流年，光阴如流水淙淙而过，不留痕迹。

高明完成人生大事后专事学习，学问日益见长，不觉间半年时间过去了。

从石门洞回来，高明意气风发。他如一棵挺拔的樟树，正散发着空谷的幽香，生长着凌云的志向。元朝科考制度在黄缙参加科举那年昙花一现后又中断了。仕途报国之路似乎找不到途径。高明不着急，他享受这种隐士的生活。

桃花落了，树枝开始挂果了。

崇儒里河埠头重又热闹起来。

六月酷暑，流火似的阳光投射到河面，被清凌凌的河水稀释了毒辣的光芒，反射在河面是漾漾的精灵般跳动的水光，泛着挡不住的魅惑。

临水而居的人们为了避免溺水，通常很小就学会游泳。每当酷暑难耐，消暑的最好办法就是跳到水里打打水仗，畅游一番。

元末虽然不甚太平，但隐在江南一隅的崇儒里，暂时还没被战火牵连。老百姓还是过着慢悠悠的小日子。

这一日，大家正在桥上乘凉。搭着汗衫，摇着蒲扇，倚着栏杆，吹着凉风。孩子们绕着大人追逐打闹。

"不活了！皇天，没命哪！"随着这声惊叫，只听"扑通"一声，一团影子飞入水中，溅起水花无数。

桥上的人大惊失色，争先恐后朝出事地点跑去，不知道发生了什么事。出事岸边里三层外三层围个水泄不通，好事者纷纷向消息灵通的三姑六婆打听：原来跳河的是李家娘子。因她汉子嗜赌成性，偷了她为别人纺线积攒的银子，输了个精光。李汉子回来后，她不依不饶大吵大闹，如得了疯魔病。李汉子本来输钱就很窝火，再经婆娘如此一闹更是恼火，也不顾左邻右舍的围观，对着他娘子就是两巴掌拍了过去。这李家娘子本来是街上卖肉屠夫女儿，从小剽悍惯了，哪吃得这种亏？冲出家门，一口气上来跳河寻死。吓得李汉子脸色苍白，跪在河边追悔莫及，哭天喊地。

早有一些年轻的后生跳入河中打捞。但河网宽广，放眼过去，一片白茫茫水波荡漾，哪里还有李家娘子的踪影？大家眼巴巴地望着河面焦灼地等待。但是那些在河里搜寻忙碌的年轻后生依然一无所获。李汉子瘫软在地，为自己的鲁莽行为后悔不已。

突然，不知哪个孩子眼尖，指着远处的水葫芦丛大声叫嚷："快看，李家娘子！"

大家顺着孩子的手指，果然看到密集的葫芦花中露出一丛黑黑的长发，李家娘子探出水面，大口大口地换气。大概见这边人全部看过去，她"嗖"的一声又潜入水底。

"嗨——"大家一阵哄笑，"原来李家娘子好水性，哪需要人救哦。她去救人还差不多！"

李汉子在众人的哄笑中，顿时神气起来："你这个贼娘！快给老子死起来，别在河里丢人现眼。看老子不收拾你！"他在桥上上蹿下跳，李家娘子躲在葫芦花丛中自是不理，像捉迷藏。众人看了很久，只是这场好戏始终看不到收场的迹象。上了年纪的族公驱散了众人："散了散了，让李家娘子快上岸吧。你们这样围着岸边，人家怎么好意思上来？"

那些汉子虽还恋恋不舍这场难得的乡间闹剧，但都被自己的婆娘扯着耳朵拉回了家去。

这样的闹剧，村里是三天一小演，五天一大演。

高明思忖："民风不古，是少教化。精神无依托，闹剧常上演。"他不禁想起黄缙的教导："人治，以德为先。德提升了，很多矛盾就会迎刃而解。"

他决定效仿妻叔陈与时开办私塾。

他身上的才学和气质吸引了家乡不少求学的少年前来膜拜。起先是几个亲戚家的孩子拜他为师。他先收了几个自家亲戚的孩子。后地方上有见识的家庭久闻有着"神童"雅号的高明大名，托了关系寻到他门下，央求他收下孩子。高明经过层层考核，选择父母品质好的孩子为徒，在陈素的支持下，正式开馆授课。他把私塾设在集善院。

办私塾对高明来说，也算熟门熟路，早有陈与时的先例在那里。设帐授书生涯倒很适合淡泊名利的他。

高明不同于一般的私塾老师，死捧着圣人书本不放。他更重在融会贯通，杂学旁收，同时兼顾体艺。

在缺衣少食的年代，生一次病有可能要人命。练好身体就是减轻家里的负担。私塾上午讲《三字经》，练书法，下午体艺课。他带领学生扎马步，训练学生的形体。教授简易的拳术——南拳。南拳又称南方拳，在崇儒里一带有着悠久的历史，虽然因时间流逝不断传承变化，但多数套路仍有共同特点：套路短小精悍，结构紧凑，动作朴实，手法多变，短手连打，步伐稳健，攻击勇猛，常伴以声助威，攻击性强。为了练手功，高明还在学堂空地悬挂沙袋供弟子习武。

另外教授歌咏。举办类似现在的艺术节，给学生提供展示自我的舞台。义演的地点就设在集善院，观众大部分是孩子的家长。虽然人不多，反响却不一般，口口相传。教过的孩子果然与村中常人不同，彬彬有礼，能歌善舞。一时间邻近村的孩子纷至沓来，费尽心机想进高明的私塾。

又是一年春来到。春暖花开，万物更新。临水青屋，推开小轩窗，满目桃红柳绿。一池的野鸭在水中嬉戏玩耍，大地一派生机勃勃。

高明正在河埠头欣赏这最美人间四月天，从小和高明一起长大的伙伴李贤身穿青衣，头戴书生帽，带着新婚的娇妻红云来到河埠头。夫妻缱绻，红云见到高明满目含羞，两朵红云早已飞上脸颊，依偎在李贤身旁，无限幸福。不待高明发问，李贤开腔：

"高兄，草长莺飞正是踏春好时节。听说温州江心寺的景色很美，我与娘子想去游嬉，不如高兄与我们一同前往？"

高明笑笑，"君子成人之美，我可不想在你们夫妻之间横插一杠。你们去吧。江心寺有一首王十朋的对联很不错，好好玩赏玩赏。"

李贤捶了一下高明胸膛，一脸坏笑："你小子是舍不得你家陈素吧？偏偏扯了我家娘子说事。船来了，不跟你啰嗦！"

李贤伸手拉娘子小心翼翼地跳入船中。那船由于两人的外力作用，猛烈地摇晃了一下，红云一下子倒入了李贤怀中。高明见状，朗声大笑："真是一对神仙眷侣，郎才女貌！"

一叶扁舟顺水流。水波漾漾，被船桨惊起的水鸟盘桓在低空。芦花开得正艳，如水中的一串红，三三两两散落船头桨尾，点缀在河心。江南水乡氤氲在柔软的春光中。目送着李贤远去，高明分享着他俩的甜蜜。

隔日，高明效古人孔子把学生带到田野，盘腿而坐。一边欣赏美景，一边讲解孔子游春，直把学生听得入迷。那富有磁性的嗓音在静谧的田野更有感召力："孔子的课堂很特别啊，你们知道在哪里吗？"孩子们争先回答："野外。"

"孔子的课文更特别，你们知道教的是什么吗？"学生们面面相觑，一放牛娃说："先生，孔子根本没带课本。"

高明莞尔一笑，"错，孔子带课本了。喏——"高明用手一指眼前那片碧波荡漾的湖水，

"水？！"学生们不解地看着老师。

"是的，孔子的课文内容就是水。孔子说水奔流不息，是哺育一切生灵的乳汁。它好像有德行；水没有一定的形状，或方或长，流必向下，和顺温柔，它好像有情义；水穿山岩，凿石壁，从无惧色，它好像有志向；万物入水，必能荡涤污垢，它好像善施教化……由此看来，上善若水，水是真君子啊！"

"讲得好，讲得好，先生讲得恁好！"放牛娃最先鼓起了掌来。

春光融融，学生三三两两散去，或扑蝴蝶，或采紫云英。紫云英是一种紫色的野花，一朵毫不起眼，但是大片大片地开在田里，就相当壮观了。它猝不及防地扑入你的眼帘，让你无处可躲。它的娇小玲珑，它的浓浓的紫，就这样深深地在你心中刻下烙印。这片点缀水田、给春光带来无限生机的紫云英，等繁华落尽，开过盛艳便化作春泥滋养土地，以期种出更好的水稻。高明和学生正享受这一片大好春光，只觉天也融融，地也融融。

杨柳楼前白鼻骝，金鞍被了唤名娃。

重帘深处无风雨，肯信春寒瘦杏花。

（高明《暮春即事》）

诗意江南，在高明的诗里，杨柳、杏花、春光、白马，构成了一幅美丽的乡村画面。

这段隐士生活非常悠闲惬意。它应该是高明一生中活得最自我、最随性、最有烟火的日子。如果不是时代的催逼，高明倒是非常享受这段"师友一门兄弟"的田园生活。

在且耕且读的悠闲日子里，高明走完了上半生。

"不好了！不好了！李家娘子投江自尽了……"高林慌慌张张地来

找高明，因奔跑过急，心口起伏厉害。

高明大吃一惊，前日才刚刚看他们夫妻俩乘舟前往江心屿游玩，怎会有此噩耗？随着高林的讲述，来龙去脉渐渐清晰：

李贤夫妻那日高高兴兴在江心寺游嬉，红云提议入江心寺进香，拜拜送子观音。就在红云虔诚跪拜在观音面前时，一双色眯眯的眼睛正垂涎着红云的美貌。此人乃江心寺住持花僧。他仗着和温州知府不错的关系，在江心屿为非作歹，鱼肉百姓。有姿色的年轻女子被他糟蹋不少。这回红云就如羊入虎口，凶多吉少。花僧说红云是观音菩萨的侍女，私自下凡，以此为由扣押红云于禅房。李贤被众恶僧赶出寺院。

李贤趁花僧会客的空当溜进寺院救出红云。两人连夜摇着木船逃到洞头岛。哪知花僧派爪牙追到，强抢红云。红云退至悬崖边，无路可逃，纵身一跃，随着海水，为留清白遗恨人间！可怜的李贤哭天喊地，一纸诉状告到温州知府，却被知府乱棍打出。此冤比飞云江水还要深啊！

高明听罢，双目含恨，牙齿早已咯咯作响："岂有此理！我就不信这天底下竟然没有王法。无论告到哪里，一定叫那恶僧绳之以法。"

高明会同瑞安读书人，一起聚在西山脚下的小亭子，商量起草声讨恶僧檄文。众乡贤纷纷在声讨檄文上签字。这份文书连夜被送到温州。温州知府收了花僧的好处，置之不理，压下了这个案子。

众乡贤虽然义愤填膺却无计可施。

"地也，你不分好歹何为地？天也，你错判贤才和蠢材，真是冤枉地做了天啊……"

高明的脑中反反复复出现《窦娥冤》里的唱词。世间的冤假错案、颠倒是非何止是窦娥一件？既然官府不为民做主，把案件搬上舞台如何？我就不相信天下没个说理的地方！

戏曲看似无用，但是爆发的能量有时不亚于一场地震，人心的地震，道德的地震！它具有巨大的教化与感染力，更有为民请命、伸张正义的社会功能！

高明带着满腔的愤怒，联同瑞安几位才子，连续几日不眠不休写成剧本《恶僧报》：乐清恶僧祖逊无恶不作。有一次，霸占少女，致其怀孕而强嫁俞子。俞家上诉四级均无果。全家被害，孕妇又被剖腹看男女，让人愤极。

他把剧本快马加鞭传递给木未央。木未央通过自己结识的当地艺人排练传唱。这戏一上台，引起百姓众怒，几省轰动，纷纷要求处死恶僧。剧本影射温州知府当官不为民做主。

温州知府迫于舆论的压力，只好收监了恶僧。恶僧才致杖死。

谁说百无一用是书生？李贤的冤案全靠文人仗义，没有戏文，冤屈怎能得以伸张？文字是投枪，是匕首，几百年来文人虽然被迫害不少，但民间还是有那么多人愿意加入文人行列，因为他们是正义的化身。

当时聚众的亭子被取名为申明亭。这座象征正义的亭子，虽经历六百多年的风霜，至今依然挺立在瑞安西山脚下。当年走过的小巷被称之为申明巷。

事情虽然了结了，给高明的震撼却是深刻的。在此之前，高明一直安于隐士的生活。隐居在江南水乡，读书，看戏，和文人雅士吟诗作对，生活过得逍遥自在。那天在街上看到李贤披头散发坐于酒馆前烂醉如泥，那颓废糜烂的气息一下子触痛了高明：正是朝廷黑暗无能，没有法度，才使恶僧当道啊！

这时，统治者与被统治者的矛盾逐渐加深。民间的童谣越来越多，从孩童稚嫩的声音发出，直指黑暗现实：

堂堂大元，奸佞专权，开河变钞祸根源。惹红巾万千。官法滥，刑法重，黎民怨。人吃人，钞买钞，何曾见？贼做官，官做贼，混愚贤。哀哉可怜！

不能坐视不管，真正的好男儿要拯救黎民苍生于水火之中！他要实现政治抱负，做个有作为的男儿，必须走科考取士之路——参加乡试！

第四节　纠结科考

　　不再是懵懂的年纪，也不再是做梦的花季。如梭的岁月写下流离的往昔。潺潺的生命之河，花开花谢的旅途，风风雨雨、点点滴滴，在心湖里开出了一片浮萍。

　　因为元朝信奉马上打天下，攻下一座城后，血洗全城，那残忍血腥杀戮堪比南京大屠杀。在那个年代，人吃人的现象绝非危言耸听，而是真实存在。战胜方把战败俘虏煮了吃并不是什么新闻。如此铁蹄之下，对文化极不重视。直至元朝走向下坡路时，统治者才意识到打天下容易守天下难。人心不稳江山则不稳。在这样的背景下，元朝廷里一些开明的大臣力挺重新恢复科举取士。

　　一三三三年，黑暗的元朝走向衰败。为了笼络汉族的知识分子，元朝重启了废弃几十年的科举制度。刘基身先士卒，给高明带来一个好消息：他在元朝中断已久的科考制度恢复之后考中进士。因为是南人的身份，没有马上授职与他。刘进士在家苦待两年后，才等来朝廷的任命书。虽然只授了一个小官——江西高安县丞，但总算入仕了。毫无政治地位的南方文人终于有了一个改变命运的机会。尽管这条路很难走，但总算见到一丝曙光。

　　适逢私塾暑假，三十岁的高明趁着放假，想想久不见刘基，就专程到青田石门洞拜访，祝贺刘基鱼跃龙门。刘基见到老朋友很高兴，相邀他小住数日。

　　石门洞真是读书的好去处，清幽的竹林，潺潺的溪水。春天桃花灼灼，夏天清凉幽静，秋天霜叶漫天，冬天白雪覆盖。青梅煮酒，闲话家常，耐得寂寞好读书。没有人知道两个才子在此处是如何的惺惺相惜。在清冷的月光下，高明一次次过滤世间的污浊，洗净自己的灵魂。他知道，真正的幸福是那些躲在俗世背后的时光，修炼一个与世无争的心境。这种快乐从诗词中满溢了出来：

> 舣舟悬砭入苍扉，满地秋云冷湿衣。
> 万古石门扃不合，半空瀑布雪常飞。
> 猿收松子和烟落，鹤伴琴童带月归。
> 独有谢公诗句好，至今山色纪余辉。

（摘自高明《石门山》）

这对挚友观松语鹤，好不快活！两人同进同出，日夜苦读，高明功底不错，学问日进月长。

身为好友的刘基自然不断鼓励高明一展抱负，发挥经世之才。两人约定等高明考取功名，一起联手，报效华夏。高明祖父高天赐更是希望他能考取功名，光宗耀祖。也许是外界的寄予厚望，也许是高明骨子里流淌着为民请命的血液，他心有所动，跃跃欲试。

然而高明这几年杂书看了很多，正经的科举规定的书本倒是荒废了。

他听取了刘基的几番考试经验总结后，回到家，收起了杂书，在祖父的鼓励下，一心攻读《春秋大义》及程朱理学，渐渐地也烂熟于心。

陈素每日为高明红袖添香，陪他挑灯夜读。尽管她不在乎自己的夫君能否博得功名，她真正想要的是一份现世的安稳。但她明白，祖父高天赐对高明希冀甚深，作为长孙的身份有责任为振兴家业去付出。况且以他的才情应该有更大的作为，应该为国效力，而不是每日陪在她身旁，整天吟风弄月、抛散浮名，做闲云野鹤的乡间隐士。

苍茫人世，几多浮沉，几许沧桑。每个人的人生方向都有定数，无数的劫和缘等在每一次命运拐弯处。一路上坎坷难料，可是必须风雨兼程地走下去，完成某个夙愿，了却某段情缘。无论繁复还是简单，岁月都是那般短长。我们无处逃遁，也无须逃遁。

比他小六岁的刘基都已考取功名，奔波仕途。而将近不惑之年的他却依然前途茫然。他也曾想去赶考，无奈命运多舛。正当高明在刘基的鼓励下想一展宏图时，元朝科考制度却像短路的电灯一样，时亮时灭。希望渺茫。

深受打击的高明虽不是世间功利客，不慕虚荣，却亦有远大的抱负。他并不甘愿做沧海里的一颗砂砾，渺小如尘埃。也想在元朝的书页上留下真实的一笔，不辜负上苍把他投放人间走一回。

高明在家继续开设私塾，一边温习，一边等待着科考。

对于走科考之路，陈家的长辈不以为然，尤其是妻叔陈与时反对最为激烈。高家厅堂，陈与时与高天赐对高明走科考之路展开辩论。

"朝廷已经没落，官场腐败，以则诚一人之力如何能扭转乾坤？何必去蹚这潭浑水？还是在家做个隐士，写写诗自在。"陈与时率性直说。

"读书人应以考取功名，光耀门楣为重。好男儿志在报效国家。"高天赐反驳道。

"现在的国家还能称国吗？朝廷滥发钞票，官场腐败，百姓苦不堪言。官匪勾结，恶人当道。如此腐朽，值得为它服务吗？多一个高明不多，少一个高明不少，谁在乎？"

"正是由于诸如温州知府之类的昏官，才有李贤的悲剧。高明即使救不了整个朝廷，但他可以救李贤、王贤、张贤，他们在乎！"

……

激烈的争辩还在继续。六月暑天，本就高温难耐，情绪烦躁。这般高声的辩论打断了高明读书的兴致。

高明趁着夜色独自踱出了院门。门前就是高郎桥，静静地躺在夜幕中，安详地注视着他。桥总给人以沟通，以通向彼岸的希望。年轻的高明多想也化作一座桥，给溺水的黎民百姓泅渡的曙光。

习习凉风吹散了他心头的烦闷。

月下乡村静谧，星星点点的萤火虫绕着高明飞翔。那桥边的丝瓜藤散发出泥土的清香，"嚯嚯，嚯嚯"的声音此起彼落，好一派田园风光！如果不是去博取功名，这种隐士的生活是多么悠闲快哉！然而并非你不想，生活的烦恼就不存在。为人者，不是孤立的人间过客，有很多责任和义务未尽，几十年的所学难道就不想有用武之地吗？

高明回来时，高天赐和陈与时都住了口，高天赐把这个难题丢给了高明。

"阿明，你说说，到底是怎么想的？"

"阿爷年满八旬，孙儿一则喜，一则惧。当此青春光景，闲居在阿爷身边，惟愿阿爷长命百岁。"

"是啊是啊，子孝双亲乐，家和万事兴。"陈与时赶紧岔开话题。

"你能有此孝心，阿爷高兴。只是，人生须要忠孝两全，方是大丈夫。我想起来，明年是大比之年。昨日县衙差人来，你可要上金陵取应，如能得个一官半职，济世安民，也算忠孝两全。"

"阿爷高年在堂，无人侍奉，孙儿岂敢远离，实难从命。"

"混账，高家指望你光宗耀祖。青云直上必须是你今后的目标。"

"真乐在田园，何必在乎区区一个官职呢？万两黄金不足贵，一家安乐值钱多。您不要这么固执。"陈与时劝道。

他们的谈话不欢而散。

彩云容易飘散，琉璃落地就碎，世间好光景一晃而过。高明只想固守清贫，围绕祖父身边恪守孝道。谁知道朝廷皇榜招贤的讯息一次次传来。这几日乡中都是议论次年考试的话题，彻底打乱了高明读书的节奏。县衙把他的名字报上去了，这会儿又有衙役来催他早日准备起身应考，高明以阿爷年岁太高推托应考。

这个衙役虽然走了，只怕明天还会再来，高明抱定主意一心尽孝，在功名和孝道上他一定选后者。虽然读万卷书，但功名并非他要追逐的东西。只害怕娘和阿爷老去。他哪有心思去做秋闱的梦，即使让他功名显赫，哪里比得上孝敬长辈在堂前，可惜，高明的衷肠，这一点孝心对谁说呢？

高林从院子里出来，看着远去的衙役对高明道："少爷，试期逼近了，早点准备应考吧，老太爷已经催了几次了。"

"高林，娘和阿爷日益老去，我不去赶考。"高明摇头拒绝。

"少爷，你虽然念着高堂孤单，但太爷却指望你这个孙儿考取功名，光宗耀祖。你趁还青春，不去更待何时？"

"你说得对，怎奈娘和阿爷无人侍奉，如何去得。"高明左右为难。

"你既然不肯去，看太爷出来如何劝说你。"高林叹息。

说曹操，曹操到，高天赐在儿媳妇的搀扶下颤巍巍地出来了。

"孙儿，朝廷下诏招取贤良，身为读书人，必然要参加科试，你赶快准备准备，赶赴明年秋闱。"

"阿爷，不是孙儿不想去，只因阿爷年事已高，无人侍奉。"

"阿明，咱们家诗书传家，祖辈也是官家人，只因时代风云变幻莫测，从我和你父亲这代断了仕途，你若中举，也可改换我家门庭。"

"阿爷说得是，只是孙儿不能去。"高明把埋藏心底的话和盘托出，"眼看着阿爷老去，剩下光阴有多少，正是我行孝的时候，我怎能离开？"

"阿明，昨日我做了一梦，梦见你脱白挂绿，好兆头啊！"

"即使真的能穿一领蓝袍回来，也不如守在阿爷身边尽孝。我走了阿爷和母亲无人供养。"

"你道是无人供养。我若是你做得官来时节呵，三牲五鼎供朝夕。你若锦衣归故里，我便死了也会含笑九泉。"高天赐说。

高天赐接着劝："你十年窗下无人问，只有一举成名天下才知。你若不锦衣归故里，谁知你读万卷书？"

陈氏不愿意儿子赴考，劝公公高天赐道："爹，一旦和高明分离，你这老景靠谁？即使高明博得名利归，如果家里有个三长两短，纵然他锦衣归故里，也弥补不了他不孝的缺憾啊！"

"大丈夫怎能儿女情长？你不必多言。如此推三阻四，实乃妇人一孔之见。"高天赐动怒，拐杖戳地"咚咚咚"责怪儿媳妇。陈氏立即闭了嘴。

高明赶紧接话说："阿爷说哪里话，孙儿遵命就是。"

大家到底没有说服高天赐让高明放弃科举考试。高明只得违心答应，想起和刘基的约定，期待一展抱负。这年，高明带着书童前往江浙最大试场江南贡院应试。

春暖花开，高明整理行囊，在众亲友的厚望中，向未知的前途出发。诗意江南，绕水村庄，五步一桥，毫不夸张。陈与时和陈素送了一桥又一桥。从心里讲，高明是赞同妻叔的观点的。科考之路并非自己所想走的道路，但是又不敢忤逆祖父。自八岁时父亲去世后，全是祖父悉心教导他成人。去吧，如果能中，也算给老人家一个交代，给列祖列宗一个交代。怀着纠结的心情，高明走向了人生的新起点。通向远方的到底是天堂还是地狱？他不得而知。

行至码头，早有乌篷船候着。陈与时纵有万语千言也只好凝结在美好的祝愿诗中：

人生当作月中仙，九万风高鹗在天。
师友一门兄弟乐，文章独步子孙贤。
我怀老退居江左，汝爱飞腾近日边。
此去鳌头应早得，翁翁种德已多年。

陈与时说我已经老了，无意功名。你去吧，一定会独占鳌头的。因为你的祖先已经积德多年，该是上苍回报他的子孙后代时刻到了。

所谓独占鳌头，语出元无名氏《陈州粜米》楔子："殿前曾献升平策，独占鳌头第一名。"

如今走进国子监，入太学院。院门殿前石阶上刻有巨鳌，据说只有状元及第才可以踏上迎榜。后来比喻占首位或第一名。太学的门廊漆黑一片，不似宫廷门柱，全是红墙碧瓦。如果联想到读书人常用的墨水，不难想象，代表最高学府的太学以黑为主色是有渊源的。就是到现代，大学毕业生都是身穿黑色学士服，头戴黑色学士帽，英姿飒爽地出现在毕业典礼上。黑色是知识的象征。只是很多人不清楚，学士帽上悬挂的流苏为何还让校长亲自拨开才能算礼成。原来，这一仪式来自古代国子监祭酒为新科状元在状元桥上脱下麻布粗衣，换上状元服，戴上状元帽，并在帽子上插上簪花才算礼成。演变到如今，簪花已逝，就成了大学校长为毕业生拨弄流苏代替簪花。文化随着时间的流逝演变出不同的风格，但如果细心观察，还是有迹可循的。

作为学子谁都希望有朝一日踏上鳌头，高高在上迎接皇上的圣旨，那意味着状元及第，是何等的荣光和幸运！

陈素在桥头将包裹递给高明，嘱咐他路上小心。无论考中考不中，都要早去早回。她又转身对高林嘱托一番。

船离码头，看一朵朵水珠花开，眼睛与眼睛的对望，让深情无语缱绻。

主仆二人坐一叶扁舟顺流而去……

第三章
大器晚成：歌声在，酒杯倾，几回欲挽银河水

第一节　乡试会试

　　飞絮沾衣，残花随马。轻寒轻暖芳辰，层层叠叠的绿溢满双眼，偏动别离人，高明站在船头回首，轻叹和陈素分离。高堂渐远，故园人望，目断王孙，伤情处，数声杜宇，客泪满衣襟。

　　千里莺啼绿映红，水村山郭酒旗风。行人如在画图中，不暖不寒天气好。陈素追随扁舟行了一路，此番别离谁与温存？暗淡而回。

　　高明赶过一程水路，又接着骑马走驿道。萋萋芳草色，谩憔悴邮亭。浇愁闷，解鞍沽酒，同醉杏花村。

　　旅途寂寞，难与陈素互诉衷肠，叹路途千里，高明日日思亲。树上的青梅开始挂果了，一路风尘，途中味，客里身，他难寄音信。不堪回首，回首欲断魂。数声啼鸟不堪闻。

　　来来往往的读书人，都从这条官道相逢，此时谁不想聊聊近况，兴

许今后同朝为官，或者有个做官的朋友也好。这些青年身上有着无穷的希望和运气。互相作揖套近乎是必须的："动问老兄尊姓？"

"在下姓高。"

"大名？"

"单字'明'。"

"动问老兄尊姓大名？"

"在下刘大。"

"在下沈小。"

"在下……"

一群人互相介绍，刘大说："久闻列位高名。今日幸会。都是往江南贡院赴选。既然如此，年兄年弟，休得抛弃，且在此歇息片时，讲些学识，说些志气何如？"

大家纷纷赞同："正合愚意。"

"敢问高兄，学识如何？"刘大问。

"我家相公坐则读，行则吟，穷年也是苦搜寻，文章惊世无敌手，尽是当年惜寸阴。"高林说道。

"没那么夸张，只是略通文采罢了。"高明谦虚接过高林的话。

"有意思，有意思！敢问沈兄，学识如何？"刘大又问。

"在下没有高明兄的天赋，只是常把勤劳挂在嘴边。人事尽时天理见，才高岂得困林泉。"

"自然，自然！敢问刘兄，学识如何？"高明问。

"唉，在下读书费力。每在萤窗讲习，常念青春不再。那更白日可惜，熟读孝经曲礼，博览诗书周易，春秋诸子百家，篇篇义理演绎，前日行到学中，夫子潜自叫屈。"

"呀，圣人如何叫屈。"

"道是可惜这个秀才，眼中一字不识。写字极有方法，先将好墨磨浓，次把纯毫蘸着。推开净几明窗，展舒锦笺绣札。不问真草隶篆，写出都是法帖。大字胖如庭柱，小字细似头发。王羲之拜我为师，欧阳询见我吓傻。考试对我来说是一场春梦，我爹非逼着我去赴考不可！"

"哈哈哈，说笑了说笑了。"

"闲话休讲，如今天色将晚。不免起程，赶路要紧。"

　　天将暝，日已曛，一声残角断樵门。寻宿处，行步紧，前村灯火已黄昏。向人家忙投奔，解鞍沽酒共论文，今夜雨打梨花深闭门。

这段赶考经历，被高明后来写进了《琵琶记》。

　　风光正暮春。便纵然劳役，何必愁闷。绿阴红雨，征袍上染惹芳尘。云梯月殿图贵显，水宿风餐莫厌贫。乘桃浪，跃锦鳞，一声雷动过龙门。荣归去，绿绶新，休教妻嫂笑苏秦。

从小饱读诗书的高明为何如此大器晚成，直到不惑之年才中进士？这要从历史原因讲起。元朝是个短命王朝，前后不过九十来年，高明出生的年代，它已经处在下坡路。科举被废弃，读书人想通过考试走上仕途似乎是不可能了。

元顺帝即位，伯颜任丞相。

伯颜当政的元顺帝初期，他自恃位高权重，横行霸道，使元朝尽失民心。伯颜与顺帝矛盾日益激化时，他派侄子脱脱出入内廷，监视顺帝起居言行。谁知脱脱害怕一旦败亡，将万劫不复，暗中向顺帝陈述亡家殉国之意，以此获得顺帝信任。至元六年（1340）年初，伯颜亲自率领卫兵，邀请顺帝到柳林狩猎，实际上想借机置顺帝于死地。脱脱建议顺帝推辞不去，派太子燕帖古思代自己出猎。二月十五日，脱脱用自己统率的宿卫军控制了京师所有城门。当夜，顺帝驾临玉德殿，召集近臣任家奴、沙剌班及省院大臣先后入见商讨铲除伯颜之事。同时，派人连夜到柳林召回太子。第二天，下诏历数伯颜之罪，把他贬为河南省左丞相。伯颜见大势已去，只好屈从就职。在去河南的途中，伯颜忧郁而死。

因脱脱在铲除伯颜的政变中有功，元顺帝任命脱脱为中书右丞相。次年，改年号为至正，以后进行了一系列的政治改革。这就是历史上著名的脱脱更化。主要内容有：恢复被伯颜废除的科举，大兴国子监，置宣文阁，开经筵，恢复太庙四时祭及其他礼仪制度，平反冤狱，允许民间养马，减盐税，编辽史、金史、宋史。这对改善蒙古贵族与汉族豪强的关系、加强上层统治者之间的团结及文治，起到了积极的作用。

至正新政前后历时九年（1341—1349），前四年由脱脱主持施行，后五年由元顺帝亲自主持。主要内容为：颁行《至正条格》，来完善法制；规定举荐守令法，加强廉政；举隐逸之士；派遣使臣在各地巡游，考察地方发展状况，查办地方官员违法犯罪行为；同时元顺帝还下令减少宫廷开支，裁减宫女、宦官，裁减僧尼。新政实施以后虽然有些效果，但未能根本解决积弊已久的社会矛盾。

在某种原因上讲，高明应该感谢脱脱。脱脱是元朝最后一个有作为的名臣。是脱脱送来了科考的春天。那么元朝是如何考试的呢？

元代科考，也称乡试，又叫乡贡、乡闱。历时三天。因为考试时间通常在八月举行，文人们特称它为秋闱。地方大区举办的科举乡试，开始于两宋。而以行省为单位的乡试则是从元代开始的。元代乡试是科举制在省区范围内的组成部分，它不仅是会试、殿试的必要阶梯，还在内容、规则、程序等方面做了很好的前期准备。

高明所处的元代乡试名义上每三年举办一次，举办单位十七处。苏天爵（后来成为高明的上司）在书中所说：肇定乡试之所，由两都、十一行省、河山之东二宣慰司及真定、东平，共十有七。这里的十一行省指河南、陕西、辽阳、四川、甘肃、云南、岭北、征东、江浙、江西、湖广。高明参加地在江浙。乡试时间为八月二十日、二十三日、二十六日共三天。蒙古人、色目人考两场，依次为经问五条，策一道。汉人、南人考三场，依次为经疑二问，限三百字以上；经义一道，限五百字以上；古赋诏诰章表一道；策一道，限一千字以上。三场又称三试，通俗了讲就是考查考生经学、文辞、用世。

高明要在元代为官，大致要经历这样的考试：乡试、会试、殿试。三级都榜上有名才有功名。

但是单单是乡试，也不是随便哪个人就能考的，还得有人保举和投纳家状。每逢三年一次的大比之年，事先由地方官员推举二十五岁以上的考生，这些考生要符合以下条件：在乡里谨守孝道，对朋友讲求诚信，还有饱读诗书。前两条考察的是学生的品德，后一条才是学识。可见自古以来选拔人才都是以德为先。

凡事都有例外。对于年龄的要求，审查不是很严格，改大改小都没人察觉，比如刘基就把年龄改大，结果二十三岁就中了进士。

经考核，大龄青年高明三条都符合，成为县里的推荐对象。

考试很严格。举子应试前一日（八月十九日），考试官、同考试官、廉外官及差使人员，先期进入试院，各占一个格子间，带上洗漱用品，拖着行李就进去了，这叫锁院。锁院的目的是为了防止考试官和举子私下联系，这样做是为了避嫌。

考试那天，举子入场除允许携带《礼部韵略》外，其余文字一律不准携带。在考场门前，专门有考试官带领一名寻卒在旁边监视应试举子。一旦发现有携带者或请人代考及场内喧哗等情况马上逐出试场，取消考试资格。情节严重者，八年内不得再考，大致是与仕途无缘了。除非有生之年改朝换代。当然，这种情况出现概率基本为零。

举子在考场内关禁闭，关了三天。出来，意味着应试告一段落。

接下来是校文录取。正式校文之前，还要对试卷进行糊名和誊录。类似于现在沿虚线装订考生名字，糊名即覆盖名字也。糊名完毕，编写字号，然后送誊录所。誊录有个好听的名字叫"易书"，就是专门有一个人把所有考生文字抄写一遍。这样文字统一，想在试卷上作弊的可能性就没有了。

抄写完毕再送往考试官批改。考试官要严格遵循朝廷规定，凡冒皇帝御名庙讳或者文章反动的，均遭淘汰。考试官和考生要遵循五代以内旁亲，必须自动回避。考试官本人的评价，对考生试卷的命运往往起决定作用。

考试官校文阅卷，基本确定合格中选人数。之后，就是弥封官和誊录官拆封揭名了。他们一起请出主试官、监试官、考试官、同考试官，当场对号开拆。

确定录取的名单，翌日黎明，正式出榜。届时各县驻省城办事处锣鼓喧天，庆祝自己的县考生中榜。因为江浙一带读书人多，录取率仅为百分之一二，绝大多数考生都会名落孙山。

为了庆祝本县考生中榜，有些驻省办还会举办鹿鸣宴，宴请主试官、监试官、考试官、同考试官、廉外官和中选举子。有些县城还会发售类似今天明信片的印刷品，把中举的考生画在上面，据说销量不错。在那个没啥偶像的年代，此种做法或许是迎合士人对乡试结果高度重视的心理。

但是这些看似公正的考试，仍然存在很多作弊现象。不久的将来，高明就会遭遇揭帖门事件。

乡试得中，接下来便要准备会试。

元代会试在元大都（现北京）进行，因此，各考区的举人从全国各地顺利到达大都，是会试的第一步。对于通过乡试的考生来说，会试对他们的考验首先是按照规定日期，安全地到达大都。元朝疆域辽阔，从全国各考区到大都的路程遥远，士人的交通工具是马、船或步行，行李包括书籍、衣物、日常用品等，比较沉重。赴考对于他们来说是一个艰难的旅程，特别是对那些年龄较大的考生而言。

其次，参加会试的举人在正月十五日这一天，需要到礼部印卷，如果中选的话，还要参加御试等活动，五月初才能完成最后的程序，这意味着他们需要在大都住上半年之久，会试落选的举人即使不参加后面的活动，也要在大都住上四个月以上，其间花费不菲，这对考生的经济能力也是严峻的考验。

赴京以前，举人主要进行以下准备工作：

首先是筹措赴京盘缠。会试的花费包括来回交通费用以及在大都食宿等花费。尽管我们不知道需要花费的具体数目，不过，这是一笔不小的费用！不论是元朝中央还是地方政府，都对江南会试举子采取支持的态度，江浙行省各路府从儒学学粮中，发给每位赴京的举人资助至元钞两锭（一百两）。此后，至少在元朝至顺年间，元朝资助江南会试举人的力度加大，资助费用提高了，每人五百两。元代正九品的儒学教授每月的俸钱为至元钞二十五两（另外还有禄米五石）。即使大都与镇江有地域消费差异，估计这个数目也能满足一个人一个月的生活费用。五百两意味着举人除了来回的路费以外，基本上能保证他在大都五至六个月的生活费用。

其次，到京城参加会试的另一项准备，是请当地有影响的士人或退休官员写序文，为在京城结交京城士人做准备。序文是中国传统社会中上流社会交际的媒介。元代会试考试官一般是翰林院、集贤院、国子学等文职机构的官员，属于京城士人圈中的成员。这些人中间有的与一些地方名士或以前在京城工作过的退休官员关系密切。举人到京城以后，通过这些序文，就可能进入京城士人的交际圈，从而给考试官留下印象，这对会试的成功当然十分重要。因此，举人出发以前，一般会到当地名人那里求写序文。如至正十九年（1359）杨维桢记述："至正己亥夏四月，江浙省试吴越之士，吾门弟子在其选者三人焉。南士曰忻忻、色目曰宝宝、曰何生，三人者，择日赴春官，来别曰：'先生何以教我。'"这是三人一起找杨维桢写序文。

与乡试相比，元朝会试在考试内容和形式方面基本相同。只是乡试考试时间是一整天，会试是半天，实际上增加了难度。会试的知贡举官由中书省或礼部高官担任。考试官也都是元朝集贤、翰林院的重要文臣，其重要性超过乡试。

元朝会试的至公堂应在元大都丽正门内东侧附近。由于贡院离丽正门较近，为了会试的方便，举人一般在丽正门附近租房居住，举人蜗居在丽正门前的"鱼鳞屋"内，等待会试。

正常的情况下，举人们一般在十一月、十二月份到达京城。这些来自不同的考区、隶属于不同族群的会试举人，汇聚在丽正门前面的住所，成为大都的一道特殊的风景。

次年正月以后，会试的程序就开始启动。正月十五日举人到中书省礼部印卷（卷面用印钤缝）。与乡试相同，考生的答题纸分草卷十二幅和净卷十二幅，首页右侧是考生的家状，考试时举人先在草卷打草稿，然后誊写净卷交给受卷官。举人在正月十五到中书省印统一的答卷纸并盖印，实际上是向中书省报到。估计中书省要核对各乡试考区发给举人的解据。

会试考试前二日锁院，考试三场。每场考试结束后休息一天。二月十二日揭榜，总共持续十四天。

会试举人早晨入院考试，午后交卷，考试时间为半天，比乡试时间缩短了一半。

元朝会试考试试卷和考试科目与乡试一致，答题也是以程朱理学为主。

元朝会试的录取率是三取一。这意味着三分之二的人会被淘汰，淘汰率比较高。

会试结束，大约在二月下旬发榜，"中书省以中选举人分成二榜，揭于省门左右"。因会试的贡院就位于中书省的东面，士人住在丽正门之外，看榜非常方便。此后，会试成功者取得了进一步参加殿试的机会，而三分之二的落第者则会被任命为学官，离京赴任。

第二节　邂逅沈氏

人生，究竟有多少相遇，会温柔了岁月，惊艳了时光？谁能站在时光之外，看云卷云舒？

高明骨子里是个浪漫的文人。游山玩水自然成了他最好的消遣。行走自然，既增长了知识又荡涤了胸怀。他一路陶醉在湖光山色中，看尽长安花。

这日，到了集庆（明朝时改成"南京"）。入住秦淮岸边悦来客栈。夜晚的秦淮河灯红酒绿。那清波漾漾的湖水因灯笼映照，闪耀着玛瑙般晶莹的光辉。

高明和高林沿着岸边散步，他们要在这里等待人生第一次改变命运的考试——乡试，心情是复杂的，既有对不能在祖父面前尽孝的内疚，又有对未来命运如何的想象。

游船上不时传来咿咿呀呀的歌声。打扮得清丽脱俗的歌女，手抱琵琶半遮面。悠扬的歌声伴着水声传来，句句入心，引动乡愁一阵一阵。

高林见主子盯着秦淮河闪烁的光辉出神，郁郁寡欢，提议道："少爷，前面有家地道的金陵小吃店。我们进去看看。"

顺着高林的手指，高明这才注意到前方一座红墙碧瓦的八角宝塔矗立在秦淮河畔。熙熙攘攘的人群从这座宝塔里进进出出，络绎不绝，热闹非凡。

店小二见有客人来，忙招呼："客官，里边请！"

走入店堂，只见室内摆放着十几张八仙桌，都已坐满人。

高明目光所及，发现靠窗位置坐着两个穿长衫的书生，模样周正，温文尔雅，便径直来到桌前，拱手作揖道："仁兄，可否容小弟二人拼桌？"

高个书生欠了欠身，抬眼一望，惊喜道："是你？高明弟！"

"你是——"

"那日缙云鼎湖峰相遇的沈明臣……"

"哎呀，明臣兄，原来是你！这个世界真小，在这里居然遇见仁兄你。人生无处不相逢啊！哈哈哈……"高明大喜过望，"这位是……"高明指了指他身边的眉清目秀书生。

"那日为你弹琵琶的——舍妹，沈小瓯。"

清秀"书生"羞涩一笑，一脸娇媚。

高明愣了一下："这……"有点不可思议。

哈哈哈，女大十八变！

"哎呀，没想到当年一别，小丫头长成大姑娘了。"高明打趣道。

沈小瓯羞红了脸。悄悄打量高明，清瘦的个子，着一身蓝布长衫，外加一件金色贴身马甲。高挺的鼻梁，浓浓的剑眉，目光炯炯有神。

不知怎的，一向从容淡定的沈小瓯见到高明这一刻，心头如鹿撞般怦怦直跳。儒雅的气质，温和的笑容，这个男人就这样毫不设防地走进了她的心里。难道这就是传说中的一见钟情吗？

人生有三大喜事：金榜题名时，洞房花烛夜，他乡遇故知。在这个陌生清冷的异乡街头，遇到一面之交的老乡，如此偶遇，怎能不令彼此欣喜若狂？

高明心情大好，吃兴大起。当下点了鸭血粉丝汤外加莲藕圈。

这莲藕，是南京的特产。瑞安的莲藕大多磨碎成粉做成汤羹。南京吃法却完全不同，在整条藕的空隙中塞入糯米、生仁、松子、芝麻、花生、薏米。藕的清脆因渗透了糯米的胶性，让藕更有嚼劲。见高明如此夸莲藕，沈小瓯轻启朱唇，咬下一口，那长长的丝因糯米的黏性更增一分藕断丝连的纠缠。甘滑爽口，甜而不腻。

四人吃得直呼过瘾。

谈笑中，吃到很晚才散了去。他们约好第二日一起游南宋陪都建康府城。

明朝开国皇帝朱元璋在南京建都后，在建康府城基础上修建城门，是明朝都城的正南门。他自明洪武五年（1372）开始修筑京师应天府（今南京）内城城墙。其中最南边的城门是在南唐都城南门的故址上重建的。据《明史》记载，应天府城墙最南端的南门，因为根基不牢，屡次建造、屡次坍塌。反复几次后，有谋士建议把明代初年吴县（今江苏省苏州市）富翁沈万三的宝物聚宝盆埋压在城门基础土层下面，可保城门基础不会下陷，城门就能建造完成。明太祖朱元璋采纳了谋士的建议，下诏强行征收了沈万三的聚宝盆，埋压在城门的建筑基址下面。有了聚宝盆的扶助，城墙根基不再下陷，随后中华门内瓮城城门楼被建造了起来，所以这座城门被明代朝廷命名为"聚宝门"。它是南京明朝内城城墙十三个城门中规模第二大的城堡式城门，当今世界上保存最完好、结构最复杂的古代瓮城城堡。

后来疑心病很重的明太祖朱元璋，怕富可敌国的沈万三造反，陆陆续续以各种理由给沈万三添加了几条罪名，发配沈万三到云南边疆充军。直到沈万三病死，尸体才从云南运回了吴县。

可惜这些都是后话，高明游玩的城墙当时还不叫聚宝门，更不叫中华门。它只是一段承载南唐历史和南宋沧桑的府城。

次日，高明主仆早早地来到府城墙脚下。不多时，沈家兄妹也到了。沈小瓯还是昨天那副书生打扮，只是换了一件蓝色长衫，头戴方巾，英俊中透着柔媚。

她见高明盯着自己看，羞涩地转过头去。

一阵悠扬的二胡声打破了黎明的幽静，接着府城墙上飘出一阵悦耳的歌声，带着吴语酥软的沉醉，把四人的目光吸引了过去。

沈小瓯到底是女孩子，早已按捺不住心中的好奇，噔噔噔地爬上城墙，在一处残败的角落，找到声音的主人——一个瘦小清秀的小女子，约莫和她差不多的年龄，轻启朱唇，伴着琴声练唱。在她身边坐着一位清瘦老者，拉着二胡如痴如醉，为她伴奏。

"真乃清音雅韵！此曲只应天上有，人间哪得几回闻？"沈小瓯沉醉在词曲中由衷赞叹。

"小姐也喜欢词曲？"高明惊喜道。

"音乐是情感的抒发。如同文学是语言的艺术一样，音乐是声音的艺术。听着这曲子，悲欢离合人生百态尽藏词中，妙哉！"说完，沈小瓯嘴里哼出一阵清丽的旋律，惊扰了练唱的小姑娘。

沈明臣赶紧捂住妹妹的嘴巴。

"胡闹，让高兄见笑了。"沈明臣假装生气。

沈小瓯嘴被哥哥捂住，越发高声发出一串叽里咕噜的声响。高明和高林见她这副痴状，笑得喘不过气来。

"沈小姐好一副天生的歌喉。让我家先生给你写词填曲。"高林插话道，"我家先生曾在义乌求学期间写了个戏曲剧本，唱词舒缓优美，可惜走得仓促，落在书院没有带出来。"

"先生还会写戏？佩服。明儿给我写一个！"沈小瓯又惊又喜。

"就写《疯丫头集庆游记》。"沈明臣对这个爱玩爱闹的小妹妹无可奈何。

"哥——"沈小瓯撒娇道。

众人登上城墙远眺，五彩光斑投射大地。霞光照在铜像上，分割成一缕一缕的阳光。如此一抹光晕，看得众人如痴如醉。

时值深秋，太阳照在身上暖洋洋。沈小瓯情不自禁敞开双手，舞一段自编舞曲。蹁跹的舞姿引得高明、高林、沈明臣也忘乎所以手舞足蹈，四个青年，迎着光芒起舞，不知不觉结下深厚的友谊。

没有人会知道，这段即兴起舞给沈小瓯心里投下多少波澜。这个风情万种的才情女子，对落叶秋风或者飞雪骄阳产生莫名感触。她梦想中一直有一个优雅书生，可以和她笑傲江湖，共赏风花雪月。这一刻，这个人悄然降临，似乎是一种无可逃脱的宿命。

高明的人生和沈小瓯会有怎样的交集，这群人不得而知。佛说：前世五百次的回眸才换得今生的擦肩而过。沈小瓯注定和高明是有故事的人。原以为是萍水相逢，却落得刻骨相思，命运这玩意儿真会捉弄人！

临近中午他们才下了府城，前往玄武湖。

玄武湖古名桑泊、后湖，已有一千五百多年的历史，六朝时期为皇家园林。

玄武湖位于南京市城中，紫金山脚下，巍峨的明城墙，秀美的九华山，古色古香的鸡鸣寺环抱在右。

他们跨过玄武湖门台，万朵菊花盛开，在秋风中摇曳生姿。大家被各式各样的菊花迷晃了眼。金盏菊，龙须菊，大理菊……各式品种争奇斗艳。红的、绿的、黄的、白的、黑的、紫的，五彩缤纷，令人目不暇接。含羞的、绽放的、半开半合的，千姿百态，万种风情，让人眼花缭乱。

果然是六朝古都，处处繁华，连老百姓都透着比别处的优越。远处有一个卖冰糖葫芦的，好像不在卖冰糖葫芦，全身涂成古铜色，随意扮演各种铜人、十八罗汉的造型，耍够了酷，才给沈小瓯拔下一串糖葫芦。对沈明臣递上的银子看也不看，直接丢入布口袋，继续摆他的造型了。

玄武湖很大。它方圆近五里，分作五洲（环洲、樱洲、菱洲、梁洲、翠洲），洲洲堤桥相通，浑然一体，处处有山有水。众人寻了只船，坐在船上慢慢游荡。两岸的垂柳依依，倒映在粼粼波光中，婀娜多姿，煞是好看。"钱塘莫美于西湖；金陵莫美于后湖。"高明吟道。

这样结伴游了大半个南京城，一路风景一路好心情。沿途收获无数。

一日，他们结伴游苏州。

古人云：上有天堂，下有苏杭。面对红叶题诗、繁花似锦的苏州城，谁也抵抗不了这种诱惑。四人决定在苏州逗留几日。为省盘缠，住进了比较偏僻的客栈。

第二日中午，沈明臣接到苏州好友的邀请赴约去了。沈小瓯约好和高明去同里古镇游玩，临出发却变卦了，说人疲乏了，要好好休息一下。高明只当女孩子娇气，随了她，自己和高林出去了。

高明玩到晚上才回来，他给沈小瓯捎回一碗热腾腾的芝麻糊。敲了半天房门，也不见开。他心里狐疑，一把推开房门，只见沈小瓯躺在床上，脸色苍白，双手捂住肚子，额头渗出密密的汗珠。

高明大吃一惊，站在床前不知该怎么办，扶也不是，不扶也不是。沈小瓯惨淡一笑："先生，没事。忍忍就过去了，不必管我。"

高明欲问究竟，沈小瓯吞吞吐吐。

高明毕竟是过来人，已是两个孩子的爹，女人的秘密猜出一大半。顿时明白了怎么回事。

"你等着我。"

他跑了出去，约莫两个时辰，才大汗淋漓地回来。原来，他为寻红糖跑了不少地方，最后才在四里外一家即将打烊的杂货店觅得。高明向小二要了热水和碗，泡了一碗浓浓的红糖水，端到沈小瓯床前，摇醒痛得迷迷糊糊的小瓯。他抱起小瓯，让她倚靠在自己身上，一碗红糖水一勺一勺喂进去，气若游丝的沈小瓯缓过劲来。

不知是红糖水的温暖还是高明的柔情起了作用，沈小瓯的疼痛得到了缓解。高明又用热毛巾垫在沈小瓯腰间，暖流一点点在她腰间心里荡漾开来。她想起从小父母早亡，跟着哥哥嫂嫂生活。哥哥虽疼爱自己，却不曾这样细心，她感动得眼泛泪花。

高明见她流泪，不得其解，以为她还疼痛，道："如果痛得实在受不了，就咬我吧。"他把手臂递到她嘴边。

"我又不是野兽，咬你做什么？"沈小瓯破涕而笑。

高明见沈小瓯情绪转好，知道她已无大碍，放下心来，忙松开抱着小瓯的手，垫好枕头，让她倚在床上。他轻轻地跟她一直聊白天的见闻。在高明绘声绘色的趣闻中，沈小瓯沉沉睡去，嘴角带着浅浅的笑意。高明轻轻地带门出去。如果说先前结伴游行，沈小瓯只是对高明心生好感，那么这回经过病床疗伤的慰藉，她对他产生了深深的依赖。

深秋的晚风，已初露寒意。高明经此一番忙碌却是满头大汗。

他不知道是什么感觉，已是两个孩子的爹，他在抱着她的那一刻，心里竟涌起从没有过的感觉。甜蜜？彷徨？慌乱？他只知道此生属于那个与他青梅竹马的陈素。而一路的行走，竟对这个比他小十几岁的沈小瓯生出情愫。他极力想把沈小瓯的影子从脑海里剔除，可她那天真的笑容、闪亮的眸子早已深植他的内心。她的一颦一笑都是那么令人心牵，甚至她疼痛的样子都是那么惹人怜爱。他一遍遍在脑海里回放品味。在她身上，他看到了自己年轻的活力。他将近不惑之年，成熟和睿智融合一身。她青春貌美。他的出现，扰乱了她宁静的内心。

他们的情愫在相处中暗自生长。

他和沈小瓯在一起有说不完的话，说自己的童年，说那片有趣的生长地。说到有趣处，恨不得把小瓯拉进他过去的生活去瞧瞧。但转头一想，那时的她不知在哪儿呢，继而摇头傻笑。小瓯呢，恨不得朝朝暮暮对着高明，听他诉说衷肠。他好看的棱角、模糊的侧影都那么拂动少女的心湖，让那片沉睡多年的心湖泛起涟漪。

遇上他，不知是她的缘还是劫？才情燃烧的他可以为她抛却功名利禄，只为守着她迎来清晨的第一缕曙光吗？聪慧的她，忘记了归期。只恨片刻老去，相守一起。山无陵水有涯，冬雷阵阵，乃敢与君绝！

人世间的情莫过于爱情让人难忘。问世间情为何物，直教人颠三倒四，忘乎所以，沈小瓯像喝醉了酒似的摇摇晃晃，不知所措。

他们有说不完的话。他滔滔不绝，她喋喋不休。矜持的她在他面前褪下一片片伪装，只剩下亮晶晶的透明，甚至愿意捧着一颗怦怦跳动的心，等着高明拿去。在这场爱情博弈中，相比沈小瓯的透明纯洁，毫无保留，高明是有顾虑的。他欣喜，犹疑，并不点破，并不敞开心扉。中国人的含蓄是出了名的。比如，宝黛之间的爱情。那样痴心，那样缠绵，但彼此的心扉至死都不忍向对方敞开，死死守着。最多也就是一个虚掩，宁肯让它在半明半暗中寂寞纠结，甚至枯朽。

年龄上的鸿沟无法跨越，高明连半明半暗的虚掩机会都不给沈小瓯。

他是个已婚男人，在情感生活中经历一次饱满的洗礼。虽然短暂迷失在沈小瓯的青春和柔情中，但他是个克制的人，离开了和她面对的场景，他就恢复了自我。他是孝子，祖辈的光耀门楣的愿望需要他去实现。他是赤子，决不会为了个人的私欲误了沈小瓯的终身。这注定是一段心有悸动无缘相守的邂逅，转身便各自天涯。

因此短暂的逗留之后，他悄悄离开沈小瓯。这段还未萌芽的情丝，在高明向仕途进发的路上悄悄地掐断了。这对他们来说都是遗憾。但人生的遗憾多着呢，处处有选择就处处留遗憾。

如果有缘，有百转千回的一天。如果无缘，擦肩而过亦是洒脱，不惊扰彼此的生活。

高明短暂逗留后，他借口考期临近，匆匆别了沈明臣，来不及或许不想跟沈小瓯话别，悄悄地走了。没有告别，没有互道再见。当机立断回到了南京，在贡院附近租了房子开始备考。

对于高明不辞而别，凭空蒸发，沈小瓯失魂落魄。

她缠着哥哥重返南京，一定要找到高明话别。为了说服哥哥，沈小瓯答应见过高明之后，就随哥哥返乡。

沈小欧凭女人的直觉断定高明是喜欢自己的。

但是，明明喜欢，为何不告而别？难道那天的夜半送红糖都是虚幻吗？她分明看到高明目光中的柔情和含意不一般。

这样度日如年，煎熬了几日。秋风秋雨愁煞人。面对着天上那轮从月圆到月亏的月亮，悲从中来。江南的秋季阴冷，凛冽的寒风吹得沈小瓯内心更加萧条。花懂春艳，柳懂风绵，雪懂梅绽，星懂夜阑，谁懂小瓯？在夜的苍凉中舞一场红尘蹁跹。然后静待流年，把时光瘦成弯月！

有些事你刻意记住的反而在脑海消失无影无踪，有些想竭力忘掉的人，偏偏在眼前越来越清晰。这种折磨快把沈小瓯逼疯了。为伊消得人憔悴，才不过几日时间她面容黯淡，失了青春红润气色。

小瓯下定决心前尘尽忘，忘了这个负心自己的男人，跟随哥哥撤回宁波去。

然而命运弄人。就在沈小瓯决定离开南京这片伤心地时，这日偏偏在街上碰到高林。她终于忍不住了，不顾女孩矜持，拉住高林噼里啪啦地一顿逼问。高林支支吾吾，不肯说出高明为何这么久了不理她。越是这样，沈小瓯越是抓住高林不放，责怪高明薄情寡义，躲躲藏藏不是男儿本色。

"哪能呢？相公从来没有忘了小姐，他不让我告诉你。"面对沈小瓯连珠炮般的诘问，高林终于松了口。

沈小瓯大吃一惊："到底出了什么事？"

"他——病了……"

沈小瓯顾不得高林说完，提着裙子，一路跌跌撞撞，跑到高明临时住处。

这是两间破败的农舍，四处漏风，屋里没一点暖气。高明听到脚步声，挣扎着从床上抬起身子。一双原本炯炯有神的眼睛因病痛的纠缠早已黯淡无光。眼袋浮肿得厉害。见到沈小瓯站在床边，高明又惊又喜："你怎么来了？"

"小瓯若再不来，怎知先生生死？先生太不珍惜自己的身体了。"沈小瓯虽是话中含着火药，眼泪早已夺眶而出，心疼得不行。之前对高明的怨恨随这一幕烟消云散，眼中除了怜爱就是心疼，恨不得高明的病都转到她身上。只要高明好转，即便让她折寿都愿意。

高林随后赶到，见他俩如此含情脉脉，互为怜惜，知趣地退了下去，躲到柴房煎药。

沈小瓯得知高明因受风寒，日夜咳嗽，盘缠用尽，栖居此处，唏嘘不已。她当即瞒着高明到当铺当了镯子和玉佩，把银子交予高林让他请郎中。

在沈小瓯的悉心照顾下，高明的病渐渐有了起色。两人很少说话，但从彼此看对方脉脉的眼神中，两人都是如此离不开对方。

这样过了数日，高明身体渐渐康复。沈小瓯兑现当初的承诺，跟着哥哥回家去。沈明臣看着妹妹投在高明身上移不开的目光，叹了一口气："罢罢罢，还是我先回去。你留着调养高明的身体，等他考完了再回来吧。"

第三节　科场风波

元代乡试开始于仁宗延祐元年（1314），结束于顺帝至正二十五年（1365），大约举行了十七次。高明参加科考有记录的只在一三四四年这一年出现，还是被揭帖，当作作弊生流传坊间。有关此前的文字资料是一片空白。高明怀着报国雄心，期望登上仕途。此前元朝反反复复举行过很多次的科考，高明为什么不得举？原因不得而知，但我们可以这样推测：

和刘基作别，高明携高林直接回了家。顶着神童光环的高明在爷爷殷切的目光注视下，紧张备考。和现在一样，要想读个好大学将来找份好工作，就得削尖了脑袋挤高考这座独木桥。于是，他废寝忘食，天天悬梁刺股。功夫不负有心人，三年后的县学考试中，高明拔得头筹，成为轰动一时的"高考状元"。

神童加"高考状元"的双重身份，让高明看上去前程无量。

按照元朝选拔官员的标准，只要接下来再参加一场乡试，便可轻松跳跃龙门。

这对高明来说，实在是小菜一碟。可是，谁都没想到，在离成功仅仅一步之遥时，一系列的打击接踵而至，且来势汹汹，铆足了劲要把"高考状元"直接打趴下。

有了秀才身份后，高明喜不自禁参加乡试。这下终于可以抓住机会飞黄腾达了。没想到，刚到南京，便接到母亲去世的噩耗。按照祖制，他必须为母亲守孝三年。于是，高明不得不窝在家里，一边怀念死去的母亲，一边争分夺秒做学问。

到守孝期满，高明再次踌躇满志地前去应考。耽误了几年，这一次一定要考出好成绩，把失去的都补回来。然而旅途劳顿，赶上寒疾，错过考试佳期。

回家继续温习三年。这次没有疾病挡道，高明长舒一口气。他使出全力，满以为会再创科考佳绩。没想到，居然名落孙山。

难道自己已经江郎才尽，跟不上时代的步伐了？

当然，以上纯属对那个时代考生高明的设想。后来翻找资料，真正的原因似乎下面两个更解释得通：

其一，高明一直不屑于走仕途，因此对科考之事一拖再拖，个人主观能动性实在有限。如果不是祖父的一再强烈要求，一三四四年那场科考估计他也会放弃。对于功名的渴望，祖父有两个种子选手，一个是高明，一个是弟弟高旸。高旸倒比哥哥积极，一再赴试，屡败屡试。不是他水平不好，实在是名额太少。在南人读书人中，乡试上线仅为百分之一二，要想考中比如今中五百万元彩票还难。经历无数次从希望到失望的轮番打击后，最后，高旸彻底放弃了。他在家乡做了长乐书院院长，用毕生所学培养人才，也算是人尽其才了。高天赐只好把目光投向高明身上。高明迎着祖父炽热的目光，总觉得心生愧疚。孝顺孝顺，顺着长辈心意方为孝。而他一直不愿意赴试，连小他六岁的刘基都中进士，而他还没能完成祖父的心愿。特别是看祖父年纪越来越大，再不去考，恐怕老人家死不瞑目。身为孝子，弟弟高旸既然已经拼不过人家，他这做大哥的即使拼死也要为高家博取一个功名。

其二，元朝的科考制度没有真正实现三年一考制度。因为内战、动乱，加上蒙古人对文化的不重视，科举制度执行不力，一直断断续续。刘基考上后，又中断了好些年，那些年正是高明最有激情的黄金年龄，被时代给耽误了。人到中年，只想平静度日，对科举的看法越发淡了。所以临近四十了，大叔级的人物了还要去考，高明内心五味杂陈。促成高明大龄赴考，还有高天赐与陈与时的一场对话（前文已述）。好在古代大龄考生多的是，不要说大叔级的考生，就是爷爷级的考生也照样在考场上和孙子辈的考生较量。唐宋八大家占了三席的苏轼父子三人就曾出现在同一试场，老子苏洵没考上，儿子苏轼考上了，也没什么丢脸的，考试面前人人平等嘛。在元朝，记录这种老考生的事例比比皆是。年龄较大的举人赴京考试比较困难。徽州士人陈栎在延祐元年（1314）通过江浙乡试时已经六十岁，他在一封信中叙述了赴京会试失败的细节：

> 前岁应江浙乡试，偶在选中。结友买舟，期应会试。亦既至古杭，行有日矣，倏尔构疾。众行独留，疗经逾年，甫得痊愈。试期已迫，度难奔趋，然亦不敢擅自归也。告状杭州路录事司，勘会移关，始克还家。

从这封信的内容来看，陈栎到杭州后没几天就生病，只好留下治疗，导致赴京会试失败。

大龄考生进京赴考，考验的不仅是脑力，还有体力。

高明想不到，在将近不惑之年还要经历这样一场科考。尽管他不那么愿意，但深植内心的孝道最终战胜了个人的意愿，还是应允了祖父赴考。

人生的航标开向了另一个方向。而这个方向又会有怎样的风景，遇到什么人，高明不得而知。造物主是最好的编剧，它把每个人的命运设计得如同一场大戏。锣鼓声响，从幕后出来的是惊喜还是忧伤呢，没人知道，只是顺着命运的水流向前推涌。欣喜若狂也好，痛彻心扉也罢，都是你不得不走的人生旅程！

聪明如才子高明，也料想不到自己的人生会有怎样的变数。

沈小瓯放不下偶遇的情爱，陪同高明在南京贡院旁边住了下来，一起和高林照顾大病初愈的高明。

夫子庙旁的民居，临水，清新，视野开阔。房东童奶奶家住了不少来应考的江浙各县考生。高明才情出众，又热情大方，结识了不少赶考的举人。

那个从小游手好闲一副公子哥派头的庞娃不知何时也买了个秀才，混迹举子之中前来应考。你来我往，整日饮酒作乐，附庸风雅。他偶尔也来跟高明套近乎，以显示自己的高雅。只是道不同不相为谋，高明大多不理这个草包。

一日，庞娃在童奶奶家院子恰遇沈小瓯，她在帮高明浆洗衣服。庞娃一见眼睛就直勾勾地黏在沈小瓯身上：乖乖，这位美娇娘气质高雅，粉面桃花，额头上渗出密密的细汗，撸起的袖子露出一段莲藕似的白嫩嫩手臂。她是谁？怎会跟高明在一起？

庞娃两眼放光，咽着口水，偷偷从背后环抱过去："美人，让本公子抱抱。"沈小瓯大惊，一把推开庞娃，赶紧躲进屋去，闩上门闩。庞娃还想冲进屋里，这一幕被买菜回来的童奶奶撞见，厉声斥退了庞娃。

这庞娃真是好色之徒，家有娇妻美妾成群，如今在南京又托人买了个全灶（可通房的婢女）回来，还不知足，到处拈花惹草。现在乍看到水灵的沈小瓯，色心又起。

妻不如妾，妾不如偷，偷不如偷不着，偷不着就越想越惦记！

这厮记挂着隔壁院子的沈小瓯，哪有心思读书。整日像苍蝇一样围着童奶奶家院子转，削尖了脑袋想往这边搬。无奈童奶奶不是见钱眼开之徒，任庞娃出多少银子也不租房子给他。

转眼间，大考日子已到。沈小瓯悉心为高明准备进考场的篮子，除笔墨、衣物外，还准备了三天的干粮和糕点。含情脉脉目送着高明提篮携被离开。即使是再木讷的人也读懂少女眼底的温柔，何况高明这等聪明才子！他想起青梅竹马的夫人陈素，不敢再动凡心，狠狠心无视少女的柔情，阔步走向考场。只留小瓯独自怅然。

夫子庙内，香烟袅袅；公告牌上，考规凿凿。贡院府门，考生们提篮携被，被考役一一搜身之后，放行入内。一个眉须花白考生背着铺盖簏篮急匆匆赶来，见到江南贡院，陡地跪下大哭。

高明问边上考生："怎么回事？"

另一同行考生告诉他："唉，这个老先生已考了三十年。每次'名落孙山'，再见考场怎能不精神崩溃呢？一生的大部分年华都耗在考试上了，人生能有几个三十年呢？"

何为名落孙山？吴地（今江苏一带）有一人叫孙山，是个能言善辩的才子。孙山参加科考，同乡人托孙山带他儿子一同前往。同乡人的儿子未被录取，孙山的名字虽然被列在榜文的倒数第一名，但仍然是榜上有名。孙山先回到故乡，同乡便来问他儿子有没有考取，孙山不好意思直言其落榜，而是以诗"榜名尽处是孙山，贤郎更在孙山后"代说（中举人的名单上最后一名是孙山，您的儿子排在我后面呢）。后来指考试或选拔没有录取为名落孙山。

高明正拉起跪地的老秀才，那边又传来嚷嚷声。

一考生被军丁带走，原来查出他的长袍内摆上，密密麻麻写满蝇头小楷的答案。另一考生被军丁五花大绑起来。军丁大喊："这是个冒牌货，收了银子帮人答题……"

考场奇葩，层出不穷。

高明顺利进入试场，考生们纷纷过了龙门，进入以《千字文》"天地玄黄、宇宙洪荒"排序的单身考舍。考官们巡视各号，只听得考役高喊："考生听着，按制坐卧一夜，明晨正式应试。"

天渐黄昏，夕阳懒懒地滞留著名的江南贡院。高明在斗室之内铺好被褥，靠着号板，头枕着太阳穴闭眼入睡，不觉梦到了坐船回家：

一女子跌落跟前，衣衫褴褛，背着琵琶，抓着他的衣袍喊道：先生，救我！救我……在她身后，蝗虫漫天……

考舍内，高明急出一身冷汗，大梦醒了。室内，寸烛如豆；室外，秋露正深。后来他写《琵琶记》时，这个梦时常跳出脑海，最终他改变了主意，让这个梦中求救的女子有一个圆满的结局。

庞娃在考场憋了三天，在那不足三平米的格子间站起，坐下；坐下，站起。格子间里除了一张晚上蜷缩着的强可以休息睡觉的土炕和一长条书桌，什么也没有，连踱个步都没地。这对懒散惯了的庞娃来说，简直无聊透顶。他又胸无点墨，整天不是涂着王八就是呼呼大睡。三天度日如年，可把他憋坏了，幸好只有三天啊。如果再憋下去可真把人憋出内伤来。

高明就在庞娃隔壁的格子间，从容应答。他从小饱读诗书，触类旁通，这些考试自然难不住他。所做策论，洋洋洒洒一气呵成，把整个青春酝酿的报国理想全部流泻在文字里。童年的天真，少年的老成，青年的血气方刚，以及中年的沉稳在窗前流过。岁月是一首无字的歌，在这单身号舍，他的命运将在这里拐弯吗？高明不会多想也不能多想。他在试场内聚精会神，物我两忘……

"成啦！"高明把毛笔搁在笔架上，如释重负地嘘了一口气，揉揉发涩的双眼。

试场外早已弥漫着离别的愁绪。

沈小瓯自目送着高明进入考场，这几日陷入了沉思，眼前浮现着那碗红糖水。正是那一碗红糖水的温暖，流淌在她的生命中，让她觉得高明身上有股强大的磁场，一直吸引着她不舍离开。现在该是走的时候了。这些天哥哥沈明臣天天修书给沈小瓯催促她回家。女大不中留，到了婚配的年龄了。

"家门口的门槛都让媒人踏破了。赶紧回来！"

沈小瓯不忍面对离别的忧伤，趁高明还在考场，她可以潇洒地离开。怅然和纠结如秋天的丝雨蔓绕在她心头。身为大家闺秀，哥哥自会找一个门当户对的人家嫁为正妻，绝不会为妾。纵使高明万般好，沈小瓯也不可能嫁他为妾。况且即使她肯，哥哥会同意吗？

沈小瓯带着纠结万分的情绪，把高明和红糖水永远留在了心间，别过高林，踏上归途。短暂的朝夕相处，早已暗生情愫，如今离开，过往的一切浮现在沈小瓯脑海翻涌。正如一首歌所唱：

> 记忆它总是慢慢地累积
> 在我心中无法抹去
> 为了你的承诺
> 我在最绝望的时候都忍着不哭泣
> 陌生的城市啊熟悉的角落里
> 也曾彼此安慰也曾相拥叹息
> 不管将要面对什么样的结局
> 在漫天风沙里望着你远去
> 我竟悲伤得不能自已
> 多盼能送君千里
> 直到山穷水尽
> 一生和你相依

沈小瓯不能送君千里，高明亦不能，为了各自的前程，他们也许从此陌路天涯，相忘江湖。出了考场的高明得知沈小瓯离去的消息后，心中的惆怅难与人说。

　　一杯别酒阑，三唱阳关罢，万里云山两下相牵挂。

　　等待的日子是煎熬的，也是充满希望的。"朝为田舍郎，暮登天子堂"，有多少士子寄希望于改变命运的考试。放榜出来，皇榜前人头攒动。赶考的书生带着满心的希望而来，最终却带着满肚的灰心和不甘到酒肆买醉。

　　这个夜晚是个分水岭，有人从此迈上阳关大道，有人从此心力交瘁，痛不欲生。

　　高明榜上有名。而那庞娃自然没戏。他到酒肆里买醉，面对高明的红袖添香和金榜题名，心里说不出有多嫉妒！

　　"他高明能中榜，还不全靠黄缙的提携！"

　　说者无心，听者有意。旁边落选的书生纷纷凑过来，里三层外三层把庞娃围了个密实。庞娃的虚荣心得到膨胀：读书不行，爆料很有一手。到处造谣说高明这功名是托了老师黄缙走后门得来的（想法很正常，他自己的秀才资格就是花银子买回来的，由己推人）。

　　他醉眼蒙眬，把高明尽量往黑里描：高明在稠城书院怎样不学无术，勾搭戏子被逐师门；前来应试，又如何带着美女快活。可怜的沈小瓯，无意中也成了庞娃口中的浪荡女子。

　　他越说越激动，仿佛化身正义之师，大义凛然地揭露丑恶。可惜他生错了年代，如果生在这个全民娱乐时代，当个狗仔队爆料王，倒是非常合适。

　　考场舞弊案自古由来已久，庞娃的信口开河自然也有人相信。

　　"揭帖！揭帖！"人群中有人开始义愤填膺，仿佛他的名额是被高明挤下去一样。

　　烂醉如泥的庞娃逞一时口舌之快，说过的话如烟般吹散在风里，却落在了一部分落榜生的心里。日后酝酿出一场来势汹汹的考场舞弊揭帖案。高明赫然出现在榜单内。各州各县发行传阅,比中举更出名。

至正四年(1344)甲申,江浙乡试揭晓后,乃有四六长篇,题曰《非程文》,语与抄白省榜同时版行,不知何人所造,而路府州县盛传之。语曰:

设科取士,深感圣世之恩,倚公挟私,无奈吏胥之弊。岂期江浙之大省,坏于禹畴之小刘(名锡,眉山人,当该掾史)。斯文孔艰,衷情痛愤,待士无礼,呼名散饼于路傍。怀璧有谋,打号贴图于墙上。厨传用猾吏,内外之消息可通。试官取贪夫,上下之机关不泄。阳揭题驾言无弊,实自生奸宄之心。觅厚赂力举还魂,特欲钳是非之口。五服之亲不避,故违国朝之典章。杂犯之卷俱抄,恐失手本之名字。应才(杭州)鼓勇于终场之日,局长之信已通。刘环(即环翁,杭州)知名于未榜之前,代笔之钱尽去。万户侯之关节可验,丈人峰之气力何勤。吕将(铅山万户吕天泽)监门,进乐平之八子(许援、董彝、徐复、邹成、操琬、许道传、戴用);海郎(吴县主簿海鲁丁)受卷,通括苍之二林(松庆彬祖)。本生之地增辉,同列之情不薄。黄璋(松江)称干首,二三月已买试官。鲍恂(嘉兴)在榜中,十四名全赖妻父。(建德知事剑镇)藉开元真人之力,叶氏(叶瓒,信州)礼经。依永嘉县尹(林泉生)之门,江郎兄弟(辉、晃,建宁)。刘大(希贤,庆元)在列,赖为省郎之师。沈小(惟时,杭州)登科,谁知运吏之婿。黄岩赵兰(友兰),得家兄(宁海丞由钦)为帘外之官。瑞安高明,托馆主有堂上之友。纷纷在眼,历历难言。许瑗(饶州)作魁,三百定卖几千株之木。邹成(饶州)驼榜,十八日纳七万户(吕天泽)之钱。左者如斯,右其可见。尺牍先来于柏府,仕宦势高。稿文潜出于棘闱,师生情密。递手帖全凭巡绰，写怀挟不避军人。四子入场，代笔有此刘之手。一家在榜，瞒人起各路之文。所谋不臧，其忠何在。王贺（绍兴，备榜）省中典史，不读书亦解成名。李思（思齐）婺山村童，未知礼焉宜中选。错春秋之年分，临海梦龙。乱周易之阴阳，平江俞鼎。耳目之所及者如此，心术之潜运者难知。姑舍举人，更陈坐主。俞镇（建德知事）夤缘考试，这番丰卒岁之赀。吴暾（峡州知事）买题登科，方得证旧时之本。麟经错乱因赂取，林泉之生生何如（永嘉尹林泉生）？易义驳杂以名寻，夏日之孜孜安用（会滑尹夏日孜）？其余泛泛，不必叨叨。分经考卷，得便私情，自开科曾无此例。出院改文，以欺公论，虽刊板乃是讹传。历观解据之非，益见文衡之谬。指实告官者，反雁其罪。怀才抱艺者，虚费其劳，蒋堂，空仰天而叹息。江乎，徒踏地以咨嗟。潘伯修、蔡余庆、两举奚为。闻梦吉、陆居仁，再来告免。呜呼！文运已矣，吾道安之？何等主司，污滥坏今年之选举。既生圣世，进修冀异日之公明。此非一口之经陈，实乃众贤之愿告。有人心者，念天理焉。

帖中揭露中举的考生姓名地域以及何种方式中举，有家里亲戚在官场混的，有用钱买来的，靠关系进来的。至于高明，说是靠了黄缙的缘故，因为他曾经是黄缙的得意门生。

考场作弊，几乎是和科举考试相伴而生的。

我们去南京贡院专门看过那些作弊没收的证据。最初的作弊方式是夹带。元朝规定，进入考场时，每人只能携带笔墨，进考场就把门一锁，吃喝拉撒全在里面，考完后才给开门。为了作弊，秀才们开动脑筋，比如把毛笔凿空，里面塞上小抄，或在砚台里面夹藏。甚至找人在考场外面找准地方，把答案绑在石头上丢进来，据说射箭进去的也有。面对层出不穷的作弊方式，朝廷规定，只准用实心笔杆，砚台不能太厚，考场内要派人巡逻。

这是基本的。更高级一点的，是找人代考。当然朝廷也加强防范，在准考证上，还加上了体貌特征标注，比如：面白、无须、高个等。

但真正有钱的更有办法——买考题。考试最重要的，就是考题，只要知道考题，不愁考不上。所以出题的考官基本上都是重点对象。但是考官也不是傻子，此项生意风险极大，丢官不说还可能导致杀头。所以考生有转而买通改考卷的考官。是的，知不知道题目并不重要，就算你交白卷，只要能搞定改题打分的人，也能金榜题名。但问题是，给钱固然容易，那么多卷子，怎么对得上号呢？最原始的方法，是认名字，看到名字就录取。

魔高一尺，道高一丈。在这以后，试卷开始封名，实行匿名批改。但作弊的人是不会甘心的，有的做记号，有的故意在试卷上增大字体。目的就是一个：我就是那个给你钱的人！这几招相当有效，送进去不少人。

面对屡禁不绝的作弊新伎俩，朝廷经过仔细钻研，想出了一个绝妙的对策。具体方法是，所有的试卷收齐后，不交给考官，而是交给一个特别的人。他收到试卷只干一件事情——抄试卷。所有的考卷，都由他重新抄写，然后送给考官批改，全程由人监督。

这招确实狠。所有的考卷，都是统一的笔迹、统一形式，考官根本无从判断，且毫无影响考试成绩，可谓万无一失。

基于以上种种作弊形式泛滥，所以考上的学生被某些腹黑者揭幕也在所难免！

揭露考场舞弊帖是把双刃剑，它一方面促进科举录取的透明化，另一方面也会害了不少才子。包括后世明朝大才子唐伯虎，就被这无中生有的揭帖案丢了功名，还招来牢狱之灾。一辈子毁了，最后放浪形骸，以逛妓院游戏人生，徒留风流才子虚名，蹉跎终身。

最先得知消息的是高林，这种传单满大街都是。"瑞安高明，托馆主有堂上之友。"刺得高林都受不了。高林见到一张撕一张，无奈传单像雪片似的总也撕不完，最终飘落到高明的案头。

高明拍案而起，却又心火难泄。这种莫须有的罪名压得人喘不过气来。更可悲的是他不知道这把暗箭是谁放的，说理、泄恨都找不到对象。整日关在房子里郁闷不已。

堂堂才子还需做偷鸡摸狗、科场舞弊之事吗？

庞娃之流这样说，也是为自己的落榜找一个台阶下，同时把众人的注意力转移到高明身上，减少自己的难堪。

流言总是在失意人当中传播，即使是没风没影的事，在一些人中，无风也起浪，都是因为人的妒忌心蒙蔽了心智。枪打出头鸟，高明乡试得中，成为江浙行省廿八名的幸运者之一，成功晋级举人，招来无端的猜忌。见不得别人的好是某些人的天性，自古皆然。

高明受点委屈也罢，偏偏扯上受人尊敬的恩师黄缙。黄缙向来正直廉洁，却因为自己无辜受到污蔑和牵连，这使他感到非常的不安和愤怒。

接着，是轰轰烈烈的审查。一路的政审各怀目的。有人借此来拉黄缙下水，一场舞弊案可能演化为一场政治斗争。官场恶斗，不是百姓能看明白的。

如果黄缙是一般的小官也罢，偏偏他是一个很有个性、很正直的朝廷大员，在历史上赫赫有名。

一三三一年，黄缙迎来了人生的一大转折，从地方调到了中央，调任翰林应奉、同知制诰兼国史院编修官。一三四一年下到地方，就是江浙等处儒学提举，相当于高考的主考官。所以一三四四年高明中乡试，就有人诬陷他跟黄缙有关系，认为黄缙向主考官打过招呼。

高明心里那个憋屈啊。

粉碎这些（"瑞安高明，托馆主有堂上之友"）流言，只有进一步地再接再厉，考中进士，洗清黄缙先生的清白。当时进士很难考，全国三百个在乡试中胜出的考生只录取一百个，录取比例一比三。然而这一百个名额还是分等级的，并不是你名次排在一百位以内就能上。这一百个名额蒙古人、色目人、汉人、南人各占二十五个。种族歧视在科举中也可见一斑。

时值初冬。彤云密布，朔风呼啸，崇儒里提前下起纷纷扬扬的大雪来。四野难分路，千沟不见痕，河堤像白色的巨龙，蜿蜒东去。这个寒冬高明没在家里安然度过。为了京城次年二月的大都会试，他已经早早别妻弃子走在上京赶考的路上。不惑之年却很困惑。他本无意仕途，承担着振兴家族的重任才无奈出来应考，中了乡试却又满城风雨，他不知道该何去何从。他倒羡慕起弟弟高旸的生活。高旸几次名落孙山后，早就看透了官场的黑暗，一心一意做他的书院院长。

高明现在是箭在弦上，不得不发。

至正四年（1344）十月，在重压之下，高明起身赶考。会试的地点在大都（今北京），时间是第二年的二月上旬。因为路途遥远，又没有火车飞机这类交通工具，所以考生们一般都需要提前一两个月到京张罗一些事情。时间紧迫，高明不得不提前半年就动身进京了。

他带着高林，通过水路先到杭州报到。因为江浙举人赴京会试，需要先到行省治所杭州，然后从杭州出发北上。之所以这样安排，估计是举人需要从行省领取乡试的解据和行省资助的盘缠。当年和高明一起参加大都会试的江浙行省举人有蒙古、色目和南人，共二十八人。结伴赴京，也是出于旅途安全的考虑。

翻山越岭，水路旱路多番转折，经过长途的跋涉终于到达元大都北京，高明激动又内敛地站在天子脚下。在一个不惑之年的男人眼中，京城充满了神圣和未知。

一切都是新奇，一切都是新鲜！

这里是元朝的政治和文化中心，整个城市壮丽而繁华。意大利商人马可·波罗游历大都之后，发出"商业繁盛之城"的感叹。

天蓝得如擦洗过一样，白云悠闲飘来荡去。高高的红墙、宏伟气派的宫殿以及花红柳绿的皇家园林，有昂首挺胸的官员以及从天南地北汇集的无数人才俊杰。

参加会试的举人都是各州各府的精英。

高明的对手不是一般人，他们都是各省的才子，以及王公贵胄。他们的试卷是不一样的。南人的试卷难度系数大，要考四科。蒙古人和色目人只须考三科。当然他们也可以挑战难度系数大的，好处也是多的，如挑战成功，官就比汉人和南人高一个级别。这对高明等南人来说，无论从哪个角度都是不平等的对决。但也没办法，只有拿出更强的实力跟人家拼了。

从跨进京城的那一天起，高明的内心就立下誓言，一定要竭尽全力跻身进士队伍，实现自己的抱负和雄心！

转眼间就到了会考的日子，高明写了一篇《黄山赋》。虽然他没有去过黄山，但凭借渊博的知识和丰富的想象，文采飞扬，赢得了众考官的赏识。

在等待发榜的日子是轻松的。高明从前习惯了幽居乡野读书，如今见到车水马龙、锣鼓喧天的繁华都市，感到异常新鲜。高明逛遍了京城的勾栏瓦舍。这里的戏剧比乡下好看多了，演员专业，剧本深刻。

这天，他到街上转悠，偶然看到一家书肆，便走了进去。

木质的书架上整齐排列着线装书，令人目不暇接。很多书在小县城里不曾见过。他像蜜蜂采蜜一样流连在花丛中，看完这本，摸着那本，恨不得把所有的书本都吞到肚子里，带回去再慢慢消化。

当看到关汉卿的《窦娥冤》时，他两眼放光，拿起来后再也不放下了。外头的太阳渐渐西沉，书肆点灯了。街上的店铺拿起门板开始关门了，书肆的老板也开始准备打烊。高明还是像沉在梦中一样，一动不动。

老板有些纳闷，这些剧本放在这里好久了，没人动过。这位中年男人如痴如醉，难道是戏班伶人？

"客官，我们要关门了！"

高明这才惊觉，天已经黑透了，满怀歉意地说："实在抱歉，耽误了你们关门。"

说罢，便想掏钱买下，一摸口袋才发现没带钱，歉意地笑笑："老板，还给你吧。"

老板看出了高明的窘迫，说："这本书放在角落，久无人动，我看客官也是读书人，既然客官翻阅它，说明客官跟此书有缘，就当结个善缘，送给客官吧。"

"不用了，我都记在脑中了。"

"你就吹吧，看一会儿能记住？"老板不喜欢吹牛的人。

"不信，我给你唱一段？"高明说完，自顾自地哼唱起来，"地也，你不分好歹何为地？天也，你错判贤才和蠢材，真是冤枉地做了天啊……"

老板很惊讶，半天才说："客官好记性，才一会儿工夫，竟然能默背剧本！奇才，真是奇才，这本剧本就送给你了！"

高明笑了笑，指指脑袋："多谢老板，书我已经带走了，在这儿。你还是留着卖几个钱吧。"

也许黄缙运气好，也许是他背后的势力足够化解他目前的为难，终是捕风捉影的事。这种言论风过一阵也罢，一切都会过去的。高明科场连捷，那些流言不攻自破。

三月初，会试录取的榜文在中书省大门旁贴出，高明终于杀出一条血路，名列榜中。会试三比一的淘汰率，三百个举人只录取一百个进入殿试。高明运气不错，创造了一个奇迹，成了为数不多的幸运儿之一。殿试是一比一的录取率，毫无悬念，高明冲冠一怒连捷登进士第，大大扬眉吐气了一番，让那些中伤诽谤他的人大跌眼镜。这个成绩比他老师黄缙当年的成绩还要好些。

和所有得中的进士一样，春风得意马蹄疾，一日看尽长安花！兴奋之情溢于言表。许多人皓首穷经，也未能够榜上有名。高明无疑是幸运儿，他的付出得到了回报，给恩师黄缙争了气、长了脸，粉碎了"揭帖门"的流言。

在京城逗留了半月，拜访恩师，酬唱同窗，然后等待配官。因高明是南人，虽考试中发挥不错，但元朝的人口等级制度森严，而高明是南宋遗民，属最卑微的南人之列，虽有满腹经纶，报国雄才，然不得重用，只给了一个处州录事的小官。

这个官职属八品，比我们现代电视剧中的七品芝麻官还小。即使不考试，凭着举人的身份坐等，也可能会轮到一个八品职位混混。举人是考取了做官资格证，当然能不能做官，还是要靠运气。举人只是个候补，什么时候职位有空缺了才有机会。全国举人多的是，不一定能轮得到你。所以运气不好的话，你可能等一辈子也没轮上。中了进士就不一样了，进士是包分配的。官大官小先不说，好歹有个办公桌让你待着去。

因为民族种族歧视，身为南人的进士和蒙古人、色目人的进士是有区别的。蒙古人和色目人中进士后，马上分配工作，大多授七品实职，工作地点都较富裕。汉人和南人不仅需要等待，而且都是偏远蛮荒山区任个虚职，就这样一个虚职还要等待。刘基中进士后，在家等了三年才有江西高安县丞的虚职。相比较刘基，高明显然是幸运多了，半年后就有了任职地方。

高明被授予处州录事。录事，辅佐县令做事，起草文书。官不大，但干的活很多。尤其在元朝末年，地方长官达鲁花赤和县令不干事只贪功，录事是什么都要干，却得不到什么功劳。担任录事一职，明显是个苦差事，没有官印，更没有实权。历届录事受不了这个委屈劲，在万般无奈之下，挂职离开的多的是。

高明却不这样想。这毕竟是他入仕的第一份工作。失落归失落，终于有一方舞台可以施展自己的才华，实现自己的政治抱负了，所以他带着"要为苍生洗汗颜"的伟大抱负向官场进发了。

那场雪片般的污蔑揭帖雨不仅没有把高明打趴下，反而让他练就了一双看透污浊世事的慧眼。历练后的浴火重生，让他抗得住往后更大的打击。人生就是那么富于戏剧性。那些半年前还在砸石头贬低污蔑高明的人，看到他金榜题名，这回转了嘴脸，纷纷恭喜巴结他。不管种种道喜是伪装还是谄媚，高明到底赢了。赢在他现在所处的位置高了那些人两级。当你在人生中只高别人一点点时，通常和你差不多的那些人会千方百计绊倒你。当你远远领先他们时，他们只能望尘莫及、徒留羡慕，甚至带点崇敬之情。所以任何时候周围充满妒忌的目光时，赶紧完善、强大自己，让那些污蔑的眼神再也追不上！

高明经过这番折腾总算未愧对祖宗，名题进士榜。

消息传到阁巷，高陈两家欣喜万分。果真如陈与时所言，高家坟头冒青烟，翁翁种德已多年，福报在高明身上了。高家自然进祠堂拜祖宗，把这个大好消息禀告列祖列宗。在改朝换代后的这么多年，高家总算出了一个人物，重新有人入仕。其实说高明家没有在元朝做过官也是不对的。在高明出世前，他的伯父高彦就曾经在元朝做过小官，因为看不惯官场的黑暗，辞官归隐。

高明即将赴任。热血在沸腾，激情在燃烧。他不在乎职位卑贱。

官大官小，事在人为！真心为百姓做事，小官也能发挥大能量。如果只贪图个人享受和利益，官越大祸害越大。

高明虽是小小八品的处州录事，也总算入仕，雇了船只荣归故里。高陈两家早早地迎在码头，望眼欲穿。等船只靠岸，整个码头沸腾了。

高明迎来送往一番，好不容易和陈素对坐，久别重逢，光阴在青丝白发中流转，考试加游学，好多的天伦之乐在所谓的追求中远逝。夫妻之间对坐，一时无语，竟也有了陌生之感。他第一次打量曾经那个情兮巧笑的她，眼角不知何时有了细纹。她端详着才华横溢、满腹经纶的他，鬓角不知何时掺杂些白发了。

她自小和他一起长大，对他的生活习性非常了解，知道他喜欢吃枣，早早蒸好一盘红枣，玉指轻拈，含情脉脉递上一颗。他一愣，往日的耳鬓厮磨情景历历在目。

"甜吗？"

"很甜，亲你一口更甜！"小别胜新婚，高明一口咬住红枣，附在陈素耳边低语。

陈素羞得满脸通红。婢女知趣退去。烛影摇红，高府沉浸在一片温柔乡里……

缠绵的时光一闪而过，转眼一月过去。高明接到委任书马上要启程赴任。

他对陈素难分难舍，临别卿卿我我。陈素送至码头，高明感慨万千："等我那边安顿下来，就接你去。"

陈素含泪点头。

"这是昨晚为你而作，我走了之后你再看。"高明从袖笼里抽出折叠端正的信笺交予陈素。

目送着高明离去，直到那只小船再也看不见了，陈素才收回泪眼，展信默读：

> 一杯别酒阑，三唱阳关罢，万里云山两下相牵挂。念奴半点情与伊家，分付些儿莫记差。不如收拾闲风月，再休惹朱雀桥边野草花。无人把，萋萋芳草随君到天涯。准备着夜雨梧桐，和泪点常飘洒。

刚止住的泪又涌出了眼眶。

自古多情伤离别，更哪堪，冷落清秋节。

高明站在船头暗暗神伤。这一幕连高林也倍觉伤感，从船舱里拿出一件斗篷披在高明身上，道："老爷，外面风大，进船舱吧。"

桨声欸乃，一路过州过县急着往处州赶。

因为兵荒马乱，高明此后不停地转地任职，他最终没能兑现自己的承诺——接陈素过去同住。十年宦海生涯，夫妻二人聚少离多，两厢相思。我们不知道《琵琶记》中蔡伯喈月下对结发妻子的思念是不是作者高明自己内心的独白，纠结、伤感、内疚……我们常说：史书里除了人物是真的，事情未必全是真的，不一定可信。而小说里除了人物是假的，事情都可能是真的曾经发生过的。照此推理，也许高明写的是戏，抒的是对陈素的思念和愧疚。正如写小说的人，借小说中的人物，记录的都是真实的人生。

生活转了个弯，此刻的高明告别了隐士生活，真正"欲挽狂澜银河水，直挂云帆济沧海"。只是官场这潭水是深是浅，由不得高明挣扎。人说一入侯门深似海，对高明来说，一入官场何尝不是深似海呢？

第四节　处州录事

人是世间的匆匆过客。一生如白驹过隙。能留下的不是形体，不是钱物，却可能是那些毫不起眼的文字。一段闲情，一声叹息，甚至一阕寂寞的词，只要引起人们共鸣的，无须伟大，照样淘尽时间的风沙沉淀下来。一首《时间都去哪儿了》打动亿万听众的心灵，感叹岁月的流逝，时间的一去不复返。除了这些，也可能留下好的品德、修养和口碑。人们会传扬优秀的品行，赞美高尚的情操。因而，大师总是以德感人。

位卑不敢忘忧国。初入仕途的高明怀抱着一颗雄心，轻装上阵了。

"功名是忧患之始"，大器晚成的高明哪里会知道妻叔陈与时一生的经验总结，像一个魔咒一样笼罩在他的头顶，伴随十年宦海沉浮。早知这样，何必当初！

事实往往如此：你没有经历这一步的时候，任何的劝说都是徒然。即使亲人对你说这个桃子如何甜，你没有亲尝，如何想象得到？高明自然也不知道，往后十年的宦海浮沉被陈与时一语成谶。

天高云淡，高明带着高林水路颠簸赴任。

这日行至处州府大港码头，主仆二人正在船头欣赏美景，只听扑通一声，有人落水！高明急命船夫打捞起来，见是二十多岁妙龄女子，着素衣罗裙，面色虽苍白但清秀外露，靠在船舷，不断地呕出水来。眉目神态似曾相识，只是想不起在哪里见过。

过了好一会儿，姑娘神志清醒，道出身世，原是宁波卖唱女丽娘。她前日和爹爹走散，只身在街头卖艺，哪想到遇到一帮恶奴，看她虽不倾国倾城，倒也有几分姿色，亭亭玉立，要抢进府去。丽娘逃到江边，无路可去，只得跳江保全清白。

闻听此言，场景似曾相识。当年李贤的娘子不是遭遇恶僧强抢，不堪玷污才投海自尽吗？高明一拳砸在船舷上，怒不可遏，社会黑暗，恶人当道，没有王法！那日在江南贡院做的梦境和现如今是何等相似！

丽娘暂无去处，高明只好收留船上，筹划带她上岸找爹爹。为了行事方便，丽娘女扮男装，穿上高林的衣服，较之高林娇小些，俨然一个美少年，直看得高林收不住目光。倒叫丽娘不好意思，两朵红云飞上脸颊。

丽娘和高林本已一见倾心，再加上同坐一条船，自然日久生情，两人有说不完的体己话。上了岸，两人已经难分难舍。后来，由高明做主，他俩结为夫妇。

三人一边忙着寻找府衙上任，一边不忘寻找亲人。

处州城熙熙攘攘，虽破旧，却不失繁华。

作为大丈夫男子汉，有事做的感觉真好。八月的风很轻，天是那么蓝，云彩也是那么有追求，知道自己要去的方向。

高明兴致勃勃地穿过两边挂着各种各样招牌的杂货店，再经过路北的一座年久失修的祠堂。紧挨着处州县衙墙砖擦肩而过，一直到金银街尽头，才在一家高墙大院红漆门框黑漆大门的"李府"停住。高明不得不调转头继续寻找，终于在老祠堂的西隔壁找到如同几年前发生战乱似的处州县衙。

县衙好像在跟高明诉说着这些年的遭遇：低矮的门楼，油漆脱落，房檐毁坏，左边大门已斜躺在门口有些日子了，上面沾满灰尘和脚印，看来不止经过一场械斗。半挂着的右边大门上一块木板不知去向，似在向新一任主人展示它们的曾经。

高明在府县门前停留了好久。左右打量，大门两边摆放刀具的木雕托架被砸坏，凹槽空空如也。本该安放在里面的各种刀枪不知去向。用手在门框上一抹，手指上沾满灰尘。仰头看看，"处州县衙"都已蒙上尘埃。要是没门上的这四个字，高明还以为走进年久失修的小庙。

高林推开大门，里面更是被砸得一塌糊涂。升堂审案的几案看上去老旧不堪。椅子荡然无存，刑具也不知去向。两边清正严明、肃静威武的木牌，也早已字迹不清。不过正堂上方供官儿挂印用的木桩还在。

负责巡逻和羁押犯人的差人，此刻也不见踪影。

处州此时处在土匪、土豪的战乱阴影下，历任的地方长官不是挂印而去就是被迫辞职。几年来，这里的长官走马灯似的换个不停。长则半年，短则几天。但凡有关系的，都绕开了处州，到别处清和之地做官。高明这个时候到处州做官，实在太不是时候了。

爱干事的人是不介意这些的。他没被眼前的困难吓倒。

高林和丽娘动手帮忙，整理了老半天才收拾出一块像样的地方。

忙乎老半天，终于来了几个下属，大家寒暄："高大人，你可来了，我们等你很久了。你来了，我们处州在你的带领下一定会蒸蒸日上。"

"是啊是啊，属下们一定听从高大人差遣，励精图治！"都头首先表态。

对新来的这位八品芝麻官，这些混在衙门的衙役嘴里虽客套，心里却根本不放在眼中。该怎样鱼肉、盘剥百姓，一件也不少干。高明看在眼里，急在心里。衙役如此，县令更是过分，忙着贪污搜刮民脂民膏。他对高明提出的建议双手一挥："你只管放开膀子干……"他的后半句还没说完——只要不妨碍本老爷发财就行。

高明铺纸磨墨，制定规章制度，整顿吏风，对有损衙门形象的人事一概不饶。衙役看高明不像以往上司——千里做官只为钱。来了以后他自己不贪也就算了，没想到还断了他们的财路。没有灰色收入，上司拜年要银子，同事应酬要银子，老婆衣着、孩子上学都要用到银子，生活质量大大下降。顿时怨声四起，纷纷闹起了矛盾。昨天文书请假，今天都头生病……总之找各种理由消极怠工。

高明成了光杆司令。按理说这样工作该进行不下去了吧！可我们的高大人硬生生创造了奇迹。一人坚持了半个月，没有衙役打板子，就让书童高林代替；没有文书结案陈词，丽娘来帮忙。再加上自己亲力亲为，整个工作井然有序，前任积压的案件逐渐减少。

那些消极怠工的衙役最终无可奈何回岗位上班。他们知道这位高大人不好惹，均乖乖收敛起平时的嚣张和戾气。荒废多年的县衙工作在高明任上重新运转起来，老百姓慢慢信任起官府衙门，以前他们有了冤屈不敢去伸冤，县衙"吃了被告吃原告"的骇人风气早把他们的胆吓破了。

高明严格遵循自己的为官原则，秉公执法，不畏强暴，不到一年时间，就赢得了当地老百姓的无数赞誉。

为了开源节流，高明还让高林在后院开辟了荒地，种植蔬菜来减少生活开支，自己的生活很是简朴。他有充沛的精力对付一切的烦琐与不堪。

在处州，无论是乡村集镇，还是在酒馆茶楼，到处都能看到高明的身影，听到他那爽朗的声音。他像一只不知疲倦的蜜蜂，四面伸出触角，从民间口头文学中吸取丰富的营养。他为人不拘小节，热情大方，具有独特的人格魅力，很容易与朋友打成一片。大家也乐于同他交谈。

百姓的生活就是他的生活，百姓关切的热点就是他要去办的事情。在高明心里始终记着"当官不为民做主，不如回家卖红薯"的信条。他有强烈的正义感，时刻把握着不站出来就会后悔终身的时机，嫉恶如仇。为此他得罪了不少权贵。十年宦海，尽管富有才干，一直得不到升迁，却得到当地老百姓的一致拥戴。

这日，高明正在后堂书房小憩，手握毛笔，在宣纸上落下"廉政清明"四字，力透纸背。忽听衙门外喊冤鼓"咚咚咚"响彻大堂。

不多时，一名叫马僧的人押着一个农民来。马僧是处州一监郡官。有一次，他替元朝皇族做了一件称心的事，得到皇帝欢心，赐他一匹金鹿。马僧得到这只御赐金鹿，高兴得见人就夸，见鬼就吹。不仅他自己一天三次去探望金鹿，看它是否吃得好、睡得稳，还专门指派家奴马二服侍这只金鹿。要马二每天喂最好的饲料，把圈内打扫得比下人住的房子还干净。夏天，要一日三次为它洗澡，冬天要陪它晒太阳，晚上还要陪金鹿睡觉。每天晚上，马二要向马僧报告金鹿一天的饮食起居是否正常，甚至还要带着它上街游逛，真是比孝顺爹娘还要小心。

金鹿每次外出游逛时，脖子上都挂着"御赐金鹿"的金牌。街上的行人看到金鹿走来，都怕触犯而招来灾祸，赶快让路。真是鹿假皇威，气势凌人。

谁知，一次金鹿去街上游逛时，路过西门，居民张三家中突然蹿出一条老狗，向金鹿猛扑过去，一口咬住金鹿的脖子。马二连忙一脚把狗踢开，但金鹿已受重伤，流血不止。因救治无效，终于死亡。

马僧得知御赐金鹿被狗咬死，暴跳如雷，扬言要狗主人殉葬，指使马二击鼓告状。

状子递到高明手里，这个棘手的官司可把他难坏了。他寻思：如果昧着良心处罚张三，恐怕民心不服，遭到唾骂；如果秉公办事，支持张三，又恐得罪马僧，更怕朝廷见罪，真是左右为难。

高明坐在灯下看着状词，和高林、丽娘商量对策。很快三人如此这般，定出一个妙计。

第二天一早，高明整整衣冠，升堂问事，衙役把原被告带上公堂。百姓听说新来的录事要审理狗咬御鹿这桩大案，纷纷赶来看热闹。不一会儿，县衙前就人头攒动，声音嘈杂，议论着这桩官司如何断案。

张三被五花大绑带到堂下，跪在高明的案前。马二一副狗仗人势模样，耀武扬威地站在堂前。而马僧跷着二郎腿，洋洋得意，坐着旁听，以为这场官司赢定了。

高明叫衙役给张三松绑以后，惊堂木一拍，喝道："张三，你犯的什么罪，可知道吗？"

张三被惊堂木一拍，战战兢兢，"禀告大老爷，那天我家黄狗咬伤御鹿，小人确实不在家。谁知这孽畜竟闯下大祸，连累了我。皇天在上，小人不敢瞎说"。

马二瞪起三角眼，哼了一声说："我不管他在不在家！他养狗不教，竟敢在光天化日之下咬死御赐金鹿，罪大恶极，国法难容，求大人处置。"

"禀老爷，狗是畜生，哪里知道这是御赐金鹿？"张三万分委屈。

"鹿挂金牌，人人皆知。你这王八蛋非办不可！"马二忍耐不住，暴跳起来大骂张三。

张三不理马二，对着马二的主人马僧说："马老爷，你读过书，我家的狗却不识字，哪里知道金鹿是鱼赐还是虾赐？出事那天，我不在家，你说我有啥罪？"

张三据理反驳，说得马僧目瞪口呆，气得眼睛都发直了。他感到理屈词穷，瘫在椅子上，喘着粗气，一句话也说不出口。

高明把脸一沉，举起朱笔，写下判词，清清喉咙，不紧不慢地高声宣读：

> 鹿系金牌，偶遇犬丧。
> 犬不识字，罪怎及张？
> 犬鹿同兽，兽兽相伤，
> 本堂公断，不关人恙！

高明念毕，把纸扔给马僧说："此案了结。张三无罪开释回家。退堂！"

围观百姓拍手叫好，扮作书童的丽娘也暗暗向高明伸大拇指。这一案子判得实在漂亮。处州百姓奔走相告，等了多少年，终于等来了一个为民做主的好官。

高青天的名声不胫而走。

输了官司，又加上马二添油加醋拨弄是非，马僧从此想着法子抓高明的把柄，不断放任家奴制造事端出来，祸害百姓，为难高明。

高明为了地方百姓的平安，委曲求全，亲自上门拜访马僧，请求他管教好自己的手下。那马僧见高明好歹也是朝廷八品官员，居然肯屈身向他示好和解，给了他台阶下，顺势软了下来，管好手下。从此奴才再也没有明目张胆作恶。

但是你不要以为恶人能就此修身养性。恶人在一定条件下也会发酵，什么时候冒出来害人谁都不知道。

八品录事虽只是个毫不起眼的芝麻官，但高明骨子里有一股锄强扶弱、匡扶正义的血液流淌。马僧之事刚落下帷幕，又有一件事情考验高明的智慧与勇气。

处州有个豪绅叫李寿天，是蒙古人。家里虽有万贯家财，但祖祖辈辈都无功名，感到很不光彩。他对落魄书生张君友家的"鸡头檐"早已垂涎三尺，朝思暮想，打算把它谋划到手，来个张冠李戴，光耀门第。他趁着张家家道中落，假装殷勤给张家送钱送米。天长日久，利上滚利，欠债如滚雪球般日益膨大，张君友再也无力偿还。于是，李寿天软硬兼施，从张君友手中买去那上有鸡头檐的房屋，并强迫张君友在卖契上写明"永斩纠葛，永不进门"等字样。

要说这鸡头檐的来历，原来是张君友祖父在宋朝中举以后，砌了一座楼房，皇帝御赐他在屋脊上塑造一对高高耸立、貌似金鸡报晓的鸡头檐，象征着张氏封官受禄，威赫一时。难怪土财主李寿天惦记。

李寿天自从得了鸡头檐的张家老宅，心里乐开了花。他计划着下一步如何活动权贵，再买到一个功名，作为飞黄腾达的起点。为了装点门面，假充风雅，李寿天又雇来一批能工巧匠，把整座楼屋修葺一新，特别对屋顶上的"鸡头檐"，更是不惜工本，饰金抹彩，一对栩栩如生的金鸡昂首立于屋顶，展翅欲飞，成为当时处州全城最突出的一道风景。

进屋那天，为了奉承官府，炫耀乡里，李寿天广发请帖，大摆酒席，邀请全城官绅名士赴宴。

高明当然也接到请帖。

那天，李家门前车水马龙，贺客盈门。鞭炮噼里啪啦。大厅里张灯结彩，金碧辉煌。酒席上佳肴名酒，陆海杂陈。

高明身穿蓝衫便服，头戴方巾，玉树临风，出现在李家门前。他神态轩昂地缓步进来。高明一向不轻易出席地方绅士的宴会，今日居然破例赴宴，使李寿天更觉得意洋洋，八面风光。贺客们见处州录事高明光临，争先恐后地打躬作揖，恭敬行礼。

与李家欢乐的气氛相比，躲在远处的张君友万分痛苦。房子被抢夺也罢，最气愤的是祖上功名也被这个可恶的李寿天霸占，越想越气：此时不把象征祖上荣耀的鸡头檐夺回来更待何时？打定主意，张君友率领一帮同窗，爬上屋顶，强拆鸡头檐。

李寿天正在大厅志得意满，朗声说："李某此次乔迁新居，全州乡绅名流欢聚一堂，实在难得。特别是高录事能光临，令寒舍蓬荜生辉。逢此盛会，理应饮酒赋诗，互相酬唱，请诸公趁机结个文字因缘。来人，笔墨伺候！"

早有拍马溜须之徒纷纷称赞，个个摩拳擦掌，想附庸风雅，一露文采。

"不好啦，不好啦！启禀老爷，外面有个书生带领一群暴徒，爬上屋檐，硬要拆去鸡头檐。"一个家丁气喘吁吁地跑来禀报。

"这还了得！谁人吃了豹子胆，敢在太岁头上动土？来人，快给我抓起来！"

"抓起来，抓起来！"有人高声附和，有人惊疑不定，有人面面相觑，互相打听出了什么事。更多的人抱着看好戏的心态赶到前院。

一个书生模样的年轻人被一群奴仆拽下木梯，推推搡搡地扭到李寿天面前。李寿天定睛一看，倒吸一口冷气，这不是卖房子给自己的张君友吗？来者不善，是来砸场子的嘛。"是你，来人呀，乱棍打出！"李寿天很霸道。

"且慢！国有国法，私拆别人财物，岂能轻易放走！"高明从人群中站了出来。

李寿天见高明为自己撑腰，顿时放下慌乱，神气起来。心想道：高明是我请来的客人，他今日坐的是李家的凳子，喝的是李家的酒，岂能不为李某主持公道。

高明见李寿天沾沾自喜，一副小人得志的模样，心里早已厌恶透顶：李寿天这些狐假虎威、阿谀奉承的蒙古豪绅，平日仗着蒙古人的身份欺男霸女，掠人田产，今日一定要给他点颜色瞧瞧，杀杀他的气焰。然而表面却不动声色。

"大胆刁民，竟敢在光天化日之下私闯民宅，强拆李宅的鸡头檐，该当何罪？"高明右掌一拍，目光似箭，直射张君友。

"鸡头檐是我祖上御赐之物。今日将其请回家去，正是忠君敬天之举，何罪之有？"张君友理直气壮，毫不避讳高明那严厉的目光。

"高大人请休听这刁民信口雌黄。屋檐相连，既然祖屋卖给了我，檐自然归我所有。今日张君友拆檐毁屋，破坏王法，请大人将他治罪。"李寿天气冲冲插嘴申辩。

"李老爷说的卖屋之事，是否当真？"

"卖屋是真，拆檐也没错。"张君友不慌不忙答道。

"该死刁民！古人云，'皮之不存，毛将焉附'。你既然供认卖屋是真，何以拆檐也对？分明狡辩。"高明用手一拍桌子，剑眉一竖，呵斥道。

李寿天捋着胡子得意忘形：连高录事也帮我，你小子想跟我斗，嫩了点。

"高大人说得好！'皮之不存，毛将焉附'。没有屋，哪有檐？来人，拿卖屋文契。"

管家急忙呈上屋契，李寿天抖了抖屋契上的"永斩纠葛，永不进门"的字句，摇头晃脑，高声朗读。念毕，气势汹汹地朝张君友咆哮："你毁约拆檐，目无法纪，看你有几颗脑袋！"

在场和李寿天一个鼻孔出气的乡绅等着看张君友笑话。张君友势单力薄，眼看要输了这场官司。

突然，高明语气一转，说："诸位莫急，请听下文。"他使了个眼色给张君友，说："张君友，'皮之不存，毛将焉附'的道理你可懂得？"

张君友机警灵敏，马上意会，振振有词答道："我祖父十年寒窗苦读，一举登第中了功名，才有了皇上的御赐鸡头檐，暗喻金鸡报晓之意。大人说'皮之不存，毛将焉附'？那么，请恕小民斗胆，敢问一句：李寿天没有功名，哪有御赐之物鸡头檐？如今，我张某卖的是屋，并非功名。"说毕，从怀里取出祖父得中功名的皇榜双手呈上："请大人查看，请大人公断！"

高明细细看过，转而问李寿天："李先生，你祖上有何种功名？"

李寿天料想不到张君友会呈上皇榜，此番逆袭，令他心急如焚，额上不断渗出豆大的汗珠，支支吾吾说："这个……这个……"

李寿天词穷理屈，高明仗义断定："鸡头檐乃御赐之物，有功名才有此荣恩。李寿天没有功名，硬占张家鸡头檐，此乃张冠李戴，是非混淆，现判定如下：着李寿天归还张君友鸡头檐才是正理。"

"青天大老爷啊！"张君友当即跪谢高明，当着众人的面带着两位助手爬上屋顶拆去鸡头檐，带着同伴们凯旋而去。人群中爆发出热烈掌声。

"李寿天！今后莫再使坏心，要知善有善报，恶有恶报。不是不报，时辰未到。时辰一到，统统要报！"经过李寿天身边时，张君友一字一顿说给李寿天。

李寿天气得脸上青一阵红一阵，心里既恨张君友又恨高明。

巧断鸡头檐的公案让高明在处州声望更高了。

高明除了公正严明断案，还不遗余力表彰民间孝道。

从小享受温煦母爱滋养的高明是个十足的孝子。他对孝顺的人更是敬重有加。

处州城有个名叫陈妙珍的女子，常年侍奉祖母。年迈的祖母奄奄一息，非常想吃一顿肉，但是妙珍的父母双亡，家里能变卖的东西都卖光了，到哪里筹买肉的钱呢？她出去转了一圈又一圈，最后一无所获。看着祖母深陷的眼睛、瘦骨嶙峋的身子，她心急如焚。最后妙珍瞒着祖母，忍着剧痛，割下自己腿上的肉，蒸煮了给祖母吃。这件事邻里都知道，唯有瞒着老人。祖母吃了肉后竟从气若游丝中醒过来，身体一天比一天好转。此后，陈妙珍自己吃糠咽菜，却省下救济粮食给祖母吃。

在妙珍的照顾下，老太太多活了三年。老人过世时，妙珍哭得肝肠寸断，想尽办法，安葬了老人。由于长期侍奉祖母，错过了婚嫁年龄。她的行孝事迹传遍处州城。

高明闻说此事，深受感动。作为文人，歌颂一下是必须的，也是发自内心的。慈母的音容笑貌在脑海中闪现，世间最大的遗憾是"子欲养而亲不待"。高明好不容易考出功名，爷爷和母亲已然去世。想尽孝都不可能，深深遗憾。对于陈妙珍的事情，高明佩服不已："世间孝子孝女有，但如此割肉奉祖的孝却是少见！"于是他把这段感动诉诸文字，层层上报，终于为妙珍争来了荣誉。有司经过调查核实，作出了旌表陈妙珍的决定，把她的居所命名为"节孝庵"，月给粟米一斛，养老送终。

高明还请同门师兄宋濂作《丽水陈孝女传碑》，来记录这种孝道，让后人来学习。

高明的政绩有目共睹，金杯银杯不如百姓的口碑。在过去的日子里，那些受过高明恩惠的处州百姓用最淳朴的方式来表达对高明的爱戴，经常偷偷在他居所放个鸡蛋或红薯之类。礼物虽轻，表达的却是浓浓的情。尽管高明秉公执法、为民除害，触犯了当地土豪的利益，让他看起来升职无望，但是民间的传说引起了江浙行省主要官员苏天爵的注意。

清廉的官员爱清廉的人才，经过苏天爵的推荐，至正八年（1348）高明升为行省丞相掾。这是行省丞相的隶属，品级与录事相等，属平调，但位置远比处州录事重要。高明用事实证明：为官者，只要把小事干好，一样也能得到赏识。很多大事是由一件件小事组成的。高明离任的消息一传开，处州百姓都恋恋不舍，纷纷集资，为高明建"去思碑"。以表达对他的思念之情，刘基亲自撰写碑文。

这日高明和一群同僚、随从行走南明山，刘基也赶来聚会。众人拾级而上。古木苍翠，直插云霄，透出历史的厚重感。两旁的枯叶随风起舞，在地上打着旋。

"如此风干物燥，森林容易着火。回去之后，你吩咐衙役们做几块牌子提醒上山的路人防火。"高明提醒高林。

"老爷，你都要离任了，就不要多管了。留给下任慢慢做吧。"高林不满地说。

"老百姓记住一个人，不是他做了多少大事，恰恰是那些毫不起眼的小事。带给人温暖的往往是小事。"高明说。

高明回到衙门后，就和衙役们一起做起了牌子，上书："火灾一瞬间，防火万万年"。

众人扛到山上，安插在醒目的位置，时刻警醒上山的百姓。这一带的树木此后果真比别处长得繁茂。

高明在处州的三年，清廉正直，努力公事，为民除弊，不遗余力。他把教化和治理很好地结合在一起，取得了不错的效果，因而声名远播，远在各地的朋友，大家纷纷来信问候。在这些人中，有的是老朋友，有的仅有一面之交，有的素不相识。

此时高明的心是饱满的，精神是愉悦的。录事工作是他喜欢的，熟悉的。从他朋友给他的来信看，高明在处州的生活是风流潇洒、逍遥自在的。

他的同窗陈基此时正在京师，非常想念高明。他托一个赴缙云任教谕的朋友给高明带去问候信："到州为谢高书记，日日相思赋索居。"

好友谢应芳作诗央求高明帮其写序："传语郡中高录事，小编求序冠篇端。"

在昆山好友袁华的想象中，风流才子高明寄情山水，放逐自然，"遥想此时高录事，定陪骢马步云衢"。他又在《高则诚录事》中描写："阿戎终放旷，小杜最风流。花满西泠路，烟波渺沙鸥。"

为别人写序，寄情山水，勤政文书，一生中最好的年华都付诸处州这方山水。四十不惑，人生的精华吸收了处州天地之灵气，他的伟岸、公正、才情与这方水土浑然天成，相得益彰。

自古以来，清官都比较稀缺，所以才显得弥足珍贵。若想清正廉明，就得付出一定的代价。中国封建官场中最讲究论资排辈拉关系。不管是哪一边，你总得选一边，抱成团才站得住脚。如果你独树一帜，两袖清风，与众格格不入，那么，你的仕途就变得很艰难。搞不好，还会遭受打击报复，被排挤出局。

虽然高明赢得了好口碑，但有人看不惯了。从来都说"三年清知府，十万雪花银"，能多贪就多贪，能多捞就多捞。而高明为官清廉，与这些视钱如命、贪赃枉法的同僚格格不入。这些同僚已经抱成一团，岂容高明阻断他们的财路！所以，他们视高明是眼中钉、肉中刺，不仅疏远他，还想着办法挤走他。高明调离时，他的属下终于松了一口气。再待下去，家里都揭不开锅了。

处州百姓却恋恋不舍，他们害怕，高明一走，属于他们的光明时代即将结束。

高明打点行装正欲离开，处州百姓们舍不得高明离去，拥上街头，拦住高明的车马，高呼高青天，哭声一片！高明下车谆谆劝慰，大家知道上命难违，方才作罢。

处州是高明政治生涯的处女任。离开处州，高明有些伤感。毕竟处州任上是他仕途的起步，他的荣耀和屈辱、欢喜和伤感都熔铸在这片土地，倾注了太多的感情。是处州成就了他，是处州的百姓让他感受到自己的价值。况且处州还有一位情同手足的挚友刘基，以及经常在迷惘时给予他指导的禅师吴梅涧。

为了感受当时高明的生活状态，六百多年后的今天，我们循着他的踪迹，登上了处州城楼。处州城楼一片明艳，再也不见当年烽烟四起、尸陈遍野的哀号。城门内外躺着横七竖八避暑纳凉的民工，消遣惬意。回想六百多年前，这里曾是流寇、山贼必争之地，人民流离失所，民不聊生。换了个年代，换了种心情，百姓命运全然不同。幸哉，生在和平时代的人民！当年高明和刘基登上此处城楼时，不知是什么感慨？可以肯定的是，没有我辈看风景的闲情雅致。他们或许想着社稷安危，或许想着黎民愁苦。只有怀有一颗慈悲怜悯之心的人，才能写出万古流传的文章！

第五节　出任杭州

人生在世，有的人名字刻在石头上，有的人名字刻在老百姓心里。刻在石头上的，经过几百年的风雨侵蚀，要么蒙尘，要么模糊。唯有刻在人心里的，世世代代传唱不息。高明的名字既刻在"去思碑"上，又刻在处州老百姓心里，历经六百多年的风霜洗礼，愈加清晰。

处州任上显示了高明清正公廉能吏的形象。高明从这里起步，开始走向更广阔的官场人生。

至正八年（1348），高明赴杭到任。位置虽然和处州差不多，还是八品，但这个岗位却重要得多。离开，是为了更好地替民做主！虽然是一次平调，但是对于高明来说，舞台更大了。

这次平调，对憎恨高明的李寿天之流来说，欢喜庆幸，因为他们可以继续盘剥百姓。对于爱戴他的百姓来说，失却了为民做主的保护伞。

人生的际遇谁能说得清呢，老天爷的每一次安排都是伏笔。芸芸众生中，有多少人能参透命运的玄机呢？

高明每每想到离开的场景，总是忍不住动容。处州百姓自发夹道欢送，离别的眼泪洒满处州那条窄窄的官道，高明情不能自已。

所有的离别场景出奇相似，正如宋朝欧阳修词中所述：

> 尊前拟把归期说，未语春容先惨咽。
> 人生自是有情痴，此恨不关风与月。
> 离歌且莫翻新阕，一曲能教肠寸结。
> 直须看尽洛城花，始共春风容易别。

翻开史料，透过发黄的纸片，我们依然看见那些送行的人物在文字中隐隐闪闪。

一些正直的地方官吏对高明一年多的办案能力心悦诚服。郡守前宪副使徐恩让对高明更是敬佩不已。高明在处州任满后，徐恩让不忍高明离去，于是在学宫设绛帐，亲率子弟迎请高明前来教导。大家为高明开欢送会。尊师隆重至极，令高明毕生难忘。

徐恩让，我们会再见面的！处州，我还会回来的。

策马扬鞭，西风古道，一座优美的城市迎来一个清明廉洁的官员。他身穿便服，头戴蓝冠，一副风流倜傥的书生打扮，行走在繁花似锦的柳浪闻莺，流连在喧嚣热闹的勾栏瓦舍。他就是高明，人生最饱满的时节，迎来杭州任上。

上有天堂，下有苏杭。杭州是座特别美丽的城市，是江南繁华的缩影。

江南好，风景旧曾谙。日出江花红胜火，春来江水绿如蓝，能不忆江南？

江南忆，最忆是杭州。山寺月中寻桂子，郡亭枕上看潮头，何日更重游？

江南忆，其次忆吴宫。吴酒一杯春竹叶，吴娃双舞醉芙蓉，早晚复相逢！

刻在吴山脚下的石刻道出多少文人雅客对杭州的留恋和牵念。白居易任满杭州，回到长安之后，对杭州回味无穷，诗情洋溢，一挥而就三首《忆江南》，不想却风流了千古，成为千古传诵的经典。

杭州是个浪漫之都。吴语软侬，杨柳依依，山清水秀，烟雨朦胧，勾勒出最抒情的山水写意。朦胧的月色，香甜的美酒，婀娜的女子，把杭州点缀得风情万种。而当年发誓要率重兵攻下杭州、消灭南宋的金海陵王完颜亮，就因为读了柳永的《望海潮》爱上了杭州：

东南形胜，三吴都会，钱塘自古繁华。烟柳画桥，风帘翠幕，参差十万人家。云树绕堤沙。怒涛卷霜雪，天堑无涯。市列珠玑，户盈罗绮、竞豪奢。重湖叠巘清嘉。有三秋桂子，十里荷花。羌管弄晴，菱歌泛夜，嬉嬉钓叟莲娃。千骑拥高牙，乘醉听箫鼓，吟赏烟霞。异日图将好景，归去凤池夸。

在大德年间，大戏曲家关汉卿南游杭州，创作了【南吕】一枝花·杭州景套曲，描绘了杭州的繁华富丽和美丽的自然风景及浓郁的文化氛围：

普天下锦绣乡，寰宇内风流地。大元朝新附国，亡宋家旧华夷。水秀山奇，一到处堪游戏。这答儿忒富贵。满城中绣幕风帘，一哄地人烟凑集。

这是一座风流之城，这是一座香艳之都，难怪"商女不知亡国恨，隔江犹唱后庭花"！

告别处州后，高明来到了对自己往后创作《琵琶记》有重要影响的杭州，如鱼得水。杭州是江浙行省的中枢机关所在地，是宋元时期江南重要的政治、经济和文化中心，也是南戏和北杂剧的创作和演出中心。只是那时的高明还不知道自己身后的出名是因为《琵琶记》。

高明虽不是第一次到杭州，而这次以行省文官的身份进驻杭州，自然和前几次游走杭州当游客的身份不同，不再是走马观花，而是细细品味古城的风韵，浸染繁华城市的文化。临安城内遍地开花的勾栏瓦舍令他目不暇接。据史书记载当时有瓦舍二十座，城内有五座。瓦舍技艺有说史书、杂剧、说经、小说、合生、傀儡、皮影戏、唱词、诸宫调。"十三座勾栏不闭，终日圆园"。此外，在教场、仓院、贡院、寺观、空地，还有浪迹天涯的江湖中人卖艺。终日繁华，看得高明眼花缭乱，大开眼界。

这些杂剧的耳濡目染，对高明以后的创作产生深远的影响。一个人如果有某方面的天赋，生活中无形的积累，往后不知道什么时候爆发出来，所谓厚积薄发是也！他年轻时候的杂学，盛年时候的人生阅历成就了《琵琶记》的高超艺术成就。

高明来杭州真是来对了地方，既开阔了视野，又结交到很多文化圈的朋友。富饶的江南之地不仅滋养出了一批江南文人，也吸引了一群北来的作家。像如今我们时兴北漂一样，有才能的人总要去北京北漂几年，开开眼界，镀镀金，回来身价倍增。而那时的元朝，正时兴才子南漂。在北方享有盛名的杂剧家如关汉卿、马致远、白朴等人，纷至沓来，或游玩，或隐居，或出仕，在杭州从事着创作活动。

一时间，名家荟萃，星光灿烂。他们把元杂剧这一成熟的艺术带到以杭州为中心的南方，使杂剧的中心渐向杭州转移。上至达官贵人，下至普通百姓，都喜欢戏曲这种形式，在戏里感受不一样的人生，多样年华。

来戏曲之都杭州任职，对高明来说，是个良好的创作积累时期。他是勾栏瓦舍的常客，观摩了各种风格、各种形式的戏剧演出。咿咿呀呀的唱腔，纷纷攘攘的人群，把光阴点缀得五彩缤纷。那段似水流年啊，高明在往后颠沛流离的日子常常午夜梦回。因为美好，所以难忘。因为重拾文学旧梦，所以便在往后对蝇营狗苟的官场产生深深倦意。

人生有三大幸事：幼年之时遇到一位好老师，成年之后找个好伴侣，走上工作岗位有个好上司。

高明很幸运，这三样都占全了：拜名扬千里的黄缙为师，有知书达礼青梅竹马的陈素为侣。在杭州，高明遇到了赏识他的上司——江浙参政苏天爵。

苏天爵，真定人（今河北正定），生于一个世代为官、藏书万卷的望族。国子学生出身，延祐四年（1317）国子学生公试，名列第一。官拜大都路蓟州判官。他历官三十几年，迁转二十余职。既是个有作为的政治家，又是个享有盛名的历史学家。他是个惜才重才的国之栋梁。刘基后来再度入仕也是亏了苏天爵的举荐。

这个人有超强的精力，凡事都喜欢深入调查。他曾三次官拜监察御史，三次出任行省参知政事。通俗讲，上至中央大员下到地方政要，什么官都做过。他以儒家经典治国，试图改变元朝野蛮粗暴的统治，力挽元帝国将倾之大厦，最终无力回天，在抗击红巾军中，劳累过度，卒于军中。享年五十九岁。

在百度输入苏天爵这个名字时，居然弹出了苏天爵的年谱。在他的年谱中赫然发现高明、刘基等历史名人的名字。年谱上记载：苏天爵十二岁时，高明出生；苏天爵十八岁，刘基出生。他们都是元末赫赫有名的人物。虽隔着十几年的时光，因为共同的志向和理想，成人后终于成了忘年交。

苏天爵在任江南行台监察御史时，几回到湖北查案，多次深入监狱，平反一大批冤狱。当时湖北地势偏远，民族杂居，各种流行病毒肆意蔓延，很多官员都不愿到那里巡视。即使不得已去，也是走走形式。然而苏天爵却跟大多数官员不一样，他主动和囚犯交谈，了解案情。而且每件事必然细心追究，亲自过问。即使是盛夏酷暑难耐，他依然挑灯批阅文件。这样一个有精力、有才干、肯干事的官员，深受百姓爱戴，官运亨通，后历任监察御史、翰林待制、礼部侍郎、淮东道肃政廉访使、吏部尚书等职。为官期间，他日夜谋划，知无不言，言无不尽，须发尽白。后来因为得罪宰相，罢官而归。

从以上的履历来看，苏天爵的脾性跟高明还是很相似的，都是实干家，都是清廉的官员。高明后来在四明任推官，平反了很多冤狱，大概深受他的上司苏天爵的影响。

任江浙参知政事以后，苏天爵还是一如既往的实干家。他是个很有想法的人，主张对百姓进行礼乐教化。他的这套理论很快有了不少支持者。最积极的是处州郡守徐恩让，他一到任就积极推行礼乐教化。这个人在前文已经出现过，高明在处州当录事时，徐恩让还是郡守前宪副使，他很崇拜大才子高明。高明的清正廉明、爱民如子都是他学习的榜样。高明离任时，他还召集弟子为高明送行。现在徐恩让受到苏天爵和高明的影响，在处州，他简化了那些冗长的会议，着手把一些纠结的刑法弄清楚，对百姓普及法律讲座。有空闲就率领属下到郡学听课，听诸生诵读经典。一时之间，一股尊师重教的风气在郡内兴起。家家藏书好学，教养结合，百姓的素质普遍提高。他还颇有头脑，圈定了几种刊物供诸生共读。还编辑了《性理四书》，请苏天爵作序。

苏天爵的敬业精神，同时深深地感染着高明。而苏天爵对高明也非常器重。他在这个兢兢业业、才华横溢的下属身上，仿佛看到了自己年轻时的影子。至正九年（1349）五月，苏天爵打算编辑《两汉诏令》，请高明列出条目，帮忙书写。此书完成后，他又请高明参与自己的文稿《滋溪文稿》二十卷的修订。

从苏天爵邀请高明修订《滋溪文稿》这件事来看，高明的才华在当时上流社会也是相当引人注目的。

可惜这位和高明情投意合的好上司跟高明相处的时间太短，至正九年十月苏天爵就调任大都路总管。高明依依不舍地送苏天爵赴任，作《送苏伯修参政之京兆尹任》三首（苏天爵字伯修）。高明在诗中歌颂了苏天爵在江浙实行的文治，并希望他得到朝廷的重用，致力天下太平，然后像唐代平定藩镇之乱的裴度那样，功成身退，筑绿野堂优游岁月。

身在杭州，文人墨客必去的是岳王庙，一个满载爱国情怀的图腾。

有人戏称文人对历史最无情，没有什么历史人物是他们不敢评论的，没有什么历史角落是他们不敢光顾的。无情恰是多情。在杭州西湖的岳王墓前，古今多少文人雅客留下了自己的感慨。对于岳飞的含冤被害，他们和老百姓一样耿耿于怀，在他墓前留下千古诗篇。

如明人张应福"逆桧和议长屈膝，人人争赠两三砖"。看来，"拍砖"一词并非现在新创的网络流行语，早在六百年前古人就用得风生水起。

对于秦桧，除拍砖外，还有要砍要杀的。元人胡炳文《拜岳王墓》："鸩毒何太毒？龙渡只如斯。坟畔休留桧，行人欲斧之。"

最著名的当属赵孟頫的《岳鄂王墓》。赵孟頫，这位成长在"红裙翠袖，多少闲情"环境中的宋王孙，在须发染霜的暮年，面对异乡的水土，翘首南望，怎能不生"树高千尺，叶落归根"的慨叹，平添"新亭举目山河异"的怅惘？

秋日荒凉，赵孟頫来到西子湖畔岳飞墓前凭吊时，只见岳飞坟上长满荒草，墓前石马石狮在萧瑟秋风中依然高踞屹立。一种肃穆、凄凉、冷峻的气氛，令他感到很不好受。"南渡君臣轻社稷，中原父老望旌旗"，历史的教训实在令人心痛。一方面，南渡君臣苟安享乐，荒淫嬉戏，不以国事为重；一方面爱国将领高举战旗，坚持抗金。

绍兴十年（1140），岳飞进兵河南，一直打到开封西南的朱仙镇。河南河北人民纷纷响应，也都打起了"岳"字旗。这是多好的军事形势。如果再接再厉，继续打下去，收复燕云，直捣黄龙，并非遥远之事。

可是至此关键时刻，赵构、秦桧以"莫须有"罪名将岳飞父子杀害，造成了千古奇冤。从此，收复中原无望，偏安局面形成，国势日衰一日，苟延残喘而已。待到比金更强悍的蒙古政权崛起，南宋小朝廷的灭亡已经注定了。往事不堪回首，赵孟頫不由发出一声深沉的叹息："英雄已死嗟何及，天下中分遂不支。"一腔幽怨，大有百世难解之恨！吞咽着历史苦果的赵孟頫，满怀愁苦无人诉说，而且也不便诉说，只能将哀愁埋进心底，别向西湖唱这首曲子吧，看那湖光山色也够叫人无限悲伤的。似乎西湖的山山水水也充满了感情。抚今伤昔，流露出不尽的泪光愁色。

赵孟頫去世时，高明十六岁。当他读到这首诗时，半生年华已过。

小时候听祖父讲岳飞传，是高明一天中最心驰神往的时刻。高天赐的爱国教育确实非常成功，以至于成人后，高明一提到岳家军，依旧眉飞色舞；一提到精忠报国，依旧意气风发；一提到"莫须有"，依旧扼腕痛恨。

逗留杭州的时日，高明最爱静静地行走在岳王墓前，看岳飞倚马北顾的画像，看他"还我河山"的题字，思索"文官不爱钱，武官不怕死"的楹联。

他游岳王墓的心情虽然悲凉，感受却跟赵孟𫖯不一般。

宋高宗赵构为什么要杀岳飞？很多人似乎搞不明白。其实，这个问题大家心知肚明，"但徽钦既返，此身何属！千载休谈南渡错，当时自怕中原复"。

　　莫向中州叹黍离，英雄生死系安危。
　　内廷不下班师诏，绝漠全收大将旗。
　　父子一门甘伏节，山河万里竟分支。
　　孤臣尚有埋身地，二帝游魂更可悲！

（高明《和赵承旨题岳王墓韵》）

高明此诗与众多咏岳飞诗作不同，不只是流露出、也不仅是停留在对宋朝亡国之悲痛上，尤为难得的是，在于揭示国亡罪责得由南宋最高统治者承担。由于"内廷"下"班师诏"，致"绝漠"落金人之手，使大将未能乘胜追击收复失土。同时指出岳氏父子"愚忠"，"甘伏节"，而置分支之万里山河于不顾，"竟"字见指责。此种识见，远较其他咏岳诗为深刻。尾联更以"有埋身地"与"二帝游魂"显强烈比照，对南宋帝王作进一步批判。

高明从史书中悟出了宋高宗其实不想赎回被俘二帝。他们回来了，他怎么办？还是皇帝吗？只有和秦桧合谋杀了岳飞，他才能坐稳帝位。然而历史却没有遂宋高宗所愿，岳飞之死，加快了宋室灭亡的速度："如公更缓须臾死，此虏安能八十年。"（南宋叶绍翁《岳武穆王墓》）

人生在世，活着是一件多么不容易的事情。每天被孤独包裹着，似一粒尘埃在空气中飘来荡去，一直都在找寻知己，找寻皈依。为什么要相信缘分？为什么会滋生感动？高明知道，这世上红尘来往，必有懂他的那个知音出现。如同伯牙等待子期的聆听，高明在冥冥之中期待这般际遇。人要寻找志同道合的朋友，多难啊。有些人相识几十年，未必相知，未必是真朋友；有些人就见过那么几次，甚至就见过一次，就那么相知，意气相投，所以不少人就在这偶然的际遇中成了相识甚深的朋友。

果不其然，这个人很快就登上了历史的舞台，他远离乌烟瘴气的官场，以一种遗世独立的精神坚守纯净的心灵花园。他就是顾仲瑛。一个高明愿花费大篇幅记叙这次相遇的人物，一个在高明此后的戏曲创作中有过重要影响的人。

如果说杭州的曲艺人生为高明打开了艺术之窗，那么昆山公差之行则为高明开启了一扇戏曲之门。

一三四九年，四十四岁的高明因公差路过昆山，拜访了玉山草堂主人顾仲瑛。顾仲瑛也是名士，出身昆山世族，富甲江南。他有很多世袭俸禄的头衔，但他不屑仕途，弃官隐居，专门结交才子艺人。他虽是个文化商人，但对钱财看得很淡薄。不惑之年，将生意交给儿子和女婿打理，自己造了一座很大的园林，有亭台楼阁三十六处。家里养了一个大戏班，出了很多名旦。他自己醉心弹古阮，朋友杨维桢吹得一手好笛，他们经常聚在顾氏庄园里互相切磋。

顾仲瑛敬重高明，同时也敬重高明的老师黄缙。他自己编的集子就请黄缙作序。

对高明的登门拜访，顾仲瑛欣喜若狂。他用了最高规格的礼节款待高明。收拾出最好的厢房以待高明居住，又请了很多志同道合的文人雅客做伴，以戏伴友，自己亲自上台古阮伴奏。奈何高明公差匆匆，只在顾仲瑛草堂逗留了一天。

这次经历，给了高明前所未有的体验和深深的眷恋。

玉山草堂在高明的眼中简直是梦中天堂。

后来，高明是玉山草堂的常客。他的艺术成就很大部分是受到玉山草堂的影响和熏陶。

对第一次进入玉山草堂的情景，高明永生难忘。

那是至正九年（1349）八月的一天，高明到达玉山草堂时，虽然夕阳西沉，但是八月暑气未消，气温还是很高的。顾仲瑛引领着高明穿过一片竹林和古朴素雅的长廊，漫步在后花园的林荫小道。绿油油的竹林通向古戏台。一边是姹紫嫣红繁花似锦，一边是诗酒相伴快意人生，仿佛回到了未出仕的生活，恬静、安然，岁月安稳。温柔的风拂过长长的衣袖，吹起心底一池的涟漪，这才是自己想要的生活啊，他应该属于这里。高明心底的自我复苏了，从不适功名到被家族寄予厚望迈入官场，虽为百姓做了很多事，但哪个是本我呢？为了孝道，他压抑了人性中的一切喜好，比如对诗、对酒、对戏剧，以及那远离他独守空房的陈素，都深深地埋在心底。此刻在暖风的撩拨下，在顾氏庄园的幽情熏陶下，在戏剧人生的幻影里，一切复苏了，款款向高明走来。他真想抛下一切，带着陈素浪迹天涯，诗酒为伴，做一对纵情山水的神仙伴侣，忘却沧桑。哪怕是片刻的温暖也好。诗酒趁年华！

他们在一处凉亭中就座，凉亭对面就是顾家戏台。

顾仲瑛手握长箫，忘情吹奏。顷刻间，人神共醉，高明只觉一阵清凉之气灌输全身。过了一会儿，夏日的凉风吹过梧桐树，叶子伴着箫声翩翩起舞。竹子也左右摇晃，发出思韵的簌簌声，如琴声和弦伴奏。高明听得如痴如醉……良久良久，皎洁的月光自天边出现，洒落一地的清辉，倒映池中，波光粼粼。顾仲瑛拿出美酒待客，客人都是当地名流，吟诗作词。酒逢知己千杯少，颇有李白将进酒的豪迈气概。

夜深沉，清凉的月光在梧桐和竹叶之间若隐若现。铺在石阶的凉席在夜风吹拂下泛着温柔的凉。客人喝醉了斜躺在凉席上对月抒怀，流露真性情，笑着唱着吹着闹着，余韵绕耳……他们寄情田园，留宿顾家。而高明因为公事在身，依依不舍地告辞了。

不知是酒力的刺激，还是音乐的美好，高明异常兴奋，站在船头，遥望远方。红尘中，他摆渡过无数条河流。今晚，在安静下来的时候，那一腔为民请命的心似一艘倦累的船，需要泊在某个遮风挡雨的港湾好好歇一歇。天边泛起了鱼肚白，回首望望玉山草堂，树木葱茏，烟霏芊绵，楼台飘渺，如一幅诗意的山水画渐行渐远。他不禁感叹道："史称蓬莱、方丈、瀛洲，有多少人向往。乘船经过，烟雾渺茫，恨不得常驻蓬莱仙境。世上的人真正能抛却功名利禄的少啊，大多数寻找仙境不是遁隐，而是想拥有一份不老的仙丹。这也是一种功利啊。玉山草堂乃是真正的蓬莱仙境。"

及至泊船上岸，车马喧嚣，尘土飞扬，生活重归现实。高明回忆昨晚所游，真像一场梦啊。梦醒处，他又站在最深的红尘里，一边是向往的诗书年华，一边是剪不断理还乱的官场倾轧。

人活着总要有一份寄托，就像天空需要小鸟，草木需要泥土，流水离不开落花一样。高明的寄托似乎只钟情于戏曲，所以他身在官场，始终无法专心。耿直的书生意气让他错失了很多次的晋升机会。唯有在词曲里他活得洒脱自在。

后来他把记录这晚所见所思的《碧梧翠竹堂后记》一文，托一位来自昆山的友人袁子英带给顾仲瑛，一再嘱咐袁子英："请告诉顾仲瑛，碧梧翠竹的快乐，是世上最难忘的快乐。这份简单的快乐，不容易得啊。千万不要丢失，不要去做官。如我般，被红尘俗物牵绊，被官场污浊所累，远离这种快乐很久了！"这是他发自肺腑的哀叹和羡慕。

高明这番话正是应了陈与时的忠告：功名是忧患之始。有些话明知道，还是不要说出口为好。它就像一个魔咒纠缠着高明的后半生。一语成谶！

高明的这幅《碧梧翠竹堂后记》手稿，二〇〇八年十二月一日在香港拍出二百五十二万元人民币的高价。可见才子高明不仅文好，书法更是了得！

他喜欢旅游。与青年时代遍赏名山古刹不同，人到中年，在路上他看过了很多黑暗和肮脏。流离失所的百姓孤苦无依的眼神，总是刺激着他那根敏感的神经。

都说，物以类聚，人以群分。有时候看一个人的为人如何，只要研究他身边的朋友就足够了。因为一个人品位的高低，往往是由他身边的朋友决定的。

高明有个好友叫倪瓒，是高明通过顾仲瑛在玉山草堂结识的。他们志趣相投，性格相似，都是正直高洁的文人，都看不惯元末的污浊。

倪瓒是江苏无锡人，家境非常富裕，用今天的话讲就是土豪了。到他祖父时，繁荣达到鼎盛。

倪瓒虽然富甲一方，却不幸四岁时丧父（跟高明童年丧父相似），由大哥抚养长大。十八岁时，疼爱他的大哥也撒手人寰。

从生到死有多远，呼吸之间。从迷到悟有多远，一念之间。从爱到恨有多远，无常之间。当欢唱变成荒台，当新欢笑着旧爱，当记忆飘落尘埃，当一切是不可得的空白，人生是多么无常……倪瓒自小感悟世事无常，因此养成了淡泊名利的性格。

倪瓒藏书颇丰。他花了大笔资金，造了亭台楼阁，种满松兰竹菊，郁郁苍苍，美不胜收。

无锡人把倪瓒的家当作乡中一宝，城中一景。乡人经常聚集在他家楼下，远远地望见他或者在读书，或者在作画。

偶尔高明、顾仲瑛来访和他品茗聊天，悠然自得，超然物外。

有一次，高明从聚会中得知倪瓒的趣事：

有个外国人，久仰倪瓒大名，特别准备了上好的沉香百斤，请求会见。倪瓒不想见他，托词到惠山看梅花去了。外商很是遗憾，在门外流连忘返，徘徊很久。

过了几天，外商又来了。一个人呆呆地站在门口，舍不得走。倪瓒有些不忍心，悄悄地吩咐仆人道："你把云林馆的门打开，让他去看看吧！"

这外国人大喜过望，进入云林馆，看到布置之典雅、气氛之优美，简直目瞪口呆，忍不住央求仆人道："你可不可以把藏书楼的门也打开让我看看？"

"对不起！藏书楼不是普通人能进去看的。"仆人婉拒道。外商无奈，对着藏书楼拜了拜，悻悻而归。

倪瓒有洁癖，他穿的衣服、戴的帽子，每天总是擦了又擦。若是客人来了，规定客人也去盥洗室清洗一番。甚至连窗外的梧桐叶子、假山假石，也要打扫得纤尘不染。为了打扫时不破坏青翠绿苔，他发明了一种扫把，只有光秃秃的杖头，钉上一根钉子，用来挑叶片。

某日，来了一位客人，夜宿倪瓒家。

到了半夜，倪瓒听到客人的咳嗽声，以及吐痰的浓浊声，心中暗忖："糟了……"于是，一个晚上没睡好。第二天一大早找来仆人，下令道："你去仔细找找看，哪儿有吐痰的痕迹。"

仆人又好气又好笑，出去转了一圈，终于在一片梧桐叶子上找到。

"快！快把它剪下，你骑着马把它丢远一些。"

他在自己家有洁癖还可忍受，他甚至把这种洁癖带到了朋友顾仲瑛家。一日，在玉山草堂和顾仲瑛、高明谈论诗词，顾仲瑛命书童去山里挑一担山水过来煮茶。

书童挑来了两桶山水，正想去煮水泡茶，倪瓒大叫："等一等！前面一桶泡茶，后面一桶留着洗脚。"

顾仲瑛和高明错愕地望着倪瓒。倪瓒慢悠悠地解释道："前面的桶没碰到什么，用来煮茶正合适。后面的那一桶，也许书童走了一半，放了屁，山泉沾了屁气还能喝吗？"

话还没说完，众人已笑得滚在一边。

倪瓒清高绝俗，一辈子避免与富贵人打交道。他对自己的画并不十分爱惜，喜欢到处送人。唯独对有钱有势的人，就算拿了润笔费过来，也一概不理。

吴王张士诚的弟弟张士信，久仰倪瓒的画艺，差人备了上好的绢纸以及一大笔润笔费登门请画。

倪瓒却把使者给轰了出去，并且气愤地说："我可不能做王门的画师……"

张士信听说倪瓒这么不给面子，大为生气。后来有一天，张士信和朋友游太湖，忽然，远远飘来了一股异香。他判断，必然是有洁癖的倪瓒在附近。

果然，一找就找到了倪瓒。真是冤家路窄，张士信命令手下痛殴倪瓒，几乎活活打死。幸亏许多文人苦苦相劝，才饶了倪瓒一命。

倪瓒挨揍时，噤口不出一声，事后他对朋友解释："一出声便俗。"

倪瓒的画如其人，天真幽淡，有一种优雅的逸气。这种有意无意、若淡若疏的逸气，一般人是学不来的。

高明能和他走在一起，从某种意义上讲，他们有共同点。因为高明身上也有一种洁癖——精神的洁癖，洁身自好，不同流合污。元末官场众人皆醉唯高明独醒。幸哉？不幸哉？

第四章

宦海浮沉：山无凭，水无凭，沉抑下僚浮生梦

第一节　烽烟四起

读书人能用别的方法谋生，最好不要去做官。高明的遭遇便是充分的理由。他此后的命运足以用"身不由己"来概括。他当前的道路，真可谓是瞬息万变，一直到他人生的末日，不是出乎他的本意，却与战火烽烟的时代变革有关。

人做官不外乎为名为利，或为权势，或为报效国家，造福一方。我们知道高明非以做官为发财致富之道；至于权势，他根本不想控制别人。翻阅历史，有些人身上有一种天性，他本已有钱有名，但想钻入政治圈去，只为了去支配别人，过一把权力瘾。至于为名，高明即便是身为宰相，也不能在他不朽的文名上有丝毫增减，他又何求于政治？他又能有何成就？

杭州赴任，是高明仕途上春风得意之时。他为人刚毅耿直，为官清

正廉明，办事干练娴熟，得共事者之赏识。"而君亦雅义名节自励，公卿大夫咸器君行能"。他跟随参政樊执敬核实平江圩田，"得蠲租米无征者四十万石"，又与葛元哲同为参政苏天爵编定《滋溪文稿》三十卷。每当别的同事有事，他即权代其事，"君稽典册，定是非，酬应如流"，故而，"儒生称其才华，法吏推其练达"，"声闻益隆矣！"遇上不合意愿事，又敢马上直抒胸臆，"辄上政事堂慷慨求去"。

高明在杭州的好人缘从上面那段文字大致可推测：一、有才，有才的人得到更有才的人欣赏；二、能干而且肯干，分内的事情自然干好，不是自己分内的事也会搭把手，帮帮同事。这样的人无论官场职场，绝对是个抢手货。

高明忙碌于仕途，踌躇满志，其内心却并非平静，而是矛盾、苦闷、彷徨，时时泛起退隐之心，以至于对仕宦生活感到厌倦。

其时，北方灾荒频繁，杂剧创作中心逐渐由大都转向杭州。杭州汇聚了一大批剧作家。高明和顾仲瑛在玉山草堂聚会交流，学到不少戏曲知识。

诗情画意的人生会常常出现在梦境里。每个人在现实中连连碰壁之后，都期望在梦境中修复那颗被世俗冷淡冲凉的心，期望梦中的温暖再次点亮人生。生性清正耿直的他注定在仕途中孤独蹒跚。昆山之行，对高明是个梦，重新点亮了那个被压抑了很久的文人之心。

离开的倦意很浓。但是离开昆山之后，俗世的繁忙让他始终无法从官场的泥沼中抽身出来。忠君孝亲敬道的信念深深地植入他的脑海中，抛不下那摊烂泥。况且元朝此时奄奄一息，沉重的压制导致各地农民造反不断。

至正八年（1348）十一月，私盐贩子头儿方国珍在台州揭竿而起。对于四面楚歌的元朝廷来说，根本不把方国珍的队伍放在眼里。不要说方国珍，连朱元璋这种后来创立大明朝皇位的人都暂时无暇顾及。朝廷头疼的是陈友谅和张士诚这两股力量。特别是那个农民起义军领袖张士诚，言而无信，受朝廷招安多次，粮食用完、美酒喝光就又开始复叛。

难怪杨维桢作诗讥笑张士诚：

> 江南岁岁烽烟起，海上年年御酒来。
> 如此烽烟如此酒，老夫怀抱几时开？

张士诚听了沉默不语，不再强留杨维桢于幕府。

仁治是最开明的统治，可是刚愎自用的大元朝素来瞧不起儒家文化，落得硝烟四起。方国珍如一匹乱世中的黑马冲了出来，把江浙一带搅得鸡犬不宁。元朝的官员个个胆战心惊，连连奏报皇廷，搅得大元皇帝心烦意乱，上下乱成一团。奄奄一息的大元朝马上得天下，靠着惨绝人寰的屠城及酷政统治了七十来年。蛮横的专制、无序的管理弄得民不聊生。不造反是死，造反顶多也是死，但兴许在死路中杀出一条血路！历朝历代农民起义的原因莫不如此，所以起义之初的农民起义军勇猛无比，势如破竹，打得元兵节节败退。

没有人一生下来就是强盗的命。

方国珍，职业：强盗。

他是台州黄岩人，世代以贩卖私盐为业。方国珍也不是一下子就想到做强盗的。这要从海盗蔡乱头说起。

元末蔡乱头专门在海上劫货，弄得沿海商贩苦不堪言。元朝廷有心剿匪，官府悬赏捉拿。行商重利的方国珍乐开了怀，心想：这会儿有生意做了。这个生意好，无本万利，只要抓住蔡乱头就可得大额酬金，比做私盐担惊受怕地获利强多了。当即招募和他一起做生意的伙伴，再由这些人一传十，十传百，引来舅舅、外甥、侄子，方国珍队伍一下子发展成上千人，准备漂漂亮亮地干一仗捉拿蔡乱头立功。

这边不说方国珍热火朝天训练水兵，做着发财的梦。那边蔡乱头深知强盗之逻辑。这个世道谁不爱钱财？自古以来鸟为食亡，人为财死！他悄悄把大笔银票塞给了台州总管焦鼎，焦鼎乐呵呵地接受了，许久不提剿匪之事。

雄心壮志的方国珍按捺不住了，火急火燎地跑来问焦鼎："大人，怎么还不下令捕捉蔡乱头？我都准备好了，只等您一声令下。"

"谁说蔡乱头是强盗了？我看你才是！整日纠集暴徒水上操练，是不是想造反啊？"

方国珍那个一肚子的气啊！他奶奶的，悬赏捉拿蔡乱头的是官府，现在说蔡乱头是良民的也是官府。翻手为云，覆手为雨，全他妈的放屁！既然蔡乱头会做强盗，难道我不会？

于是，至正八年（1348），方国珍在老家台州揭竿而起。与那些穷途末路的农民起义者不同，方国珍这个私盐贩子手头还是挺宽裕的。为了满足更大的利益私欲，方国珍加入元末这场混战中。反正当时中国狼烟四起，多一个起义者不多。方国珍从小渔村长大，对海上生活熟悉，自然发挥优势，盘踞蛇蟠岛，占据海道，不时地出来劫个船，杀个人，浙东地区不堪其扰。如此游击战，让朝廷对此无赖忍不住下手了，派了浙江行省参政朵儿只班率兵讨伐。这朵儿只班还算有两下子，打得方国珍这支农民起义军屁滚尿流。

方海盗一路逃到福州五虎门，还是甩不掉朵儿只班这讨厌的尾巴。眼看就要被追上，方国珍长叹一声："罢了罢了，老子就当生意蚀本，一把火烧掉船只，上岸逃命，还是干我的私盐贩子去吧。"

元军眼看胜利在望，突见敌船火光冲天。什么情况？朵儿只班一时摸不着头脑。怪！还没正面开打，敌军就放火，这其中必定有诈！保命要紧，三十六计走为上计。

后来的事实证明这位将领打仗能力差，逃跑的能力也不咋的。摊上这样的军队，元朝不想死也难。此后的很多战役表明，元军军事方面根本不堪一击！

已经逃上岸的方国珍回头看看，只见元军惊慌失措，乱成一团。有的疲于奔命，慌不择路；有的互相踩踏，掉入水中淹死……一时之间溃不成军。

什么情况？这会儿轮到方国珍吃惊了，难道天助我也！精于算计的私盐贩子方国珍随即明白过来：元军以为他此举是火烧连营呢。哈哈，有漏可捡！他赶紧调转方向。

"兄弟们，给我冲啊！"方国珍瞄准战机，成功逆袭。

他的运气真是不错，不费一兵一卒捡到了最大的漏——俘获元军主帅朵儿只班。有筹码在手，可以谈条件了吧？方国珍起义原本也没有什么伟大的理想，只是为了获取更大的利益，现在可以狮子大开口，向朝廷提条件了。

"喂，老班，你去跟皇帝说，我要做定海尉。"方国珍抑制不住内心的狂劲。

对这种没素质的强盗，朵儿只班刚开始还算是有骨气的朝廷命官。他把头一撇："士可杀不可辱，本官决不为你这种强盗去求情，向朝廷讨封赏的。"

"什么，你不去？不去，老子就把你不战而逃的那点丑事抖搂出来，看你怎样'遗臭万年'！"

这方国珍强盗是强盗，倒是很会心理战。他抓住了朵儿只班这辈子最羞于向旁人提及的事情，一语击中软肋。

威胁成功！

朵儿只班打仗是软蛋，逃跑窝囊，但是撒谎功夫却是一流。他班师回朝，对皇帝说："启奏陛下，方国珍其实是个好人啊，只因做生意受到不公待遇才无奈起兵的。我看他对朝廷忠心耿耿，一心想为朝廷效忠，不如收了他做个定海尉吧！"昏庸的元朝调查都不调查，为显示大元帝国的国威和宽厚，准奏。

朝廷最不缺的就是官位，多一个少一个又何妨！只要不闹腾，就给他个定海尉吧。

这种招安只让方国珍安分了几个月，对于已经尝到造反甜头的他来说，没有什么生意比这个获利更大了。他还是抵制不住这种诱惑啊。你想，利益趋势，越是风险高，收益越大。就好比现在卖毒品的，明知道抓住多数要判死刑，可那个饱胀的逐利欲望简直冲昏了毒贩的头脑，冒着掉脑袋的危险还是干！亏本生意没人做，杀头生意有人干。

方国珍反败为胜，缴获这么多胜利品，这种买卖实在太好赚了！强盗这个职业实在是太好做了！简直是吃香的喝辣的还不用干活。

再干一票吧，兴许拿得更多。强盗逻辑一再膨胀。

跟后来的起义军领袖朱元璋贫农的身份相比，方国珍生活条件好得多。商人重利，或许是职业的缘故，方国珍是典型的奸商。奸商理论用到他带领的起义军中，那简直是言而无信的小人。他的信用节操碎了一地，只管跟元朝廷讨价还价，伸手向元朝要酒要钱。一旦用完又背信弃义开打。

对这样一个贪得无厌的小人，高明是不齿的，主张歼灭他们，不给其喘息的时间。

至正十年（1350）十二月，方国珍背信弃义又复叛入海作乱。他公开反叛，占据温州等沿海郡地，以海浦为大本营，组建了一支庞大的舰队。估计造舰队的想法来自另一个造反头子陈友谅。陈友谅在造舰队方面很有一套，曾经用这一套打败过朱元璋。这回私盐贩子是鸟枪换炮了，依靠上次的所得扩军备战，重新和元朝对抗。方国珍的钱真正是取之于元朝用之于元朝，太贴切了！

至正十二年（1352）二月，元顺帝下旨："省院台不用南人，似有偏负。天下四海之内，莫非吾民。宜依世祖时用人之法，南人有才学者，皆令用之。"此道圣旨下了之后，历年的南方进士才有人升至御史、宪司、尚书等官，但都是为时过晚。响应者寥寥。

朝廷下了诏令：要求行省臣诸总郡兵平乱。省里的官员推荐高明任军中参谋，因他是温州人，熟悉海滨地理环境，派到军队协助平乱。

南人临危受难！是悲是喜？苦苦的追求终得来皇帝的器重，委曲求全了几十年，对皇帝恨过、怨过，然只要他一声号召，这些备受歧视又对皇上忠心耿耿的汉人、南人士大夫放下一切的恩怨马上去救国，甘愿抛头颅洒热血为国捐躯。几千年来的儒家文化投射在高明身上，究竟是成全他还是毁灭他？

高明接到了前去剿匪的任命书。

他来不及好好收拾，就匆忙赶路。那时，江浙乡野，处处都有山寇，行走十分危险。他抄小道赶到台州。沿途上，别人总是纷纷躲避军乱，绕道而行，而他则穿梭在这些豺狼之间，在危险丛林提着脑袋赶路，行路之难更甚。他豪迈的脚步，似乎向世人表明自己于干戈纵横之际，肩负重任，前去平乱的一种自信。

不过，沿途风光倒还不错，但见高峰入云，清流见底，两岸石壁五色交辉，青林翠竹四时俱备。他心情也不错，这毕竟是上苍赐予的难得机会，乱世出英雄，也许一不小心名垂千古！

前一段还对官场心灰意冷的他此刻雄心万丈，马不停蹄地赶往军营报到。夫人陈素劝阻他吃了早饭再去不迟。国家有难，匹夫有责！他哪管得了自己的肚子？一心想着报国，天还未亮就跑到军营。然而军营接待处大门紧闭，空无一人。负责召集士大夫的蒙古军官还未上班呢。高明坐在门台的凉阶上，遥望着晨曦微露，暴涨的热情一点一点地冷却下来。他垂头丧气地回到家中，陈素从他失落的表情中就猜到肯定是吃了闭门羹，舀了一碗稀饭给他暖胃。

陈素深知高明的憨直，一辈子都是这种性格。现在这乱世，有钱的贵族早就各奔前程去了，谁还傻傻为皇帝卖命？只有他做得出来。

日上三竿后，高明再次来到军营。矮鼻子检录军官打着哈欠迎接高明。高明递上报到信。矮鼻子军官捋着胡子，眯着眼，打着哈哈："阁下的忠心天地可鉴。皇上的诏书下了几十封，你是第一个来报到的人。"

因为高明是温州人，熟悉沿海地形，被分配在泰不华领衔的部队。

泰不华，生于一三〇四年，比高明大一岁，战死于一三五二年，只活了四十八岁，可谓英年早逝。泰不华的父亲塔布台曾入直宿卫，后为台州录事判官，随后在台州临海安家。由于他为官清廉，因此家境贫寒。他的儿子泰不华相貌堂堂，很喜欢读书。台州县志记载理学家周仁荣在杭州买地建设义塾，所教的学生中，数泰不华最为出色。泰不华十七岁就中江浙乡试第一，按现在的讲法就是浙江省和江苏省的高考状元。十八岁，中状元。如果元朝也有明朝的科考制度，估计泰不华也可以连中三元（解元、会元、状元）。

早在方国珍第一次小打小闹造反时，元朝廷就委派泰不华去台州了解实情。泰不华经过实地考察，提出诱捕之策，但很可惜的是，建议不被朝廷采纳。后来的事态发展完全超出了泰不华的预料。如果他知道自己最后命送方国珍之手，无论如何也不会放虎归山。但世间的事谁能清楚呢？所谓不是冤家不聚头，一切都有前因后果，都是命定的。方国珍第一次造反，泰不华连照面都没打过，就被朵儿只班搅黄了。方国珍第二次反叛，朝廷终于想到还有一个叫泰不华的武将，从小生长在台州，对那一带的地形熟悉得很。于是这会儿想到用他了，封了他"浙东道慰使都元帅"，官名有点长，我们简称浙东大元帅。还有一个叫字罗帖木儿为浙江省左丞，勒兵庆元（此庆元不是如今丽水的庆元县）。元朝宁波称庆元路，所以在地域划分上应该为今天的宁波。两路军队夹攻方国珍。

高明被任命为浙东元帅府参军。他和泰不华年龄相仿，又是主战派，两人政见差不多，因此搭档得很愉快。

历史上的另一个大人物刘基得知高明被选入军中参谋，显得比高明还激动。刘基也是主战派，性格、脾气和高明相投，谋略过人。只是元朝廷不识货，把这样一个人才弃之不用，最后朱元璋礼贤下士请出隐居南田的刘基，终成霸业。元朝的毁灭客观上是各地农民起义军推翻的，主观上是不懂得珍惜人才，视人才如草芥造成的。

此时的刘基官运不及高明，但是对于高明参军他是非常高兴的。由此可见，刘基后来成为朱元璋的军师，帮其成就帝王大业不是偶然的。他的血液里本就潜藏着战争的智谋。他和高明，一个效忠元朝，最后遁隐栎社，凭一部《琵琶记》名垂千古；一个跟随朱元璋南北征战，开创大明王朝成为开国功臣千古流芳。两个都是了不起的大才子，只不过效忠的人不同才有了后来截然不同的命运。这是今天看到的结果，当时有谁能参透命运的玄机呢？

为了鼓励高明，刘基一气呵成写了五首诗赠高明：

> 人言从军恶，我言从军好。
> 用兵非圣意，罚罪乃天讨。
> 运筹中坚内，决胜千里道。

女为悦己者容，士为知己者死。刘基早就想痛痛快快地打一仗了，几年的仕宦生涯，伴随他俩的是无尽的屈辱、痛苦和失望。一个昏庸的皇帝，一种残酷高压的政体，一群腐败的官员，一片污浊的官场，一个充满偏见的社会，一位刚正不阿的文人，这就注定了悲剧性的结果。刘基现在从皇帝颁发的诏书中探询到了讯息："省院台不用南人，似有偏负。天下四海之内，莫非吾民。宜依世祖时用人之法，南人有才学者，皆令用之。"从摧毁一切的战争中看到了希望，改变社会秩序的希望。

刘基对高明治军才能深信不疑。他也多希望朝廷能看到他的谋略，让他领兵打仗，可惜元朝廷没有给他这个机会，他始终未偿凤愿，后来阴差阳错投在朱元璋麾下大展宏图。

历史会给能人一方舞台的。

刘基为高明壮行，希望他运筹帷幄，决胜千里。临走时，刘基千叮咛万嘱咐，主张剿灭敌军毫不手软，"牧羊当除狼，种谷当除草"。

当时除了刘基祝贺外，军中有些趋炎附势的政治投机者趁机靠近高明。高明虽然厌恶这些墙头草，却也无可奈何，只是冷冷地走开。当你身居要职时，小人们花团锦簇一般围绕其间，自古雪中送炭少，锦上添花多，他早已司空见惯。呵斥不得，得罪不得，只是冷冷地、远远地，绕着走罢了。但是小人可不管这些，任你多冷，一心扑上来。小人没有礼义廉耻，谁得势谁就是爷，他的做人原则可以全部抛掉。他一生只干一件事：攀爬。就像那凌霄花，缠绕的藤攀附着大树一路往上爬，还忘不了向周围的小花小草炫耀：看我爬得多高，你们这些低贱的人都被我踩在脚下！殊不知，大树也有被砍伐或枯朽倒下的一天。高明很快尝到了这种滋味。仗还没打，人生丑态百出，世态炎凉尽尝。

高明在军中的地位是智囊团，如现在的部队政治指导员或作战参谋的角色。

对于各地不断爆发的起义，朝野上下形成了招抚和镇压两种不同的意见。高明主张果断采取军事行动，讨伐叛逆。希望跟着泰不华运筹帷幄，决胜千里，除掉方国珍，安抚百姓，凯旋高歌，功成身退。高明的政见和泰不华相同，方国珍的反复无常、出尔反尔、不讲信用的恶劣行径令他深恶痛绝。但是，高明和泰不华作为最基层的小官实在不了解元朝廷朝臣之间复杂的政治斗争，还没有意识到元朝廷已经病入膏肓，即使诸葛亮再世也救不了了。因此，这就注定他们的意见不会被朝廷采纳。

关于打仗，关乎各方利益，大家都在各说各的。就像集市上的声音，没有了节奏，已不是语言，成为一种嗡嗡嗡的烦响。所有的人都在拼搏着，也在愤怒着。挣扎，痛苦，变形，无奈。

高明对于朝廷的重用，有一种受命于危难之际的使命感，对于朝廷以前对他的不公和轻视，早已置之脑后。个人的不幸和国家的兴亡一比较，又算得了什么？在他看来，这是证明其自身价值和报效朝廷的一次难得的机会。这或许是某些书呆子的自作多情？他恐怕没想到：这是唯一的一次军营生活，壮志未酬马上面临夭折。

对于高明的才能和谋略，泰不华早有耳闻。他们此前虽没有私交，但都写得一手好文章，彼此惺惺相惜。高明到任后，所做第一件事就是勘察沿海地形，整顿军队纪律。长期的懈怠，元军几乎丧失了战斗力，个个精神萎靡，惧怕战争。正规军干不过强盗，可见朝廷腐败到何种程度。高明天真地寄希望于顺帝，相信顺帝已经振作治国了。他一片丹心付错对象，给了一个昏庸的王朝。

元顺帝荒淫无度，整天沉浸在木工活儿中，人称鲁班天子，朝事基本不理，早先还有脱脱宰相撑着。脱脱被害死之后，朝野一片混乱，奸臣当道，人民水深火热。

军中。高明拟写公告，大致意思是说，对方国珍一定要杀之以绝后患，而对于跟随方国珍的部下要分别对待，从轻发落。因为他知道：对于大多数的民众来说，是在饥寒交迫、左右是死的情况下，才铤而走险落海为盗，根子还在官府本身。他的分析很有道理，迅速扰乱了方国珍队伍。方国珍心有所慌，狗急跳墙，跳出来在台州海域不断挑起事端。

至正十一年（1351年），由泰不华和孛罗帖木儿率领的两路军队终于下定决心下海剿匪了。

孛罗帖木儿主张海战，下海剿灭方国珍。而高明认为方国珍原是海盗出身，熟知海上战略，善用诡计，不宜下海硬拼，宜把他引诱上岸一举剿灭。

孛罗帖木儿对高明的建议不屑一顾：区区读书人，在军营就是个摆设，能起什么作用呢？不过是贪生怕死之辈。仗着几倍于方国珍的兵力，孛罗帖木儿发动了进攻。

如果把战争比作街头流氓斗殴，两个打一个肯定会胜算多一点。但如果是在小巷打群架，人多的一方不一定能占到便宜。因为巷战空间太小，施展的余地不大，人多反而派不上用场。

海战也一样，拼的不是人多，而是能不能在风浪里站稳脚跟。元朝士兵大多生在北方，马上打天下那是一流。一到海上，晕晕乎乎，吐得肠子都出来了，哪有力气打仗？

但是孛罗帖木儿不听高明劝阻，一意孤行，简单海上适应操练之后，要开战了。

高明苦劝无果，待在军中越发没意思。第一次临危受命投笔从戎，却碰了一鼻子灰，谁也不理他。做官生不逢时，参军又是位卑言轻。报国壮志难酬，来不及慨叹，来不及郁闷，两军交锋，硝烟弥漫……

出师时，按理，高明要宣读文书，鼓舞士气。孛罗帖木儿率领将士等了老半天，还不见高明出来，顿时火冒三丈。

"出发！"他狠狠地一挥手，水兵扬帆起航。

等着，高明，你竟然不治文书，消极怠工，有你小鞋穿！

对这场毫无准备的战争，高明牵肠挂肚。时值隆冬，本不是打仗的季节，但孛罗帖木儿逞一时之勇，不顾高明劝阻，开赴海中。

海霸王方国珍笑了：来吧，元军，老子不怕你，尽管放船过来！

为了打心理战，方国珍就像个魔术师，开始表演前总要念一套咒语，用来鼓舞士气、迷惑敌方。于是创设了一个神话传说：部下中有一个赛神仙，会呼风唤雨（这事好像诸葛亮干过），剪草为马，撒豆成兵（估计《西游记》的某部分创意来自这厮）。这套孙悟空的本事居然出现在他的军队中。如果吴承恩地下知晓，肯定会自惭形秽。多不可思议！更不可思议的是愚蠢的元朝廷居然也相信了。在各级官员的敦请下，松江术士谢景旸随军前行，准备破解敌人的法术。结果海上遇上交锋了，谢景旸一通"哄哄麻利哄"咒语，不但没有拯救军队，反而被方国珍打得屁滚尿流，惨败结局！

高明立于大雪之中，头发、胡须、两肩已落满雪花。他焦急地盼望着、盼望着……他多么希望能见到那凯旋的白帆舟影。然而只有混混沌沌、灰灰蒙蒙，只有大团大团的雪扑入大河，融入波涛，滚滚而去……

孛罗帖木儿把一切失败的原因归罪于高明不治文书。事后，高明回省城，受冷遇。

至此，孛罗帖木儿率领的元军不敢随意找方国珍的麻烦了。但是你不找人家，并不代表人家不找你啊！次年六月，孛罗帖木儿和郝万户在大闾洋遭到方国珍的伏击，兵败被俘。

郝万户何许人也？他是元顺帝第二皇后奇氏跟前的红人。奇氏是高丽女子，秀外慧中，擅长烹茶，很有主意，深得顺帝喜欢。因此，叛贼方国珍抓到这样一个俘虏，大喜过望，心想：这回可是赚大了。他亲自给郝万户松绑，顺便客串一下业余演员的角色："哎呀呀，大水冲了龙王庙，自家人不识一家人，让郝将军受惊了！来人啊，好酒好菜端上来，我要和郝将军一醉方休！"

在方国珍蹩脚的演技前，郝万户的自信心又回来了：我乃皇后跟前红人，连方国珍都给我几分面子，跟我称兄道弟！方国珍戏演完了，目的也达到了，释放郝万户回朝。郝万户被这一通收买，早就忘了自己的元军立场，回到朝中在顺帝和奇氏跟前尽拣好听的讲。

"陛下，误会误会，一切都是误会！方国珍对朝廷忠心耿耿，并无二心。他之所以又跑到海上打劫，完全是有不得已的苦衷啊，完全是地方官吏处置不当所致的啊。"

一直忙于木匠活儿的顺帝一听放下心来。既然如此，咱还是一家人，不能亏待方国珍，封他一个更大的官当当，以示皇恩浩荡。

得知朝廷又使招降这没创意的招数，高明急得不行。他十分不解，顾不得整衣戴冠，穿着素服直奔泰不华的军帐，直言不讳劝谏泰不华道："那方国珍是养不熟的白眼狼啊！元帅应该奏请朝廷下令剿杀，切不可一味纵容喂养，等他势力大了，他可要吃人的啊！

"元帅，招降是前功尽弃，有害无益，希望您再上奏章，重新计议。"他苦苦相劝泰不华。

"为什么会成如今这个样子？将士的血白流了吗？放虎归山，卷土重来的时候后悔晚矣！"他越说越激动。

高明慷慨激昂，口不择词，泰不华静静地倾听，一言不发。他完全理解高明此时的心情，但高明并不知道，泰不华又何尝愿意招安？当他听到这一决定后，也是悲愤不已，甚至绝食数日，以示抗议。朝廷终是不理。他还准备带领士兵前去刺杀方国珍，被孛罗帖木儿拦住了："招安是皇上的诏命，你想抗旨吗？"孛罗帖木儿和郝万户他是得罪不起的。

泰不华几次上书都被郝万户压着，已经郁闷至极。碰上高明紧紧逼着自己上书，顿时气不打一处来，一脸的不耐烦："皇上说不打就不打了，你跟我置什么气呀？我也烦着呢，局势已定，该干吗干吗去！"

高明突然愣住，用说不出的复杂神情瞪着泰不华。他一时还回味不出主帅是啥态度，只以为主帅还未回过味来，等他想明白会理解自己的苦心的。

泰不华悲伤绝望到不想再用目光给高明任何暗示和解释，恍恍惚惚地从椅子上站起来。他走到门口，喃喃自语："你去吧，天塌不下来！"

高明看着泰不华起身，消失在门廊尽头。泰不华怎么会说这种话？

他始终没能读懂泰不华、弄明白官场。他好像天生就没有掌握开启官场规则的密码。那个领域，对高明来说，太陌生太玄奥！

高明蒙住了，一直认为最有正义感的浙东元帅泰不华也是这种态度，心冰到谷底。天下乌鸦一般黑。罢了罢了，元朝气数已尽。一颗忠心就此包裹尘封！

高明愤愤然走了，临走时他扔下一句话："臣不敢负国，乃无力也！"

他似乎通过泰不华向朝廷表白：他的离去，并非意味着对朝廷的背叛，实在是一种无奈的选择。

朝廷打仗速度慢如蜗牛，招抚工作倒是蛮积极。六月刚打完仗，七月朝廷就派要员达识帖木儿和浙江省参知政事樊执敬一同前往诏谕。樊执敬是高明在杭州时的上司，很有作为的一个官员。皇帝诏书是有模有样，要求方国珍解散部众，上缴海船和兵器。元顺帝这种盲目乐观的精神大概来自郝万户。他被这个混混忽悠了。方国珍得了官职，对元顺帝的要求就当放屁，依然拥兵自重。他对手下说："没有士兵，下次拿什么和皇帝老儿谈条件啊？"

就这样，方国珍这次胜利，收获更大了。不仅他和弟弟都被授予官职，而且拥兵自重，依然我行我素，拿着朝廷的俸禄养自个儿的兵。

朝廷终于暂时平息祸乱，维持表面的歌舞升平。皇帝在谗臣的簇拥下论功行赏。动荡多时的台州海面，暂时恢复了原有的平静。但对元朝而言，局势更加艰难了。方国珍这支海霸王越养越大，大到招安后可以不听指令，依然我行我素。

若论功行赏，高明在军中出谋划策，方国珍都畏惧几分，功不可没，自然在升迁之列。但结果却出人意料。高明，在大臣们一致要过太平日子时，还要上蹿下跳主战，晾一边歇着吧。这场战争最得力的助手就这样被冷落在一旁。那些等待好久的小人出场了，极力诋毁高明的、落井下石的，各种姿态不一而足。这样的结局是高明万没想到的，实在让他无法接受。到底问题出在哪儿呢？这些年来，朝廷在方国珍问题上的一再退让容忍，高明自然是有看法的。上到朝廷，下至行省，也真不知有多少权贵收过方国珍的贿赂。如今，方国珍摇身一变又成了朝廷的大员。所以，在关键时刻，大臣们都站在了方国珍这一边，是不足为奇的。倒霉的自然是高明了。

封以高官厚禄，欢欢喜喜地和解了。这让那些为这场战争付出生命、埋骨他乡的战士情何以堪？高明很不解，正是我方占上风，歼敌最好时机，为何放虎归山？如果有一天方国珍卷土重来，再也没有这么好收拾了。如此招安，如何面对那些冤死的将士在天之灵？冷，寒，从头一直凉到脚。原来一切的重用都是假象，他高明就是一枚棋子，不，或许像戏中的提线木偶，出场和离开都是身不由己，没有人关注高明的感受。连泰不华都不理解高明，挥挥手让高明出帐营。高明万念俱灰，对一直尊敬的泰不华关闭了心扉。官员和强盗都是一丘之貉啊！

对于这样的结局，高明百思不得其解。如果说能找到什么答案的话，也只能是：奸佞当道，国将不国。看来，元王朝的覆亡，真的是为时不远了！高明对自己曾经尽忠过的朝廷深深失望。

飞鸟尽，良弓藏。和平解决的时代，谁听得到一个小小幕僚的呼声呢？是的，小小的幕僚，战争来临，在需要时候，你就是良将，寄予天大的希望，把你捧得高高的。用不着的时候，一脚踢开，能滚多远就滚多远！官场世态炎凉，自古如此，由不得你不心寒。当很多的真实呈现在眼前，他觉得几十年建构起来的善良正直忠诚都轰然倒塌，在他的周遭竟然有这么多见不得光的地方。他觉得痛苦而伤感，突然有种想逃离的紧迫感。如果可以穿越，高明真想马上消失，哪朝哪代不管。现实黑暗太多，他真想撕开一角看看青天！

寒，从头寒到脚。但能怎样呢，对待小人，最好的方法是无视他，放宽胸襟，过好自己。清高的高明视功名如粪土，升不升官无所谓，怕只怕方国珍的狼子野心岂是一顶乌纱帽能盖得住？

任你高明吃惊也好，据理力争也罢，注定没有结果。招安后，各级官吏和将士都邀功请赏，唯独不提高明。高明的倦意更深，犹疑着辞职还乡。多少次在灯下写就离职的信笺，一封封在书桌上堆积，黎民百姓殷切的目光，怎么能视而不见呢？纵然朝廷辜负高明一腔热血，他如何能辜负这方受他庇佑的黎民百姓？

不久，泰不华迁为台州路达鲁花赤。高明连最后一个可以依靠的、正直的官员也走了。他对抗击海盗这一烂摊子已无能为力，它就像一个溃烂的脓疮一样终于破脓而出，污流一地。从此高明更加怠工，避不治文书。

高明从自己官场的祸变中，看透了尔虞我诈的残酷。他经常狂饮大醉，悲歌闹市，遇上走马上任的朝廷新贵，他投以冷笑。乱哄哄你方唱罢我登场，到头来都是为他人作嫁衣裳！酒醉后，目光却清醒地凝视着大地：啊，大地上原来布满了泪水和灾难！多少农家父子流离失所，卖妻鬻子……他们在社会的最底层痛苦呻吟——这个世道太不公平，太不合理了！

巍峨的宫墙内，到处淤积着陈腐和糜烂，脉脉温情中掩盖着明争暗斗。天下已经风云变幻，当权者却只顾干着中饱私囊的勾当！

这时候的高明，混迹山野，更多的时候去找隐居在青田石门洞的刘基。两个郁郁不得志的人，对酒当歌，惆怅万分。高明对刘基谈及这段昙花一现、近似闹剧的军营生活，情绪失控。不知是酒力的作用，还是历年从政的沉抑下僚生活压得他喘不过气来，顿时涕泪横流。男儿有泪不轻弹，只是未到伤心处。伤心往事，两个命运相同的男人相对而坐嗷嗷大哭，为这即将衰败的王朝，为一生不得志的命运。他们大概觉得自己的心志和遭遇太像战国时期的屈原了，而元顺帝便是楚王。

屈原那么热爱他的祖国，如此忠诚于他的国君。楚王却听信佞臣的谗言，致使他数遭流放，备受精神折磨，最后带着满腔的怨恨，自沉汩罗江而死。临死前，赋《离骚》以明心志。

儿时的龙舟带着落木萧萧的苍凉从高明脑中闪过。欢乐是对过去的淡忘。当历史重演时，才知道祭祀的悲重。父亲和祖父偷偷祭祀宋亡帝的心情高明此时才深刻体会到其中的悲凉。

当然，高明不会走上屈原的那条绝路。但他实在是心中块垒难平，总想对世人说些什么。就像屈原一样，他决心用手中之笔来勾勒出他的人生历程，还有他所遭受的种种磨难。他要告诉世人，他的理想是如何破灭的，他的追求又是怎样的无谓。他相信总有一天，他的心志会得到人们的理解，历史也将对他做出公正的评价。他后来把这一切都熔铸到了《琵琶记》中。他对官场的热情已经降到冰点。在这个时候，他似乎觉得余生能做到的、也是唯一能做的一件事，那就是隐居山林，著书立说。

酒醒过后，饱读诗书的高明毕竟不能意气用事，任性挂印而去。他很纠结，一边向往顾仲瑛潇洒的田园生活，一边又奔波官场，总想为黎明百姓做点事情。

一场秋雨过后，凉意十足。高明去拜访了恩师黄缙，在一家小酒馆相约。一个是中年沧桑，一个是双鬓染霜，他们叹着气数将尽的元朝，沉默着，一杯接一杯地痛饮。

"咣当——"碰杯时，倾倒出来的酒如他们眼中汹涌的泪水，汩汩往外冒……

他们吟诗，赋歌，唯独不谈政治。政治是这两个男人心头永远的伤。

他们既是师徒又是朋友。因为志同道合，都曾做过同样的官，因为对官场的黑暗都心怀不满，都有逃离的欲望。

此刻，他们却不发牢骚，不议论国事，实在有点反常。国事已经千疮百孔，想它徒有愁上加愁。

他们大饮特饮，饮沧桑，饮不满，饮日落，饮悲歌。消除胸中块垒，发泄一下郁闷情绪。

男人喝酒总是越喝越多，越喝越愁。曹孟德说："何以解忧？唯有杜康。"

酒喝多了，话就自然多。把心中憋着的话说出来就舒服多了。

发泄之后，黄缙劝高明还得回到官场，"如果清正的人个个选择逃离官场，百姓就真的代代受罪没希望了。不为朝廷，权当为百姓，能拯救几个算几个。你还得坚守官场做最后的勇士。"

高明晕晕乎乎，含泪答应恩师再回仕途。不能改变官场大环境，但能影响几个百姓算几个，他还得回去。

黄缙拍拍高明的肩头，含糊地说："如果实在做不下去了，把文字留下来。好歹咱也在这世上来过一回，该留点东西给后世子孙。"

两人从晌午一直喝到日落，酩酊大醉。

同是天涯沦落人，人的一生中最珍贵的就是在事业低潮的时候，有一个可以倾吐的对象。对高明来说，这种忘年交真是人生最宝贵的财富。东坡先生说过：有三五知己，乃人生幸事！

后来黄缙去世，高明在推官任上，因忙着审案没顾得上送最后一程，终是遗憾。他长跪在石桥边上，遥望着稠州的方向，涕泪横流，就像当年送走自己的父亲那样。人生为什么总是在不断失去，不停别离？

衙内的烛火点亮，靠近菱格窗的院落竹影摇曳，像鬼魅的影子，污浊不堪。隔着深深浅浅的黑影，遥想着玉山草堂的顾仲瑛，此刻在忙什么呢？

高明想他的时候，顾仲瑛真没闲着。

顾仲瑛此时一边排戏，醉心自己喜欢的事业，一边招兵买马，保家卫国。元朝虽然衰弱，但是他和高明一样，还是元朝忠实的拥护者，以此来抵抗各地农民的造反起义。

顾仲瑛比高明活得潇洒，他不用为五斗米折腰，不用听命于朝廷的那套繁文缛节。他有家财万贯，良田千顷，一切按自己的心愿生活。不似在体制内的高明那样，做点自己喜欢的事这么难！

若干年后，高明又一次来到顾仲瑛庄园。带着伤感，带着委屈，两人交谈时局。顾仲瑛和他的儿子投入到抗击暴乱的战争中。他的激情昂扬、敢爱敢恨的行事风格再次激励着高明。"相比顾仲瑛，我就是缩头缩脑的胆小鬼。激情、热血在无奈的现实面前一点点变冷、变麻木。这同行尸走肉有什么区别呢。妻叔陈与时一语成谶，高明啊高明，你的软弱和妥协早就注定了无边的痛苦！"

离开顾仲瑛的玉山草堂时，高明对照自己的晚景，凄然挥毫写下：

> 绿玉参差傍短楹，高堂清梦已冥冥。满枝只带湘灵点，一曲空听秦凤鸣。
>
> 天莫问，物多情。此君潇洒若平生。风声月色来亭榭，老泪年来湿几更。

繁华美丽的玉山草堂前，如今芳草萋萋，满目凄凉。在烽烟四起的战争中早已失去了往日的欢快色彩，戏班也早已解散。随风摇曳的碧绿的翠竹，此刻在高明的眼中成了舜妃泪洒斑竹的凄艳传说。风吹竹林传来的飒飒声响，仿佛艺人吹奏的悲凉笛音。清冷的月色洒满荒凉的庭院，锦瑟年华早已老去。面对不可挽回的败局，"无边落木萧萧下，不尽长江滚滚来"。顾仲瑛找到了新的事业——变卖田产，抗击流寇。

这世间最令人悲痛的莫过于死别。都说悲欢离合、生老病死是人生的定数。人一出生，没有谁可以活着离开这世间。可是，死的过程却往往出乎意料。灾难来临时，没有任何暗示，山崩地裂只需刹那，生与死也只在一线之间。

来路是归途！

每个人，从哪里来，就要回哪里去。时间的长短，不是人所能控制的。人的生命就如枝头的残花，有些落得早，有些落得晚而已。有一种花要离开枝头，才能散发出奇异的幽香；有一种树要老去，才能体现它的价值；有一些人要死后，才能让人铭心刻骨。岁月的无情可谓有目共睹，可是它也只是遵循自然规律。万物枯荣有定，半点不得强求。

顾仲瑛常说："生有何欢，死又何惧！"对于生死离别他早已参透玄机，可这一刻对高明来说来得太突然了。一年后，顾仲瑛死于抗击流寇的战争，但在高明眼中这位友人一生敢爱敢恨，活得潇潇洒洒，轰轰烈烈。此乃真性情也！不枉来人世走一遭。

天莫问，物多情。此君潇洒若平生。

人生有四种境界：读万卷书，行万里路，阅人无数，贵人指路。对高明创作《琵琶记》影响最深的应该是顾仲瑛这位贵人了。

第二节　梦碎军中

生存在纷乱的现世，不如意的时候，我们总会莫名其妙地感叹自己生错了年代。若在秦朝就做个剑客；若在汉代，就做个谋臣；若在唐朝，做个诗人也不错。可高明生在走向衰落的元朝，最不把南宋遗民当人的时代。生不逢时，一声叹息！

每个命运的投放上苍都是安排好了的，有人投放人间是偿还前世未还的情债，有人是来进行一场风云崛起的革命。或许，高明的前世是一个舞台上幽怨的伶人，来世间演一场旷世的琵琶！

元朝森严的等级制度是高明无法逾越的悲哀。从蒙古人、色目人、汉人再到南人，处在社会的最底层，纵有满腹经纶，盖世才华，也无人赏识。历史上只知道高明是南戏鼻祖，他创作的《琵琶记》"演习梨园，几半天下"。其实才高八斗的高明不仅是严谨的法官，励精图治的高青天，而且也是深有谋略的武将，能文能武。只因生不逢时，一直郁郁不得志。

人们都知道，他是耿直的官僚，是忠诚的谋士，却鲜有人知道他伟岸身躯下包裹的是一颗文人的浪漫之心。他也会对月伤怀，他也会痴恋红颜，一切的不为人知都被一部悲悯的《琵琶记》掩盖过去了。翻开《柔克斋集》，从散落的诗句中可以依稀看见高明柔软的心痕：

　　　　闭门春草长，荒庭积雨余。

　　　　青苔无人扫，永日谢轩车。

　　　　清风忽南来，吹堕几上书。

　　　　梦觉闻啼鸟，云山满吾庐。

安得嵇中散，尊酒相与娱！

（高明《题幽愔居》）

他也是俗世里食人间烟火的男子。他冷峻外表下，依然有着"对酒当歌，人生几何"的豪壮和洒脱，有着感春伤秋的儿女情长。在孤独时，他也向往爱人一个温暖的怀抱，怀想红袖添香、煮酒论诗的生活。在祖辈的殷切希望下，他步入官场，卷入一次次勾心斗角的漩涡中，接受一次次无辜的中伤和诽谤。

泰不华走后，面对沆瀣一气的军营，他无助、彷徨。他虽然回到了军营，却因和上司郝万户政见不合，开始消极怠工，文书也懒得看了。整天混迹勾栏瓦肆，借酒浇愁。这种颓废的生活是高明深恶痛绝的。青年时在李贤身上出现过，他现在才切身体验到什么叫万念俱灰！

无边的落叶卷打着河面，发出萧萧的悲鸣。暗不见底的深夜是笼罩在人们心头的阴霾，黎明的曙光似乎永远穿不透掩盖它的浓重的乌云。朝廷更混乱了。

一三四六年，黄河在济南南部决堤发大水，百姓茅舍冲毁殆尽，沿岸灾民无数。再也看不到江南的繁花绿柳。放眼过去，满目疮痍，处处白骨。百姓流离失所，易子而食。

老百姓遭灾了，朝廷象征性地拨出粮食救灾。但是粮食在层层官吏的盘剥下，所剩无几。有些人根本得不到粮食。

有一灾民，终于领到了一点粮食，半道上又被衙役抢了回去，真是叫天天不应，叫地地不灵！

唯一的名臣宰相脱脱主张治理黄河，遭到反对声一片。朝中一方坚持不能修，认为一修黄河老百姓就会造反。脱脱力排众议："难道还嫌黄河决堤淹死的人不够多吗？难道多死一些百姓就不会有人造反了吗？"

朝堂上乱糟糟，大臣各执一词，互相掐架。元顺帝看看吵成一团的这班大臣，把袖子一挥：众爱卿自己决定吧，朕去看看后花园的亭子造得怎么样了。

众臣面面相觑，火烧眉毛了，皇上还有心思造亭子？

最终脱脱的主张得到实现。不过，谁也想不到，七年后，正因为脱脱极力主张修黄河河堤，才爆发了最终把元朝推翻的红巾军大起义。

虽然脱脱的出发点是好的，但是修黄河的时机已过，名相再有本事，也无法力挽狂澜。

好心办坏事，压死骆驼的最后一根稻草最终落了下来……

没有吃喝的百姓被派去干苦力，心中的怨气越积越多。皇帝拨下的赈灾粮食被各级官吏狠捞了一把。最苦的老百姓，在黄河边扛石头修堤坝，等待他们的不是温饱，而是衙役手中霍霍的鞭子，谁想停下喘口气，那根火辣辣的鞭子就会抽在赤裸的身上。一道道血红的印子惨不忍睹。苦役们的心中装着愤怒。这些不满的情绪比黄河的决堤更让人感到可怕，他们只等一声号召，随时奔涌而出，淹没那些骑在他们身上作威作福的人。

人心惶惶，社会动荡不安。许多民谣在这些搬石头的灾民身上流传：

"天高皇帝远，民少相公多。一日三遍打，不反待何时？"

"天雨线，民起怨。中原地，事必变。"

这些民谣如同火把一样，逐渐点燃了受苦百姓心中反抗的怒火。那些积累多年的仇怨集中爆发出来。

山雨欲来风满楼。大都和江南地区，还流传着一首醉太平：

　　堂堂大元，奸佞专权。开河变钞祸根源，惹红巾万千。
官法滥，刑法重，黎民怨。人吃人，钞买钞，何曾见。贼做
官，官做贼，混贤愚，哀哉可怜。

当元顺帝依赖脱脱，去除权臣伯颜之时，他只有十三岁，还是个毛孩子。转眼之间，二十年弹指而过，在脱脱的辅政之下，国家还算平稳。但顺帝对脱脱，始终有份畏惧之心，他最喜欢的人是哈麻。哈麻是顺帝的宿卫，能言善道，擅长说笑话，还会教顺帝用双陆（一种赌具）

玩赌博的游戏。

脱脱看不惯哈麻，讨厌他没上没下，一副奸邪小人的模样，劝顺帝："有空多读一点书，少和哈麻这样的人往来。"

顺帝表面答应，过后就当耳旁风吹掉了。

哈麻不知从哪儿弄来一些黄色书籍，悄悄塞给顺帝，顺帝看得欢喜，不停地对周围人夸奖哈麻："哈麻真会办事。"

一时之间，权臣们摸准了顺帝的新嗜好，纷纷进献美女供顺帝淫乐，顺帝越发诸事不理。

哈麻和顺帝庶母勾搭成奸，经常出入其宫闱。

脱脱知道后，和左丞相太平联合监察御史干勤海寿弹劾哈麻，指责哈麻没有君臣之礼，而是任意往来后宫，完全不成体统。

顺帝无可奈何，下诏免了哈麻的官职。

退朝之后，顺帝就后悔了，一气之下找个借口，把弹劾哈麻的太平和干勤海寿也免了官。

没多久，哈麻被重新起用。

哈麻栽了跟头又爬起来，他为了巩固自己的地位，向顺帝推荐了一个西天僧（印度和尚），这个和尚，专精运气术，也叫演揲儿法。

"什么是演揲儿法？"顺帝十分好奇。

"就是快乐无穷之意啊！"西天僧谄媚地说，"陛下一定会满意的。"

所谓的"演揲儿法"，就是变态的房中之术。

从此，后宫之内经常看见西天僧带着顺帝和嫔妃，裸体追逐。

为了巴结顺帝，很多大臣都加入了这个游戏中，郝万户便是其中一员。只是陪着皇帝，好玩是好玩，没有油水。

这时地方上群雄并起，刘福通在颍州，李二在徐州，都号召民众，揭竿而起。脱脱自请出征。郝万户紧随其后，被顺帝派到了平息方国珍的纷乱中，成为高明的上司。

郝万户出师三月，除了大肆搜刮财富，毫无寸功。倾国家之财为自己用，一半军队之官为自己随从。

高明对郝万户在宫中的所作所为已有耳闻，非常厌恶。他们在军中议事时，高明无意中透露出如果泰不华在会怎样，让郝万户很不爽。

眼看着士气不振，高明知道正面规劝郝万户无益，不如请戏班过来演一场军中戏，侧面规劝郝万户。

郝万户远离宫中的娱乐活动已久，对这个建议果然采纳。

高明请来了木未央，演几场参军戏，即杂剧。戏讲北朝时，后赵石勒因官员（参军）贪污官绢，遂令戏子身着官服扮成"参军"，旁边饰演各种角色的戏子则戏弄嘲笑"他"。

郝万户起先不知高明借戏讥讽他，和士兵们哈哈开怀大笑。一个贴身侍卫对着他的耳朵嘀咕几声，他勃然大怒，"好你个高明，跟我作对，居然玩阴的，纵使你才高八斗，这辈子的官运恐怕是到头了。"郝万户拂袖而去。

高明明知道老虎的屁股摸不得，还是不畏强权规劝。

在台上的木未央目睹这一幕，暗暗为高明捏着一把汗。

剧终人散，朗朗的白玉盘挂在天边，孤寂幽冷。远处有箫声传来，在月色中更显旷远。

琴声吐心语：军营向来千言依马，声声道家国天下，到如今只谈风月不言它。风也，你也曾吹松涛怒，南山篱下，如今传争鸡斗狗语喧哗；月也，你也照烽烟四起，碧海银沙，如今化白露血沙。也罢，忍将锦绣年华都抛却，将书剑抛下，那箫声太凄凄不如换成琵琶弹。

高明手持琵琶，对月弹奏。他的琵琶弹得极好，每个夜深人静的日子，他总要弹奏琵琶抒发心曲，面对明月诉心弦。

今晚，只觉指下余音不似前。曲中不见流水共高山，只见满眼风波恶，不似离别家乡当年，曲中怀着水仙的香气。

余音传递的都是愁烦的心绪，似孤鸿落单，又像断猿哀泣。又如杀声在弦中见，琴叹眼底知音少。

"先生，原来在此操琴啊？"木未央循着琵琶声而来。

"木小姐，我当此清净。聊托此以散心解闷。"

"久闻先生精通音律，斗胆请再操一曲。先生肯吗？"

"木小姐要听琴，弹什么曲好？我弹一曲《雉朝飞》何如？"

"这是伤感的曲，不好。"

"呀，说错了。弹一曲《孤鸾寡鹄》何如？"

"如今狼烟四起，说什么孤寡？不吉利！"

"不然弹一曲《昭君怨》何如？"

"说什么宫怨？当此夏景，只弹一曲《风入松》好。"

"这个却好。"高明听从建议，迎着晚风弹奏《风入松》。

"先生，你弹错了。"

"呀！弹出《思归》来了。待我再弹。"高明回过神来，歉意笑笑。

"先生，你又弹错了。"木未央掩嘴笑。

"岂有此理！只是这弦是新弦，不中用。"高明自我解嘲。

"并非弦不中用，而是先生割舍不下旧弦，万般心事绕着琴弦回绕。先生的心事木未央略猜一二：前任搭档泰不华就如先生的旧弦，你俩配合默契，令敌人闻风丧胆；在你们合作很好的时候，朝廷却抽走了泰不华元帅，新派来的郝万户就如这新弦，难合先生新意。"

"木姑娘，你若从军，定不会输给七尺男儿，巾帼不让须眉。"

"先生说笑了，未央一生只钟爱南戏，只想把我们南戏唱到大都去。"

他们谈到夜深才散。

至正十一年（1351）五月，白莲教起义。

高明一心想当辅弼良臣、实现自我价值的梦想破灭，原因在元朝贵族身上吗？俗话说"沙滩不起高楼"，高明一心想要效力的皇帝，是个什么样的角色？值得满朝文武及天下志士为之效力吗？他陷入了无端的迷茫中。

高明从出生到步入官场，几朝皇帝都直接或间接影响着他的命运。封建帝国跟所有社会现象相关的首先是皇帝。他的生活状态、政治取向、喜好、健康、缺点，以及对万民的态度，无一不关联着帝国的命运和百姓的生活。

元顺帝是个木匠天子，整天沉迷在木工活儿中，诸事不理。身边的近臣引进了高丽的妖物，迷惑得天子带领诸臣在宫中赤身裸体集体淫乱。皇帝和文武百官对帝国的统治构成帝国大厦的屋顶，皇帝就是那根最重要的中心柱。如果中心柱歪了、空了、蛀了、断了，帝国大厦的情况又将如何？

到了元顺帝后期，他的昏庸无能、偏听失察达到了顶点。不检查臣下是否有功劳，只要诸位说好，就重赏这个人。又不审核有过错的人是否真的有罪，诸位认为他不好，就惩罚他。他流放了曾经为他力挽狂澜的帝国中流砥柱脱脱。

掩卷而思，元朝之所以垮台，一是因为腐败，二是因为腐败还不彻底，就是说官场是腐败，而整个社会没有腐败，教育、文化没有腐败，知识分子没腐败。所以他们还追求正义，觉得受不了这个腐败的政府，所以要想办法反对它。希望圣明君主降临，就都跑到起义军方去了，后来效力朱元璋的很多明朝官员，比如刘基、宋濂等都曾是元朝官员。

在军营里的某个凌晨，高明被一场梦惊醒，披衣而坐书桌前。他想着梦中的种种情形，仍然历历在目。灵魂深处的孤独感还深刻地遗留在脑海。

好像是回家吧，高明买了船票，自认为是登上了开往温州的渡轮。船到江心时，邻座一模糊的人问他："你到昌盛（梦中出现的地名，不知道现实生活中可有）做什么？"高明惊愕："我买的明明是温州的船票啊？怎么会是昌盛？"周围的人哄笑起来，船朝着离温州越来越远的地方开去。孤独无助包围了他……

猛然惊醒，大汗淋漓。

他很久都没做梦了，都说梦是现实生活的投照。他的心灵正在生一场病，能拯救的只有自己。梦中的船朝目的地相反方向驶去，是否预示着现实生活中所信非人？一直信任的人却真的不值得信任，一直忠心的君主原来不值得效力，幡然悔悟的时候船却至江心，茫茫然看着翻滚的江水欲哭无泪。失意、孤独如潮水般袭来时，他沉浸在文字中，一遍遍用文字构筑梦想的天堂。尽管在天堂的时刻是那么短暂、那么虚幻，他却借此疗伤。

> 何如洁白长相守，樽中有酒为君寿。
> 人生温饱不足多，莫羡东家著绮罗。

他劝他的好朋友不要考取功名，功名是枷锁，锁住了一生的自由和理想。远在他乡，没有亲情没有温暖，所见的都是官场勾心斗角的龌龊。他本来抱着一颗冰洁的心而来，要为国家立功，却被黑暗的利剑一次次刺伤。他捧着那颗滚烫的红心等待君王赏识，然而遭受的却是冷眼、无视甚至戏弄！

第三节　祭奠上司

人生是一盘棋，一步不慎，满盘皆输。

高明从军中出走了，走得有点委屈和无奈。

方国珍的叛乱并没因高明的出走而停歇。于他而言，当海盗远比当官自在。

迁往台州任达鲁花赤的泰不华，又一次临危受命，挂帅出征。

元朝能领兵打仗的人物屈指可数。各地此起彼伏的起义军队伍就像雨后的野草疯狂生长，充当救火队员的宰相脱脱身先士卒，披挂东征。

连宰相都亲自出动了，可见朝廷穷到没将领了。

有实战经验的泰不华首当其冲挑起重任。此时，他的得力助手高明已经离开军营，前往绍兴任判官。

临海战场只剩下泰不华孤军作战。

泰不华惋惜、痛苦，可不能对高明说。他们的误会从招安那一刻就注定开始了。元军和方国珍的海战中，作为元军浙东元帅的泰不华撑得很辛苦。虽然他手中的兵力远远大于方国珍，可身边缺少如高明般人物的智囊团，让他力不从心。缺少得力智囊团的泰不华很孤单，他一遍遍回忆和高明并肩作战的日子。高明临走时，留下一封信，算是他对军中情况的最后一次分析和建议。

又是一场恶战前夜，泰不华彻夜难眠。不知他是预感到这场恶战会很艰难，还是思念高明在侧的时光？他辗转反侧，难以入眠，后来索性披衣来到案前。以往在战前，他总是找高明分析敌情，制定战略，如今高明不在就如同缺少了左右手。他展读高明留给他的最后一封信。在这封信中，高明分析了敌我双方的士兵情况以及排兵布阵谋略：元军士兵们不怕失业，如同端着铁饭碗，只要不死人，永远有饭吃，有衣穿。乱贼方国珍却不一样，如果不努力抢劫，就可能吃了上顿没下顿，因此他训练士兵是抢劫、抢劫、再抢劫。而元军是保命、保命、再保命。体现在两军海战中的结果就是贼军勇敢异常，奋力抵抗。元军是上阵不得已，能逃则逃，保命要紧。海上相逢，勇者胜。为了防止士兵逃跑，遂组建海上舰队，分为三个梯队。第一梯队上阵杀敌，如遇敌人冲锋，这些保命要紧的士兵会马上后退逃命。第二梯队的士兵斩杀第一梯队逃兵，第三梯队补充第一和第二梯队伤亡……

泰不华果断采纳高明的建议。海战中，败退下来的逃兵被斩杀数个以后，泰不华怒道："不准后退，谁后退格杀勿论！你们一后退，敌军攀上船来，我们所有的人都完蛋！"

此招果然奏效。败退下来的士兵纷纷调转方向向敌人进攻，横竖是死，杀敌阵亡还可追个烈士，千古留名。若当逃兵被杀，死不足惜，背负千古骂名。元军士兵不是傻子，这笔账还是算得清清楚楚的。

一时之间，元军士气大振，打得方国珍部节节败退，最后退到老巢蛇蟠岛。

蛇蟠岛是个天然屏障，易守难攻。

为了更清楚地了解七百多年前方国珍的老巢，我们特意去了一趟台州市三门县蛇蟠岛。这是个地貌奇特的岛屿，唐宋千年采石留下的洞窟达一千三百多处，成了历代海盗天然的藏身之处。

进入大门就是海盗村五位著名海盗的塑像：孙恩、卢循、方国珍、王直、郑芝龙。因为同一身份——海盗，即使隔着千年的时光，他们却站在了一起。哈哈！有缘"千年"来相会！

东晋的孙恩，其叔父孙泰是五斗米道的教主。孙恩在其叔父被官府杀害后逃海起义，声势曾达到几十万之众。后来兵败台州，赴海自沉。孙恩对浙东而言，仿佛中国海盗的祖师爷。

孙恩死后，其妹夫卢循继续统领余部作战，部众达到百万之巨，连克福州、广州、长沙、南昌、武昌，直捣建康（即南京，当时的首都）。后败于刘裕，回师广州，又在交州（今越南河内一带）战败，投水自尽。

方国珍是元末农民起义之首，人称"海精"，拥巨舰千余艘，阻绝海道，加速了元朝的灭亡。

王直，原名汪直，因避官府迫害改姓。他是徽商出身，江浙海商武装集团首领，靖海有功。因要求开放海禁反被官府围剿，遂亡命日本，重整旗鼓，杀回大陆，至定海称"净海王"，后又改"徽王"。朝廷将其母、妻作人质，诱骗其归降。后，朝廷又背信弃义将他杀害。

郑芝龙，郑成功之父，文武全才，经略台湾，屡败官军及荷兰殖民者，拥海船万余，巨舰三千，堪称世界史上第一船王，富可敌国。后其孙郑经降清，被杀害。

这些海盗，虽然也干杀人越货的勾当，但其组织规模、战斗力都不是今天的索马里海盗能比的。他们不是真正的军队，有些带有农（渔）民起义的性质，因为他们多半是官逼民反的。

洞中石刻"道不行，乘桴浮于海；人之患，束带立于朝"，这是王直的名言，借用了孔子的话。意思是：天下无道，政治腐败，社会黑暗，就起义下海。冠带为官，效忠于昏君，才是人生的不幸！

他一语道破了海盗产生的历史原因，皆因社会黑暗。

王直是最富于争议的传奇人物，一方面是个成功的徽商，另一方面，又是"倭寇"的头目。其时，日本正处于群龙无首的战国时代。那些不得势的武士、浪人纷纷投到王直旗下，王直在日本平户建立根据地，建都称王，控制了中日间的贸易。所以，明嘉靖年间的沿海"倭寇"之乱，实际上有不少是中国人。关于这段历史，史学界颇有争议。

盗亦有道。

海盗有严厉的帮规。如不得擅自上岸，违者当众刺穿双耳。再犯，立即处死；战利品全部上缴，两分给船员，八分入公库。私拿库房东西者，处以死刑。凡对妇女施暴或强占妇女为妻者，格杀勿论。

海盗们虽然干着杀人越货的勾当，对子女的教育却是重视，重儒学，兴礼教，设学馆，聘名师，授以诗书礼经。看来海盗们并不希望自己的后代继续干海盗。在洞内设立蒙学馆，让子女在此受教育。

如此说来，蛇蟠岛是历朝历代的海盗窟。

方国珍占据天时地利人和，俨然是浙东的土皇帝。他有自己的理想和抱负，他最后归顺于朱元璋，成为大明朝的官员。

为了剿灭海患，泰不华拼却全身的力气，身先士卒，越战越勇。

方国珍抵挡不住，高喊投降。

泰不华满心欢喜，兴奋异常，终于立下奇功，端掉方国珍的老巢。但是他做梦也想不到自己最后会死在狡诈的方国珍手上。

他忘了方国珍是出尔反尔的小人，忘了高明时常在他耳边提醒的"兵不厌诈"。这次又是方国珍使的诡计。

方国珍把泰不华引入深海。

泰不华高高兴兴地带领一干精兵强将前去接受投降。

方国珍用最高规格的仪仗队来迎接元军的到来——锣鼓震天。这不是迎接的锣鼓，而是冲锋的信号。轻信敌人的泰不华还没来得及和方国珍寒暄，即腹背受敌。埋伏在各处的敌军团团将这支前来接受投降仪式的元军围住。看得出来，方国珍是倾巢而出，痛下杀手。

可怜的泰不华虽英勇异常，乱箭穿心还挺立在船头鼓舞士兵突围。最终寡不敌众，元军全军覆没。

泰不华瞪大眼睛，许多往事一闪而过。正是那次不听高明劝告，放虎归山，放龙入海，他年轻的生命被海龙王招了去。至死才明白高明对他说的话：对敌人仁慈就是对自己残忍。可惜明白得太晚了！

黄岩澄江血染一片……

一代英雄，为国捐躯。壮哉、悲哉！

高明闻听噩耗，说不出的伤心。曾经的战友就以这种方式离开了人世！

上司、亲密战友、文友，再也不见了。人生是多么的无常……

讨伐方国珍叛乱时，高明是泰不华的参军。泰不华同意朝廷招安方国珍，高明曾提醒他："今日对敌人仁慈就是将来对自己残忍。"可惜泰不华迫于朝廷的压力有自己的苦衷，没能听进去。高明于是愤而离开，曾经产生深深的官场厌恶感，只想辞官归隐。但是一入官场深似海，想抽身谈何容易。几十年的儒家教育，早已渗透到血液里。国家有难，怎能弃而离去？身为臣子，能不去效力皇上吗？

高明从曾经的同僚中一点点搜寻到他和泰不华别后的讯息，慢慢地拼凑出泰不华阵亡的大致情节：泰不华被方国珍诈降所骗，水路收编时，被左右夹攻，乱箭穿心还挺立在船头鼓舞士兵突围，以身殉国。

翻开史料，再次看看元朝这位英俊多才武将的人生履历吧。

泰不华的父亲塔布台因任职台州录事判官，遂入籍台州临海。但因其父早故，幼时即被集贤待制周仁荣收养并受其教育，从小勤俭好学，能记善问。元延祐七年（1320），十七岁的泰不华参加江浙乡试便获得第一名。元至治元年（1321）参加京试又高中状元，授集贤殿修撰，转秘书监著作郎，调江南行台监察御史。后历任奎章阁典签、中台监察御史、江南行台左右司郎中、礼部侍郎、礼部尚书兼会同馆事、绍兴路总管、江东廉访使、浙东宣慰使、翰林侍读学士、知制诰及台州路达鲁花赤等众多职务。

至正十二年（1352），泰不华在台州路达鲁花赤任上，在黄岩澄江与方国珍开战而阵亡，时年四十九岁。历史上则称其"尚气节，不随俗浮沉。每当论大事，决大疑，挺正不阿，凛然有直士风"。

在这些记录中，泰不华的形象越来越清晰。

我们可以粗略地认识到泰不华的身世及其人生修养。他实际上接受的是汉族的正统文化。学而优则仕、忠君为民、舍身报国这些汉族直节之臣的忠信气骨，在这样一个深受汉族儒家文化熏陶的色目人后裔身上得到了很好的体现与完善。也可以说，作为临海人的泰不华身上其实也是早早体现出如后世鲁迅先生所称道的"台州式的硬气"。一定程度上，这也影响了五十年后同为台州人而被明成祖"十族全诛"的方孝儒。

事实上，泰不华不仅是位英勇的武将，还是个出色的文官，富有才华，年纪轻轻就被朝廷任命为主考官。元朝出任主考官的都是非常有名望的文人，比如苏天爵、黄缙等等。

从相关的文献可以知道，泰不华既是大元朝廷声威赫然的一位忠臣，又是一位饮誉士林的文学家。在用汉文进行文学创作的诸多蒙古族诗人中，泰不华的成就仅次于萨都剌，为元代诗坛上的杰出诗人之一。泰不华有诗集一部，题曰《顾北集》，收诗二十四首，载于顾嗣立《元诗选》初集。

泰不华正是以其高标的品格、渊博的学识以及过人的才情，名重当时，且彪炳千载。

整整一天，高明捧读泰不华气宇开张、情系千古、捭阖雄强而沉郁顿挫的诗歌，他怆然泪下：

武皇雄略吞八荒，将军分道出朔方。

甘泉论功谁第一？将军全印照白日。

尚方宝玉将作匠，别刻姓名示殊赏。

蟠螭交纽古篆文，太常钟鼎旌奇勋。

君不见祁连山下战骨深，中原父老泪满襟。

卫后废殂太子死，茂陵落日秋风起。

天荒地老故物存，摩挲断文吊英魂。

（泰不华《卫将军玉印歌》）

人与人的相遇相知相交靠的就是缘分。所谓缘分，在高明和泰不华之间就是所谓的性情相投吧。

十年的官场生涯中，见识过形形色色的同僚，唯有泰不华的刚正清廉颇投高明脾气。这是一个有才有识的色目将领。一对剑眉，一双眼睛炯炯有神；常披一件黄色金甲，气宇轩昂，英俊挺拔。他身上透着一股浩然正气，吸引着耿直的高明。

事后得知泰不华为元朝下令招安方国珍之事曾经不吃不喝绝食几天来抗议，高明更加钦佩。同时心中涌起说不出的酸痛，为自己当初误解泰不华的冲动而懊悔。

一个萧瑟的秋日黄昏，高明带着高林来到了石浦海边祭奠泰不华。他倚靠在城墙上，眺望西边绚丽的晚霞和一望无际的海平面，遥遥祭拜曾经的上司和好友。与平常田野里看到的晚霞完全不同，在宽阔寂寥的海平面映衬下，那近在咫尺的晚霞像一笔浓彩涂抹的油画挂在山间，怎一个惊艳了得！但在高明眼中，这是一抹鲜红的鲜血，夺目而刺痛。天大地大，在自然和战争面前，高明感到人是如此渺小！

造化弄人，都说因果有报。为什么身边正直的良臣一个个死去，而那些奸诈小人还日益嚣张呢？如有天眼，苍天哪，你睁开眼睛看看，这是怎样一个黑白颠倒的世界？

人这一辈子什么也留不住，大浪淘金，真正能留下来的是那些寂寞文字。此刻，高明在沙滩上迎着萧瑟的海风想什么呢？泰不华的诗歌？命运的无常？我不得而知。穿越历史，我只知道：不要以为渺小的，就没有力量；不要以为卑贱的，就没有尊严。作为文人，实现抱负的地方不一定在官场。

在无尽的伤痛中，他们下了城墙，漫步沙堤。在晚风吹拂下，衣袂翻飞。正是涨潮时间，一条条白浪从远处推近，如滚动的音符，哗哗哗，又如凶狠的巫婆在猝不及防时溅一身浪花。他们脚步缓慢，夕阳把两个孤独的影子拉得很长。远处有渔村孩童赶海拾贝，在风口浪尖艰难讨生活。潮水一浪接着一浪，节奏越来越快，如元末风雨飘摇的世道，随时要被摧毁。高明麻木了，任潮水在双脚缠绕，感受脚底泥沙被带走时如同戴着镣铐的阵痛，任由双脚深陷沙坑中。静谧的夜，海也茫茫，心也茫茫，心灵在辽阔的海平面游走。多么喧哗热闹的沙滩，先前还是被战争刻满印辙的沙滩，在潮水的抚慰下平坦如初。人的心灵如果也能如潮汐般在潮涨潮落间得到修复，让终日劳累奔波的疼痛在海水中拂去，受困的心灵在一浪推一浪的潮水中被抚平，那该多好！

高明面对黄岩澄江之滚滚潮水，顿感生死无常。泰不华的音容笑貌在水中若隐若现。如果不是元朝的残暴逼得各地农民起义，泰不华也不会年纪轻轻带着一身才华含恨而去！

正义，从来站在善待百姓的一边。像元朝，攻下一座城后，暗无天日地屠城，迟早要血债血还！报应啊！

人生不过一场戏，戏里戏外的厮杀让高明深深厌倦。人如蝼蚁，此刻不知下刻的命。抓住有限的光阴，完成未竟的事业，了却一个苍苍茫茫的过去。罢罢罢，一走了之。

走，也不是那么容易的一件事。伤痕累累的过往，纠结纷乱的官场。世间万物，拾起需要智慧，放下何尝不需要勇气呢？

泰不华死了，属于高明的一个军营梦彻底破碎了。往事如烟，一切灰飞烟灭，是非功过留与后人评说。只有岁月的沧桑，才能淘尽一切污浊，扫清人们眼帘上的遮盖与灰尘，看到那些殉道者无比璀璨的光芒，历千年而不灭。

泰不华，历史会记住你的！

第四节　进退两难

人的一生会做许多不同的梦。每个人在梦里畅想着美好的心愿。我们以为一路走过去就是将要到达的目标，却不想一路将沿途的美景辜负。我们每天都在赶路，当来时的路被黄叶覆盖时，你我都抑制不住内心的伤悲。沮丧的时候，不是继续选择匆匆赶路，而是寻找一个避风的港湾，将路途的创伤洗净，躲到一个自己都找不到的地方，或许才是真正的安静。

强者和弱者之间唯一的差别，只在信念是否坚定。

高明，不会自暴自弃。尽管现在茫然，他终会找到属于自己的一抹曙光。

黑白颠倒、是非不分的社会。上可以卖官、捐纳、恩荫；下当然可以买官、捐职、私贿，以钱通权。一旦大权在握，就肆无忌惮地搜刮，巧取豪夺，危害百姓。封建官场腐败的突出表现是"无官不贪"。三年清知府，十万雪花银。在朋友们的影响下，高明渐渐有了退隐还乡的念头。

> 人生贵极是王侯，
>
> 浮利浮名不自由。
>
> 争得似
>
> 一扁舟，
>
> 弄风吟月归去休。

至正十一年（1351）冬，四十六岁的高明在继续做官和辞官归隐之间徘徊不决。

当你进退两难的时候如何做出决定？回答："抛硬币！"

高明那个时代有没有抛铜币的做法？我们不得而知。不妨根据电视剧的情节想象，高明卜卦问天。他在心中默许：卦面朝上就回家归隐，朝下就继续留下来收拾烂摊子。很不幸，高明的第一次卜卦卦面朝下，他得留下来。可四十六岁的高明要起了赖，他重新起卦。

高林笑道："老爷，当你卜了一卦以后想再卜一次时，你内心其实已经有主意了。"

高明心里一惊。这位跟随他半辈子的仆人其实早已成了高明身边最亲的亲人。他的忧愁哀乐都逃不过高林的眼睛。是的，他知道答案，却不说破。多么默契的主仆！是主仆，更是兄弟！

还等什么呢？收拾行李走呗！按规定，辞呈上交后要等批复下来才能离开。可当时朝廷已如泥菩萨过江，自身难保。官员贪污的贪污，逃跑的逃跑，谁还有闲工夫管高明的辞呈？等朝廷想起高明这档子事时，估计猴年马月了。事实正如高明所料：他走了，也没人管。

我悄悄地走，正如我轻轻地来，我挥一挥衣袖，不带走一片云彩。两袖清风，消瘦的身影消失在那个曾经让他热血沸腾、为苍生洗汗颜的官场。

他走了，第一次从官场出走。

春寒料峭，家在召唤，归心似箭。寒冷萧条的景象都在他眼中鲜活起来：冬天走了，春天正姗姗而来！

我们想高明此刻的心情应该用"两岸猿声啼不住，轻舟已过万重山"来形容。乡音回荡在耳边：

一把茅笼节节高，神童牧牛读文章；
穿起蓑衣戴箬笠，脱掉蓑衣穿红袍。

高明走在回乡路上。早晨的太阳照耀他沮丧的脸。他喃喃自语：人生的最终意义是什么？

既然一切成空，何必纠缠官场。老、庄、孔、孟都不做官，最终能成为名留青史的圣人。官员千万，帝王几百，有几个能像他们那样留名后世？

高明回望苍苍大地，算了，过隐居生活吧，和顾仲瑛一样，览群书、伴名士，跟清风明月为伍。退守自由，自得其乐。

高天赐如果知道高明此刻的想法，一定会后悔当初把高明推向官场。原本希望他能名显于世，可事与愿违，官场几年让高明彻底改变人生态度，打消从仕念头，对未来心灰意冷。

得知要走，刘基赶来相送。

刘基问高明："那你打算永远不做官了吗？"

高明沉吟："难说，如果天下不宁，朝中不清，宁愿永远。"

刘基点头："能进，则为官为民。不能进，则退而自守。"

刘基又问："《赵贞女》看了吗？"

"一直带在身边。世道不能进，只能退守。看看《赵贞女》打发时光。"

刘基心里一颤，高明对生活还是保持着极大热情的，尽管世道被阴云覆盖，阳光照不进来。但他对戏剧那份赤诚的热爱，即使没有舞台，没有观众，烽烟战火阴霾覆盖，他依然热爱。这些热爱，都是精神的本能。如果停止，内心就会饥肠辘辘。

立德。立功。立言。圣人说立言是最高境界哩！

文字，是劈开阴云的一把利剑，让阳光漏进来。

元朝自建都开始，内忧不断。蒙古人掌权，他们为官到地方，只负责征收赋税，吃拿卡要。地方老百姓越来越穷，人民的生活已经贫苦到了极限。加上台风、水旱、虫灾等自然灾害，百姓更加水深火热。一个地方受灾，周围四五个郡县都不得安宁。守法的求亲靠友，不守法的烧杀抢掠。贫穷生暴乱，仓实知礼节，此箴言万古不变。

一三五二年春，高明回乡。从庆元到瑞安，这一路跋涉至少需要三个月。春光明媚，万物催发，可谓是一路风景一路春色。然，在春色中暗藏着不协调。是什么？江浙发生一场大瘟疫，死难者多为无钱救治的贫民。高明用眼睛记录下这沿途的一切。

百姓家里缺少粮食，因为将谷子卖掉治病。病来如山倒，病去如抽丝，很多人家刹那间失去粮食、土地。人口买卖市场惨淡，一是怕传染，二来连官员家庭都要减少开支，省下钱来接济宗族亲友。

刚出城门二十里，高明便发现沿途两边有等待购买他们和乞讨的人群。那些病饿的穷苦人大多在等待中饿死、病死。

穷人们习惯性地朝高明伸手乞讨。高明心如刀绞。一位老奶奶带着三个瘦得不成人形的孩子。老奶奶连痛苦都失去的脸上，悲伤不再，好像只是为了一口气的存在，备受煎熬。

高明把随身携带的碎银和大饼拿出来，递给伸过来的数十双瘦骨嶙峋的手。

其他穷人如潮水般地向高明集聚而来，离开三尺远的距离，跪地乞讨。他们害怕自己身上会有瘟疫，一不小心传染给高明。

高明心生感动，将要濒临死亡的百姓却懂得爱惜和尊重他人的生命。

庆元城里的统治者们在干什么？忙于勾心斗角，相互倾轧，争夺利益，发动战争，置万民困苦于不顾？

一株株柳树灰溜溜地站着，好像生命已经逝去。村庄死一般寂静，田地荒芜。

早在稠州求学期间，高明就听说村东有户人家因为没有吃的，丈夫把妻子杀掉吃了。而村西的妻子却杀了丈夫来吃。当时同学们还取笑说，将这两个吃人的男女合在一起过日子，看他们到最后谁吃了谁！

这在当时是一句玩笑话。可是今天，高明真实看到路边饿死的穷人。那些即使没死，眼里流露的饥荒真的会去吃人。

为官时，高明曾经去看过粮库，里面的粮食多得变霉，成群的老鼠在粮库里流窜，一只只吃得腰粗肚圆。只要仓库一开，老鼠们到处流窜，跑马一般，眼见得四野百姓比不上粮库老鼠。

朱门酒肉臭，路有冻死骨！千古警句啊！

荒年灾年，地方官府只忙着将国库粮食转移到自家仓库，哪管百姓死活。高明只有眼睁睁地看着当地百姓饿得逃荒避难而去。

路过一水井边，躺着一位毫无声息的老人。高明走近他，老人并没有死，他还能睁开眼睛。高明慌忙捧了些水滴在老人干裂的唇上。老人已经走了十八天，从遥远的台州来宁海找女儿，可女儿一家早在他来之前便逃难去了。老人无奈，没钱没粮又走不动，只有躺在这里等死。

高明后悔没有留点粮食或碎银在身边，刚才全送给穷人了，这会儿没办法了。老人知道高明没有粮食，催促高明快走，不要管他。

高明心情沉痛地离开。一路行来，这是一条两米宽的郡道，田里的麦苗都被挖来吃掉，留下被翻遍的土地，满地伤疤。

倾囊而出，高明没有了盘缠，前方又是战火和硝烟，回家很艰难。他和高林只好饥一顿饱一顿，靠着驿站和沿途朋友的接济勉强赶路。

近乡情更怯，两人挨到家时，瘦得只剩下皮包骨头。

正是这些沿途的见闻，让他刻骨铭心记住了饥饿的滋味，才有传神的《琵琶记》中赵五娘的生动形象。赵五娘好不容易领到救济粮食又被衙役抢走，连死的心都有了。这些都是高明亲眼所见，写在笔端画面感强烈震撼！艺术源于生活，又高于生活。这些生活原型给了高明丰富的创作素材。

这是在官场游走六年后，他第一次放下所有，回到了家乡。在家里短暂的一段时间，他是多么的轻松。有些时候，当你身上卸下重任时，看问题的角度都不一样。那些面目凶恶的人，在你远离了他们之后，渐渐忘了他们的丑陋。他再也不会绷着一张脸，来应对官场的是是非非。尽管偶尔午夜梦回，他也会在梦中惊醒，跟那些邪恶势力在梦中斗得大汗淋漓。但梦醒后，依旧过他云淡风轻的日子。曾经诬陷、打击高明的同僚，在高明离开他们利益争斗的漩涡之后，也会偶尔忆起有个叫高明的人，办事能力确实不错，才华横溢，很多的事情确实需要这种人干。然而当他们在为利益争斗时，高明的正直就成了绊脚石，挡着他们升官发财的美梦，横竖看着不顺眼，想尽办法打压他、排挤他。

其实，生命易逝万骨枯。很多时候，当时纠结的问题事后回望根本不值得一提。读史明智，读史让人清醒。当时的高明是否已经意识到自己的政治主张得不到统治者的赏识，应换另一种形式成就自己——立言。

帝王将相也好，平头百姓也罢，无论荣华还是贫贱，在历史的风沙前都是平等的，都会被时间的河流淹没。只有那些闪光的言行、感人的事迹，透过岁月的风霜长留后人心间！

高明喝着家乡甜润的河水，感叹放下原来是另一种的拾得。放下官场倾轧、权谋、斗争，拾得平和、宁静、安宁。

他已经习惯了崇儒里的生活，和圣人著作为伴，渐渐远离官场乱耳之声。官场贤者只要有出路，就必定远离泥沼。如此，贪官污吏落得高兴，来自贤者的反对声终于少了。

高明不禁掩卷长叹，什么是官场？

官场就是无常。

层层官员贪污徇私，谁有钱谁就可以免于处罚。有买人顶罪甚至替死的，有救苦主被全家灭口的，有虚名抓捕的，还有错抓的……

奸吏贪官从中大大获利，百姓颇受煎熬，状告无门。贪官们忙于敛财，无心问政。官职废弛，荒废不治。百姓欲哭无泪，欲活不能。他们从来都是最善良、最安于现状、最害怕战争。元顺帝末期也是一样，老百姓更多选择忍，卖了儿女，能抵上税役，就忍；卖了房屋，能活下去，就忍；交不起税，被打断了腿，只要还有一口气，还可以忍。

如果活不下去了呢？

那就是忍无可忍，揭竿而起！

由元顺帝和官场群丑构成的元帝国大厦犹如一架没有动力、缺少润滑、零件组装错位的机器，无法正常运转。等待最终的结果就是原地老化、风蚀，再经过几场外力的作用，摧枯拉朽，最终毁灭。

心灰意冷后，文学是最好的心灵鸡汤。高明开始闭门谢客，读这几年一直来不及阅读的书籍。他看到了很多年前的自己，世界好像是混沌一片，就像家乡的雨，人被罩在其中，辨不清方向。阅读和看戏使他找到了出路，并使漂泊不定的灵魂终于有了一个落脚之处。

同时代的作品，他最爱阅读的就是戏剧大师关汉卿的作品。官场百态在他笔下栩栩如生。可贵的是他还有一颗不畏权势打压的正直的心。他是出污泥而不染的莲，在混沌的世道保持着圣洁的心。《窦娥冤》《救风尘》《单刀会》，高明读得如痴如醉，一会儿拍案叫绝，一会儿扼腕叹息。他为关汉卿塑造的离奇情节叫好，同时觉得所有的故事都是一条线索记叙，未免显得单调。如果让他写，一定要创作两条线索同时叙述。当然，这些只是他想想而已，灵光一闪，又被平庸的生活覆盖。

苦难是财富，善待生活中的一切灾难和不幸，用强大的内心包容、接纳、消化，最终磨砺成圆润的珍珠时，你会感谢命运的馈赠。

陈素一如既往地包容夫君所有的心事。他们的孩子渐渐长大，在父亲的教育下饱读诗书。门前流淌的小河，风中飘摇的紫薇花，以及陈素亲手煮的寿面里藏着荷包蛋的点心，温暖着高明那颗被官场日益侵蚀的心。如果把人生比作一辆不断奔驰的车，高明这辆车在长途跋涉后，实在需要一个港湾歇息一下，加加油，洗洗车，抖落一身的风尘。

高明刚去杭州时，是多么喜欢邀一班好友泛舟西湖，醉看斜阳，吟风弄月，激情满怀，听不尽的西湖歌，看不完的片片荷叶转。如今是常去玛瑙寺听寺僧芳洲鼓琴。芳洲高超的琴艺使高明超然物外，"禅关万竹净尘垢"，暂时忘却了尘世的烦恼。

回到家乡后，他开始流连于寺庙道观。仙岩寺是他乐此不疲的去处。那是一束菩提的光阴，有世人向往的澄静与平和，可以抚慰高明单薄的灵魂。木鱼，鼓琴，夕阳，禅机，经历一番官场游历之苦后，能修炼得如此心如止水，是高明的幸还是不幸？

五十岁左右，高明与诗僧来复交往甚欢。来复比高明小十四岁，江西丰城人，俗姓黄。诗写得很好，文人加僧人的身份让来复看起来仙风道骨，说话处处玄机。来复后来深得洪武大帝朱元璋的喜欢，可惜因为受胡惟庸案连累凌迟而死。

来复在元末有很高的名望，上至王公大臣，下至布衣文士，以及释子仙羽，都以与他交往为荣耀。

高明遁入空门的想法不是凭空而来的，在他的诗中早已隐隐约约流露出这种思想。"久知尘业幻，早与世缘疏"，表达了希望跟随来复参禅修行的愿望。

来复对高明的这个想法怎样回应呢？在电视剧中我们总在关键时刻极想得知命运的玄机时，这时得道高僧往往一句玄而又玄的话打发我们：天机不可泄露！作为高明的好友兼心理按摩师，来复自然不赞成高明出家。高明那个夜晚和来复伴着一盏孤灯在谈论什么，我们不得而知。通过猜测，肯定不是国家大事，也不会是儿女私情。那么唯一的可能，高明可能流露出跳出红尘万丈的想法，来复自然不赞成："施主尘缘未了，还有一件大事等着施主完成。"

我们不知道来复口中的大事、尘缘，是不是高明后来瑞光楼那段写《琵琶记》的经历。

红尘有爱，佳期如梦。仅存的史料记载，高明很果断地拒绝了瑞光楼的那段姻缘。我想作为一个正常的男子，面对红粉佳人含情脉脉的眼神，一点也不心动是不可能的。《西游记》中唐僧面对女儿国国王尚有心动，离别时难分难舍。还有《大唐西域记》主编辩机和尚都难逃高阳公主火辣辣的眼神。这种事例比比皆是。得道高僧尚且抵不过红颜的深情回眸，何况高明这种只是在佛缘门槛徘徊的多情才子！流传下来的文字，记录者有时要捧高一个人的光辉形象，不得不腰斩了他作为凡人的七情六欲。我们很想把高明与一生中唯一的一个红颜知己推理演绎为一段旷世恋情，可惜的是，找到的唯一的材料只有两人的一句很含蓄、让人失望的对白。据有关记载，面对高明著书完成，即将离去，沈小瓯到高明房中借了《琵琶记》一读。其实她跟高明朝夕相处早就熟知《琵琶记》的内容，借书只是幌子，最主要的是在书中夹纸条（类似现在的学生夹纸条传情，想来男女爱情古今同理）。出于大家闺秀的含蓄，她当然不能直接公开地表白：高明，我喜欢你，你留下来做个上门女婿吧。她还是比较懂语言的修辞手法，利用暗喻传递给高明："雨无门户能留客"。才子高明当然一眼洞悉沈小姐的一番深情。但是思前想后，考虑自己壮士暮年，不能给沈小姐带来光明的前途，爱一个人应该给对方带来幸福和光明，于是违心拒绝。当然他也是很含蓄很委婉地拒绝良缘："虹是桥梁不度人"。写出"不度人"的高明应当是愁肠百结，经过几番痛苦的抉择后作出的决定。

有时我们顶讨厌这些读书读傻了的书呆子，一厢情愿地为对方将来考虑恰恰是一种借口，是逃避爱的自私的表现。爱一个人就是和对方同甘共苦，哪怕朝处暮死也是一种幸福！

至正十八年（1358），五十三岁的高明还为来复作《天香室铭》。天香室是来复给自己卧房取的名字。这名字大有来头。它位于慈溪鹤鸣山定水寺。寺前有桂树两株，为宋朝时德璘禅师所种。秋天时节，桂花香飘十里，闻过之人皆久久不忘。德璘禅师蒸花为香，赠给诗人杨万里。杨万里答诗五首，后世传为美谈。至元末，来复住持这座定水寺时，寺内桂树仍然开得旺盛，清香浓郁，所以来复把自己的禅房命名"天香"，甚为恰当。

高明的佛缘在青年时代游走石门洞时就埋下伏笔。它像一粒种子，早在年轻的高明身上埋伏。只不过一心只想救济苍生的高明，没有时间让这种佛缘萌芽。直至仕途失意，这种佛缘才又重新冒出来。

解读他早期的诗歌，探索他早年游览过家乡瑞安的仙岩寺、宝积寺等等寺庙，跟佛结下的缘，留下的只言片语可见，高明的内心是非常柔软的、慈悲的。

宝积寺建于唐朝乾符五年（878），它坐落在飞云江南岸的孙桥，距阁巷柏树村不过八里左右。每当高明要去县城瑞安，必定会经过孙桥宝积寺旁边。

有一年盛夏，酷暑难耐，高明游历宝积寺，住在寺里。半夜一阵滂沱大雨忽然而至，白天的炎热酷暑被一扫而光。第二天清晨，高明登上寺塔，极目远眺，只觉神清气爽，天高海阔，不觉豪情满怀，诗兴大发：

夏日如焚渴思烦，登临极目觉心宽。

半窗宿雨炎歊散，八面清风枕簟寒。

逆旅往来休树下，纤歌远近彻云端。

几回欲挽银河水，好与苍生洗汗颜！

（高明《游宝积寺》）

年轻气盛的高明在佛的指引下，豪情万丈，一心想建功立业，为苍生解困。其焦虑心情在诗中可见一斑。

除了佛教的影响，他还受道教的影响。

高明出生在隐士家庭，"邦有道则仕，邦无道则隐"一直是中国古代知识分子的人生信条。他目睹社会黑暗，官场腐败，而自己又无所作为，深受打击。高明后悔当初赴考时没有听取妻叔陈与时的劝告，一入官场深似海，现在回头想想何处是岸？找不到出路，迷惘。他羡慕隐士无忧无虑的生活，在"出"与"处"之间犹豫徘徊。

情绪总要找一个出口宣泄掉，再这样憋下去准能把人憋出内伤。于是位于余姚的四明山成了高明经常排忧解难的好去处。

四明山的景致还真是不错，常年烟雾缭绕，梵音阵阵。山上有神仙家丹山、赤水洞天诸景。临崖高耸的道观，道观旁边有座房屋，叫"石田山房"。房屋上面山崖峭壁，流泉飞瀑。高明仰头望时，那瀑布如一道白练悬空，水花四溅。那些晶莹的水珠明知将粉身碎骨，为这刹那绚烂在所不惜，在阳光的照耀下发出夺目的光晕。地上林立的石块，横竖交叉，千奇百怪，故名"石田"。

高明见此盛况，著有《石田山房诗二首》，其一云：：

> 丹山胜概天下奇，重溪叠嶂游人稀。
> 千年祠宇近霄汉，百尺飞泉摇夕晖。
> 玉童吹笙月在户，仙子朝真云满衣。
> 我来信宿漫兴感，扰扰何时能息机？

晚年，高明文名越发大噪。但是，他依然感到空虚无聊、郁闷寡欢。

"丹山胜概"勾起了高明"息机"隐居的念头。此时，他结交了许多隐士就足以证明：他向往回归田园生活。

一日，高明去拜访好久不去的一座寺庙，彼时已经面目全非。

当年香火兴隆的名寺，而今只落得墙颓碑残，蝉鸣荒径，蛩唱空厨——这种景象无形中又引起他的兴衰无常之感！

他在破庙中久久徘徊，低吟……

天下没有不散的筵席，人世间富贵若浮云。别看那皇城繁华一时，说不定很快就要落得与这破庙一般了。

他看透了当时的黑暗世道，认为元朝的"天"已经不能补缀，但是他也不希望它灭亡。高明在极端苦闷时，也曾流连名山古刹，拜访老僧人，想从佛家"禅宗"的说教中寻求精神解脱。

前文提到，高明因军中"论事不合"，消极怠工，便"避不治文书"，致"师出逾三时"，亦不顾。事后，回省城杭州，受冷遇。从满面春风到如遭冰霜，一夜逆转。在阿谀奉承、唯唯诺诺的官场，高明的耿直不妥协无疑是致命的。

经此事后，高明感到宦海风涛险恶，曾对友人及乡人深有感触地言道："前辈谓士子抱腹笥、起乡里、达朝廷、取爵位，如拾地芥，其荣至矣。孰知为忧患之始乎！余昔卑其言，于今乃信！"遂萌退志，"莫将尘土污儒冠"。

然而，既入仕途，身不由己。他仍为宦事所羁绊，不禁感叹："飘零王粲辞家久，牢落潘郎感发稀""孤松三径依旧在，童仆正迟陶渊明"！

第五章 神明推官：寻蛛丝，查马迹，平反冤假错案行

第一节　无头冤案

命运似乎和高明开了一个玩笑，他和官场注定有着千丝万缕的关系。他的每次出走官场总是不彻底，没过多久又被召回。

沉寂一年后，高明又在苏天爵的推荐下，重返官场。从文书到参谋再到法吏，每个职位都留下他光辉的形象。

至正十二年（1352）秋，高明任绍兴路判官。未久，转庆元路（今宁波市）推官。推官为专管刑狱之职，"四明狱囚多冤，明平反允当，人称神明"。覆盆之冤，一一得洗刷昭雪，"囹圄一空"。

人的一生浑浑噩噩，前几十年都是积累阶段。甚至才高如大戏剧家高明，真正的生活也是由四十岁才开始。

萧条伤感，整顿休养后，高明重返官场。

高明进入他的能吏时期。

高明突然露出了他本来的面目。这是他人生首次以行动为人所知：做事，忙于公众事务。过去在处州，他始终充当辅佐官员，不能施展其才华。后来，在军营，他的才华如昙花一现，军中谋略还来不及施展就被迫黯然关闭。他选择退隐，在官场上韬光养晦。

在庆元推官任上，一个充实、完美、练达、活跃、忠贞的高明出现了。这才是我们所熟知的、百姓爱戴的高明，也是温和幽默、百姓的友人兼公平正义维护者的高明——一个具有气节人格的伟大人物。

至正十二年（1352），高明从绍兴路判官离任后，新调任浙东阃幕四明都事庆元路推官时，杨维桢作《送高都事序》为高明送行，对他寄予厚望。与宁波亲密接触，据高明门人李孝谦在永乐间所修《宁波府简要志》，记载着高明任庆元路推官时曾作诗文行之而著称于时，亦多有政绩。

推官，官名。唐朝开始设立，属节度使，各州府皆置一人，管理一府刑狱之责，或称刑厅。清代以布政司理问、按察司知事代之。

庆元路，为宋元时期驻守在宁波府的军政司法机关。宋史载，"宋时升明州奉国军为庆元路，领六县，首任庆元路首领吴潜大修府城"。宋朝咸淳六年（1270），庆元府知府洪涛开始兴修府学。时大学士《三字经》作者王应麟曾为府学撰写《庆元府学碑记》。之后府衙改名庆元宣尉司，元末又改名庆元路，隶属江浙行省。当时元军元帅府就设在庆元路内。

至正十七年（1357）十二月，朱元璋起兵讨伐庆元路首领方国珍，庆元路府城被攻占，朱元璋遂将庆元路改名"明州府"，并任命驸马都尉王恭督守。

高明在庆元路任上，不仅政绩卓著，且时时关心民间疾苦，不屈于地方权势干扰，公正廉明为百姓申冤昭雪，受到百姓爱戴。

经过四年工作，高明对庆元已十分熟悉，此地四季适宜的气候、得天独厚的地理位置、文明开放等因素，对其以后的隐退长居，已从心理上奠定了基础。

高明负责四明的案件审讯，相当于现在的刑侦大队长。高明收起退隐念头，把随时准备的辞职信撕碎。不管时代如何飘摇，只要他在任上一天，就要尽职尽责，为百姓说话。

他督查办案，一向以事实说话，不放过一个坏人，也不冤枉一个好人。后来的事实证明，他真是个不错的刑侦队长，办过一批疑难杂案。把四明的冤假错案逐一检点平反。

这一年，他写下《题画龙》明志：

> 乾坤万里苏旱喝，草本无言生意悦。
> 归来高卧碧潭云，独抱神珠弄明月。

元朝末年，后宫淫乱不堪，元顺帝的许多嫔妃时常与和尚奸宿一处。有的刚刚被选进宫中的佳丽，也要先陪和尚睡觉，以至后来出现了一个十分龌龊的、史上闻所未闻的"元朝律法"：凡是元朝的女子到了出嫁的年龄，不论美丑高矮都要先让和尚睡一下，叫作"开红"。只有等到和尚开了红，才可以回家完婚。

元顺帝的后宫为何如此淫乱不堪？他的后宫佳丽为何要陪和尚睡觉？元朝的出嫁女又为何能让和尚"开红"呢？

原来，元代朝廷十分崇信佛教，特别是西藏的密宗佛教。元顺帝时"宫妓"三圣奴、妙乐奴、文殊奴等十六人所表演的著名的《十六天魔舞》，表现的就是密宗佛教的思想内容。

据《元史·哈麻传》记载，西蕃僧人伽嶙真善演揲儿法，即房中术。秃鲁帖木儿将伽嶙真推荐给元顺帝妥懽帖睦尔。元顺帝习而喜之，"乃诏以西天僧为司徒，西蕃僧为大元国师。其徒皆取良家女，或四人，或三人奉之，谓之供养。于是帝日从事于其法，广取女妇，惟淫戏是乐。又选采女为十六天魔舞。八郎者，帝诸弟，与其所谓倚纳者，皆在帝前，相与亵狎，甚至男女裸处，……君臣宣淫。而群僧出入禁中，无所禁止。丑声秽行，著闻于外。"

元朝崇信佛教从开国的时候就已经开始了。元世祖忽必烈曾命恶僧杨琏真迦总统江南释教，他竟然"受人献美女宝物无算"。更有甚者，当时的西蕃和尚竟敢公开入民宅奸污妇女。

泰定二年（1325），西台御史李昌言："曾经平凉府、静、会、定西等州，见西蕃僧佩金字圆符，络绎道途，驰骑累百。传舍至不能容，则假馆民舍。因迫逐男子，奸污女妇。"

为什么元朝和尚有如此千夫所指的可恶行径？这当然是元代朝廷崇信宗教，纵容番僧的结果。在原来宋、金管辖的地区，都曾产生了大批的僧侣地主。僧道的上层，占有田地出租或役使下级僧道耕作。元朝统一后，僧侣地主更得到进一步的发展。

元朝以吐著萨迦派的佛教领袖世代为帝师，总领全国的佛教。喇嘛僧人，即所谓"番僧"因而获有种种特权。因此，当时藏传佛教在元朝上层社会非常流行，其中就有以性欲为修道之法。元顺帝就利用女性为修法伴侣，借助男女"双修"等性欲行为来达到修法的目的。

享乐的时日总是过得特别快。

洪武元年（1368），起义军朱元璋羽翼渐丰，在应天府，即今天的南京建立了大明王朝，并登基做了明朝的开国皇帝明太祖。当他派遣的北伐军以破竹之势逼近大都时，元顺帝不得不率三宫后妃，以及大批官宦部属，向漠北逃去。然而，元顺帝匆忙撤离时，虽然将后宫佳丽带走了十之八九，但还是遗留下五百余人，她们全部落入明朝军队之手。

朱元璋对元顺帝的所作所为深恶痛绝，他下令将这些宫女放出宫给予配偶，其中一个高丽女子还被遣送回国。元朝的后宫中为什么会有高丽女子呢？因为在元朝，王室与高丽联姻成了一种风气。而到了元朝末年，京师达官贵人，必得高丽女子为快。高丽女子性格婉媚，多集专宠于一身。元顺帝就立一位叫"奇氏"的高丽女子为皇后，并立她的儿子爱猷识理达腊为皇太子。

此前，元顺帝先立答纳失里为皇后。答纳失里骄横多妒，经常鞭打后宫的嫔妃。奇氏进宫之初，专门负责为元顺帝煮茶。她美貌惊人，元顺帝对其十分迷恋。答纳失里知道后，召来奇氏，用鞭子将其打得遍体鳞伤。在答纳失里死后，奇氏专宠后宫。她在自己的母国高丽选取大量美女，送给朝廷中的重臣，以此笼络人心。

元顺帝带着诸多后宫佳丽离开大都（今北京），经居庸关逃到上都（即今天的内蒙古多伦、蓝旗一带）。元朝实行"两都制"，一个是大都，另一个就是上都。

上都位于塞外的蒙古草原，历来是元帝的夏宫。城里有用蒙古包制成的宫殿，专供贵族宴乐。不过，上都曾经被起义军焚毁过，昔日的宫阙早就变成了一片颓垣败瓦。

攻克大都之后，明军并没有立即出塞对元顺帝展开大规模追击。因此，北迁的元朝小朝廷能够在上都平安地待上大半年时间。不久，元朝廷不甘寂寞，又开始争相购买高丽婢女，完全故态复萌了。

洪武二年（1369），由明军左副将军常遇春率步兵八万、骑兵一万自北京出塞，先后于锦川、全宁、大兴州等地击败元军，攻克上都。元顺帝不得不匆忙向北撤走。

洪武三年（1370），颠沛流离的元顺帝在上都以北的应昌，即今天的内蒙古克什克腾旗一带患上痢疾而病死，时年五十一岁。

高明高超的断案侦查能力在推官这个职位上发挥出了最好的水平。他上任推官后，办过的第一个案子就是跟和尚有关。

上任的第一天，他翻历年的案件卷宗，其中一个即将处斩的无头案引起了高明的注意。

包英伦和包世伦是兄弟俩，家住鄞县包家村。兄弟分家而过，大哥嗜赌如命，平常挣的那点银子不够他赌资，家被弄得一贫如洗，天天到老二家打秋风蹭吃蹭喝。

老二是个买卖人，念及兄弟情深，时常接济老大一点。老二的婆娘却不干了，只要老大来，必拿扫帚柄赶之。

天有不测风云，人有祸福旦夕。老二年前不幸遭了贼匪，一命呜呼。

老大虽然悲痛，但料理完老二丧事后，起了歪心，打起了老二家的田产主意。夫妻俩天天劝说老二婆娘慧娘改嫁，偏偏慧娘感念夫妻情深，软硬不吃，守着房子也不改嫁。老大也没办法。

一计不成又生一计，指桑骂槐，希望以此逼退老二娘子慧娘改嫁。

转眼老二去世一周年。慧娘就请了法云寺的青云和尚为包世伦诵经超度。

和尚一大早来到慧娘家里。他喊了几声，不见回应就直接推门进了里院。慧娘正在房内更衣，见和尚突然推门进来，大惊，厉声斥责他出去。

青云原也不是什么正经和尚，只是借和尚之名混口饭吃。在元朝和尚的地位还是蛮高的。无意中见了慧娘有几分姿色，按捺不住淫心，来个霸王硬上弓。慧娘性情刚烈，誓死抵抗。青云占不到便宜，抓起茶几上的花瓶砸向慧娘头上。慧娘一个趔趄翻倒在地，后脑勺磕在桌子上，鲜血汩汩地流出来。青云大惊，伸手靠近慧娘鼻孔处试了气息，这慧娘只有呼出去的气没有吸进来的气。

青云见闯下大祸，翻箱倒柜，把慧娘家洗劫一空。又从紧挨着的柴房拿来柴刀，割了头去，包在房中随手抓来的衣服中，放入背经文的背篓里，匆忙逃出门外。

他刚逃到门口，转眼一想：不对，这样逃出去，自己不是成了最大的嫌疑犯了吗？

于是藏好头颅，返回来，装模作样地敲门。

慧娘有一陪嫁丫鬟名叫小环，听到敲门声琢磨着是法师来做诵经，匆匆开了门。只见青云神态自若，向小环双手合掌："阿弥陀佛。施主，老衲前来超度亡灵！"

小环转身到里院请娘子出来。刚到娘子卧房，只见一无头女尸横列房内，鲜血汩汩地流了一地。顿时惊慌失措，号啕大哭。

青云见此情景，马上脚底抹油，一走了之。

小环吓得马上通知慧娘的哥哥陈浩宇。陈浩宇曾听妹妹抱怨，包家大伯总想打她家产的主意，劝她改嫁，被她拒绝。又见柴刀扔在墙角，经小环指认是老大家所有。

陈浩宇认为老大谋财害命的可能性比较大，一张状纸告到了庆元府。庆元知府是个刚愎自用的庸官，绑了老大，屈打成招，判了个秋后问斩。只是老大没有做过案，自然供不出人头埋在哪里，胡乱指了几处，衙役自然找不到人头，无法结案。于是知府承诺只要老大交出人头就免了死罪，放他回去与家人团聚。

老大的娘子何氏和女儿玉娘前来探监。

玉娘看到父亲被打得皮开肉绽，奄奄一息，很心疼，得知只要交出人头父亲就免于一死。她回到家中对何氏说："母亲，你们把我抚养这么大，我无以为报，就让我的人头代替婶娘的人头，换父亲回家。"

何氏大哭："女儿休得说胡话！你父亲被冤枉的。你年方十六，我托人把你许个富家公子，拿到聘礼好救你父亲出牢狱。"说完，母女抱头大哭。

第二日起，何氏叫女儿起来吃早餐。一推女儿的房门，见女儿直挺挺地悬挂于横梁上。她哭得晕厥过去。醒来后，想起女儿的遗言，拿来菜刀就割女儿的头。由于悲伤过度，拿刀的手始终不忍下手。这样剁了八刀，才把头割了下来，送到衙门，说："昨日半夜，歹徒已把头颅送过来。望大人放了我夫君。"

知府冷笑一声："你丈夫谋财害命，现有人头在此，理应问斩。你这妇人，知情不报，包庇丈夫。杖责四十大板！"

何氏搭上女儿的性命不但救不出丈夫，还无辜吃了四十杖。觉得冤比窦娥，天天疯疯癫癫告状。

高明上任后，知府把这些事推给高明做。

高明看过卷宗后，又随仵作查看人头，觉得疑点多多：既然是凶杀，为何割下的人头没有鲜血淋漓，像是死后才割下？他命衙役找来慧娘的陪嫁丫鬟小环。小环认出此头并非慧娘，而是老大的女儿小玉之头。

高明马上提审老大，并急招何氏对质。惊堂木一拍："哒，包英伦，你谋害慧娘不说，还杀害你家女儿，天理难容。还不快快如实招来！"

三番五次的受审，何氏早已瘫软在地，一五一十地将女儿为救父舍身的事告知高明。回忆那悲惨的一幕，何氏再次肝肠寸断。

高明闻之，心中明白大半，又转身问小环："案发当天，可有人来过你家？"

"告老爷，只有法云寺的青云法师来过。"

高明宣布退堂。他把何氏叫到内衙如此这般一说。

第二日起，何氏装作去法云寺进香的香客，天天跪在菩萨面前虔诚祈祷，保佑官府早日抓住凶犯，为丈夫伸冤。因有几分姿色，她引起了青云和尚的淫欲。这和尚自从杀了慧娘以后，胆战心惊已久，很久不敢下山近女色。现在见到何氏天天单身进来烧香，遂打起了她的主意，时常假惺惺地开导何氏。

一日寺内香客寥寥，青云按捺不住心中的淫欲，抱住何氏欲行不轨。

何氏挣扎不过，说："只要师父答应小妇人一件事，小妇人就从了师父。"青云早已淫火攻心，失去理智："只要小娘子答应贫僧成全好事，不要说为小娘子做一件事，就是即刻为小娘子赴死也愿意。"

"小妇人丈夫被判杀了人，知府大人找不到人头。我丈夫是求生不得求死不能。小妇人只想早日找到人头，早点结案，好早送丈夫上黄泉，小妇人也好早改嫁。因此天天祈求菩萨保佑显灵，早日让人头出现。"

"这有何难。就让本法师代小娘子问问菩萨，早日让小娘子脱离苦海。"说完，青云又来搂抱何氏。

何氏一把推开青云，悲戚戚道："如果人头一天找不到，小妇人一天不想男女之事。还望师父即刻就作法祈求菩萨显灵。"

青云早被何氏美色勾得失去理智，马上答应作法。一通烧香拜佛念咒语后，把何氏带到禅院后墙边，移开活动的墙砖，一颗早已腐烂的人头赫然呈现在何氏面前。

何氏大惊，差点晕过去。

"贫僧已为小娘子实现心愿，小娘子该帮贫僧成全好事了。"青云说着张开双臂又来搂抱何氏。何氏故作镇静："师父放心，小妇人一定达成师父所愿。只是今日所见实在恶心，没有半点成好事的心情。不如改天，小妇人沐浴更衣后再来陪师父。"

青云看看那颗腐烂的人头，也禁不住恶心，哪有半点心情？挥挥手放了何氏。何氏马不停蹄地赶到衙门，向高明禀明所见。

高明连夜带捕头上山抓捕，抓住还在睡梦中的青云。

至此，这段冤案真相大白。

之后，高明判斩青云和尚，释放了老大，吩咐厚葬了孝女玉娘。坊间一时传为佳话。

第二节　明察暗访

这是个闷热的夏日傍晚。

张家村青年张阿宇正坐在门前道坦吃晚饭。他刚从河里耙螺蛳回来。一桶的螺蛳伸出触须，懒洋洋地粘在桶壁。他一边喝着老酒一边盘算着这桶螺蛳明日让娘子阿云拿到集市上卖了，换了铜钿扯些布来，给孩子做件新衣裳。由于连年灾害，收成不好，妻儿几年不曾做过新衣衫了。眼瞅着孩子都拔节长高，衣服小得都快撑破了，再不做实在不像样子。今天运气真好，不仅耙到了个大饱满的螺蛳，还捞到十几条肥肥的鲤鱼、草鱼。估计这些卖了，孩子的新衣裳不成问题。

张阿宇越想越高兴，老酒一杯一杯地往嘴里送。

"死鬼，还有心在这里喝酒！阿英被妹夫欺负了，还不快去帮忙！"阿云闯了进来，一把夺过阿宇手中的酒杯。这个阿云是个泼辣主儿，把阿宇管得服服帖帖，唯娘子命是从，叫他往东决不往西。这会儿风风火火地回来定是娘家出了大事。

果然，"我那苦命的妹妹哎……"阿云坐在地上放声大哭，"你怎么嫁了个这样的老公！你为他洗衣做饭，当牛做马，吃尽苦头，那痨干非但不领情，反而打你，是欺负咱家没兄弟啊……哎哟喂，我的命好苦啊……"她一把眼泪一把鼻涕。周围聚拢了一帮看热闹的人，阿云见人越多越来劲。

老实人阿宇拉不起婆娘，急得团团转。

见戏演得差不多，阿云突然目光一扫，盯着阿宇说："是男人的，就去为我妹子出气！来，拿上擀面杖，给我好好地去教训那畜生！"

阿宇尚未丧失理智，面露难色，劝道："人家夫妻吵架，床头打架床尾和，咱就不要掺和了吧？"

"你个孬种，不敢去是吧？你不敢去，老娘自己去打死那畜生！"

说着一骨碌从地上爬起，抓起门边洗衣服的棒槌，怒气冲冲地出了门。

阿宇拦不住，赶紧追了出去。

看戏的人更觉得有热闹可看，个个兴冲冲地跟在他们夫妇后边冲向阿英的夫家——林家村。

这支浩浩荡荡的队伍沿着田岸开过去，如蝗虫过境，田边的庄稼被踩倒无数，着实令人惶恐。

早有知情人吓破了胆，报告给林家村的阿英夫家阿生。阿生做好了迎战的准备，操着柴刀在村口等候。一场血刃之灾，剑拔弩张。

等阿宇等人走近，阿生二话不说，拿起家伙就砍。看热闹的人一看这架势，赶紧一哄而散逃命去。

阿宇逃得慢了点，被一刀砍中要害，一命呜呼！可怜的人儿，还不明白到底是怎么回事，原想去帮妻妹调解家庭纠纷的，结果稀里糊涂见了阎王！这世间的事真是说不清。生死由命，富贵在天！

原是一件很清楚的打架斗殴事情，县衙判了阿生秋后问斩。阿生家不服判决，屡次上告，都被人买通官府，状子压了下来。

高明拿到案件卷宗，觉得似乎另有隐情，结案太快，过于草率。

这日他带着高林来到张家村探访。

村口吹吹打打好不热闹，原来是张家村富豪蒙古人乌鲁目家娶妾。按说娶个妾也无需排场搞得这样大，可乌鲁目娶的可不是一般的妾，而是一对姐妹花。姐姐正是阿云，妹妹就是阿英。

这件事就很蹊跷了。姐姐丈夫刚死不久就嫁人已显荒唐；妹妹丈夫关在大牢还没死，就迫不及待地要嫁人了，这显然不合常理。

高明暗中调查，得知后面隐情大吃一惊。原来，阿云贪恋乌鲁目的财势，早就和乌鲁目有染。可总是觉得阿宇横在中间碍手碍脚，就和乌鲁目上演了一场借刀杀人的好戏。没想到，乌鲁目又看上了其妹阿英的貌美，勾搭上了阿英。阿云真是赔了夫人又折兵。她虽然不愿意和妹妹同侍一夫，但借刀杀人的主意正是她抓住妹夫的鲁莽冲动而设，只好打落牙齿和血吞，将错就错，姐妹俩一同嫁给了乌鲁目。

真相大白，收押了阿云和乌鲁目。高明重新改判阿生，以过失杀人，流放边关服役。真凶得到严惩，阿宇终于可以瞑目了。

经过此事之后，高明觉得有必要到牢中再走一走。那座暗无天日的大牢关着的，未必都是穷凶极恶的人，很可能有很多没钱打点、被随意做替死鬼收监的无辜百姓。

牢房很黑，散发着一股潮湿霉味。牢头见推官老爷亲自查监，忙不迭地上来献殷勤："大人，要提审哪位犯人，只须大人您一句话，小的即刻给您送过去。何必大人亲自过来，脏了大人的脚。"

高明绷着脸并无言语，连牢头都是如此势利之人，难怪官场如此黑暗，上行下效啊！

犯人见有人探监，像抓住救命稻草似的，一长排监室里伸出一只只肮脏的手。高明只觉心慌，这简直是人间地狱！

他所过之处，官袍被扯："大人，冤枉啊，大人，冤枉啊！……"

他走进最里面监舍时，一个痛哭流涕、蓬头散发的男子突然抱住了高明的靴子，"大人，救我，救我，大人……"

捕头赶紧帮高明掰开了那双瘦骨嶙峋的手。

高明朝牢房外走去，忍不住回头望了一眼那个突然呼求自己的人。他的目光流露无限的悲哀，充满绝望。不知道为何，只这一眼，高明就断定此人是被冤枉的。

　　高明回到衙门，来不及吃饭，直接调阅此人卷宗。原来此案犯名叫陈阿友，是庆元乡下人，一向务农。谁知突然飞来横祸，命运的改变真是毫无征兆，原本一次好心的带路却引来牢狱之灾。

　　五个月前。

　　一次杭州来了五位客商，带来大批丝绸布匹到宁波来卖。因山路不熟，叫当地农民陈阿友带路。当他们翻山越岭，穿越峡谷时，从密林中突然闯出一伙蒙面强盗："呔，此山是我开，此树是我栽。要想过此路，留下买路财。"

　　客商惊慌失措，丢下钱财，逃命要紧，一路逃到宁波。他们赶紧报官，控告陈阿友私通盗匪，有意把他们引入深山密林，以致财物被抢。前任知县收了客商的好处费，把陈阿友屈打成招，判刑下狱。

　　高明细细审过此案宗，发现疑点重重。他又仔细问过几个衙役，得知陈阿友下狱后，这种遭抢的案件还时有发生。一连串的疑问涌上高明心头：客商控告陈阿友通强盗，但强盗是谁？藏匿何处？如何勾结？卷宗上都没有，没有完整的证据链，如何轻易判罪？

　　高明在书房内踱来踱去。

　　夜已深沉，高明的思索却从未停止：这伙强盗决不会干一票就收手的。不如来个守株待兔，抓他个现场人赃俱获。

　　天亮时，一整套抓捕计划在高明脑海成型了。

　　一会儿，高林端进一碗热腾腾的寿面汤。

　　"老爷，请吃寿面。"

　　高明很惊讶，寿面是家乡的特产，长长的寿面在家乡通常是生日时候才吃。吃面时，面条越长越好，寓意吃面者福寿绵延。在宁波从来都吃不到，它从何而来？他搅拌了一下，两个荷包蛋从碗底浮上来。这么熟悉，莫非陈素来了？

　　陈素没来，却托人给高明带来了家乡的特产寿面。

　　崇儒里此时并不太平，外地流窜的流寇、山匪进村掳掠抢杀。

　　陈素日子过得很艰难，但她没有忘记每年高明的生日会为他下一碗寿面。即使不在高明身边，她也总会想尽办法托人捎去寿面。

高明感念这一份深情，为官更是勤政、清廉。

吃过这碗加了爱的寿面，高明精神抖擞，仿佛全身有使不完的劲儿。他马上派遣两个可靠的能干衙役假扮成客商，带着两匹驴子（瞧，干衙役这一行还得有点业余演员的水平，否则容易穿帮），把绸缎布匹等货物打包捆在驴背上赶路，并叫犯人陈阿友装扮成农民（他本来就是农民，本色出演），带路上山。

高明又挑选了二十几个勇猛健壮的捕快，亲自率队埋伏在强盗出没的峡谷。

但是事情不是像电视剧演的那样，官老爷一出场，强盗就手到擒来。干强盗也是个高风险的职业，通常干过一票以后，强盗们也要休息观望几天。等风声过去了，抢的东西用得差不多了，他们才出来干第二票。

凡事不怕慢，只怕站。高明天天亲自带着捕快去埋伏，风吹日晒是家常便饭。这股锲而不舍的精神坚持下去，什么案件破不了！

有一次，一个捕快不小心碰到了马蜂窝，众人被蜇得满脸是包。

高明不吭声，众人也不敢吭声。如此执着的劲头干这个刑侦大队长（推官）真是干对啦。

古代有些悬案、疑案，就是没人认真去干或是遇到层层阻挠不愿意深挖下去，才导致案破不了。

功夫不负有心人。

果不出所料，那伙尝到甜头的强盗故技重演。当业余演员"商人"牵着驴，挑着担，行至奇峰罗列、山深林密的峡谷时，突然窜出五个蒙面大盗，还是那句台词：呔，此山是我开，此树是我栽。要想过此路，留下买路财！

令强盗们奇怪的是，这回"商人"可没有上回那么好吓。他们不但不丢下货物四处逃散，还振振有词："小子，要想买路钱，问问我手中的家伙答应不答应。"说完"嗖"的一声从货物里抽出一把大刀。

"呦嗬，有两把刷子，敢跟本大爷要刀！"

众强盗倒退了一步，互使了一个眼色，随即镇静下来："兄弟们，我们有五个人，还怕他们两个吗？"

呼啦啦，官匪大战正要交锋。

突然，从旁边的树林中冲出几十个彪形大汉，个个手舞大刀长棍，高喊"抓强盗"，把这五人包围了起来。强盗见寡不敌众，只好乖乖投降，束手就擒。

高明命令强盗跪在地上，就地审讯：

"尔等竟敢光天化日之下拦路抢劫，该当何罪？"

"小民罪该万死！求老爷念小民是初犯，饶恕小民。"

"初犯？初犯有这么老练吗？家伙带齐，口号很响，如再抵抗狡辩，罪加一等。说，一共抢劫几次？抢了多少货物？匪首是谁？快如实招来！"

当中还有侥幸抵赖的强盗，一看高明身边的士兵都亮出了家伙，再不如实招供恐怕抛尸野外也没人知晓。官匪脾性是一脉相承的，没多少耐心。想到这里，早有胆小强盗竹筒倒豆子般招供出来："我们一共七人，先后抢劫十次，王大麻是我们的头目。"

"五个月前，一批杭州客商的绸布可是尔等所抢？"

"是，是。"

"赃物藏在何处？"

"都被王大麻私吞了。"

"王大麻住在何处？"

"北山三门寺内。"

"是否就是三门寺的和尚？"

"没错。"

高明又把陈阿友带到他们跟前："尔等可认识此人？"

强盗们面面相觑，茫然地摇摇头。高明已知事情水落石出，兵分两路，一路押送盗匪回衙门，一路开赴三门寺，把匪首王大麻当场抓获，并搜出部分还来不及转移的丝绸。

至此，陈阿友的冤案终于告破，高青天的名声自处州之后，在庆元路再次叫响。

第三节　沉冤昭雪

在元朝，蒙古人享有特权。蒙古人杀了家奴，通过上下活动，只要赔出一头牛的价钱，就可以抵消人命。

为了保住顶上乌纱帽，很多官员总是避开状告权贵的官司，唯高明是个例外。他敢于和权贵斗争，不怕丢掉乌纱帽，为百姓仗义执言，以致屡屡顶撞上司，结怨权贵。

有一次，一个名叫帖木的蒙古权贵，仗势虐待一个南人家奴，诬陷家奴是南人的奸细，把他活活打死。

宋代时，浙江、江苏、江西、湖南等地因当时南宋都城南迁杭州，这一带的居民在天子脚下生活，本来是很荣光的事情，可是到了元朝就惨了，统治者换成了少数民族蒙古族统治。一朝天子一朝臣，一朝天子一朝百姓，少数民族地位噌噌上升，蒙古人自然成了贵族的血统，南宋遗留的臣民就成了最低等的物种，被称为"南人"，谁都可以随意欺侮。

顶着南人身份长大的高明，深知南人的地位卑贱，受人欺凌。他知道家奴被主人打死一案后，主动进行侦查，发现又是一桩冤案，不觉义愤填膺。他不怕招来杀身之祸，要为这个家奴伸冤，对帖木传唤审讯。

高明铁面无私、执法如山的青天形象令犯案者闻风丧胆。帖木早有耳闻，听到此消息后胆战心惊。但他自恃有权有势，企图逍遥法外。他先请高明的同学陈希代为说情，想把这件事掩盖过去。陈希慑于他的权势，只好答应说情。

一天，陈希邀高明赴宴。高明因老朋友的邀请，盛情难却，只得前往。

酒至半酣，陈希举杯说："我兄身为推官，掌握刑狱大权。在'家奴奸细案'中，听说要深入调查追究。我兄正直不阿，小弟十分钦佩。但帖木是我挚友，万请看我薄面，请予宽待如何？"

高明乍一听，心里明白七分，原来老朋友三番五次地邀请就为了这个啊。

他心里顿觉不快。但为了不给陈希难堪，极力把话题岔开："今日你我老朋友相聚，把酒谈心，不是审理案件的场所，请勿提公事，勿扫雅兴！"

陈希见高明有意推托，遂开门见山："素闻我兄一贯清廉自励，本不该以此事搅了雅兴。但念在同窗老友，请兄允下小弟情，下不为例。"说着让随从呈上百两黄金。

"今晚和兄同饮，即为同窗情谊。否则，高明决不应邀前来。他日公堂审案，理应依法行事。"高明沉下脸来。

陈希见高明一点不徇私情，大失所望；但又无可奈何，只得草草结束，不欢而散。

帖木见一招不灵，又使出第二招。

过了几天，帖木又去搬出高明的直接上司——江浙统帅达公，企图借达公"巡察查案"之名，迫使高明就范。

达公带领随从人员，威风凛凛地到达县城，下榻后即命高明调阅案卷。达公翻阅案卷后，亲自批示道："奸细之事虽有失实，但家奴平日为人劣迹斑斑。主人一怒之下，杖之至死，情有可原，应予以宽赦。"

高明看了这个批文，非常气愤，当官不为民做主，不如回家卖红薯！虽然眼前这位达公是自己的顶头上司，可也不能如此草菅人命。家奴也是人，不把奴才当人的官就不配为官。德不配位，让人恶心。

他倏地站起来，大义凛然地说："大人明鉴：如果杀人者可以宽恕，那还有什么罪可判？此案怎么向老百姓交代？"

达公见高明竟敢顶撞自己，立即沉下脸来，气鼓鼓地威胁高明说："你还想不想在我手下干活了？"

达公言下之意就是："你小子在我手下，竟敢如此顶撞，还想不想我提拔你？"

高明一双凛然的目光回敬达公："要我昧着良心办案，让无辜的人含冤地下，做不到！"

这无畏的目光让达公后脊梁直发凉。他面红耳赤，瞠目结舌，却也无可奈何，只好拂袖而去。

帖木眼见这招没有奏效，心虚发慌，狗急跳墙。他知道高明要把此案报到刑部去审批，就不惜代价，派心腹带了大量金银财宝到元大都活动，以期逃过法网。高明早就料到会有这样一出，他抢先把这些权贵沆瀣一气、狼狈为奸、鱼肉百姓的罪状，详细整理汇报刑部，并在判决书上写着："泰山或能移，此案不可改。"

最后，高明终于顶住压力，让家奴案昭雪，法办了帖木。虽然此后晋升之路遥遥无期，但高明的正直清廉却永远留在了老百姓的口碑里，穿透历史的尘埃，镌刻在一代又一代子孙的心中。

第四节　巧破偷盗

高明的审案能力日渐成熟。俗话说，一个好汉三个帮，有义仆高林在侧陪伴，不时提供好点子，为案件的侦破加快了进度。

年关将近，衙门内张灯结彩，知府大人寿诞在即。照例，属下们要给知府老爷过生日。衙役们虽俸禄微薄，但还是凑齐碎银准备给顶头上司送一份寿礼。大伙儿的份子钱交由袁捕头暂收。

这日午时，高明忙完卷宗，刚想小憩片刻，袁捕头匆匆进来，哭丧着脸说："大人，大事不好了！三百六十两的份子钱不见了。"

"不要惊慌，你坐下慢慢说。"高明安慰一脸着急的袁捕头。

"昨晚下班时，因走得匆忙，小人把钱忘在公文包里落在衙内了。今天发现不见了。那可是兄弟们的辛苦钱啊！怎么办？"

"你先不要声张，先排除嫌疑。昨天最后走的人是谁？"

"王六。"

"传所有昨日当值的兄弟到后院场地集合。"

"是。"袁捕头退了下去。

不一会儿，除两位外出办事的捕快外，其余人等一律召集在后堂。大家不知道发生了什么事，三三两两交头接耳，还在猜测。高明出现在后堂时，衙役们方才住了口，一齐把目光落在了高明身上。

高明简略把失窃案说了一番，嘱咐大家有线索可以单独禀报。

不一会儿，张三悄悄来找高明，"大人，你刚才说完后，李四神态很不自然，避开你的目光。他最有嫌疑！"

张三走后不久，王五过来禀报，"大人，张三昨日买酒喝，而且去了一趟卖春楼，钱不知从何而来？"

接着袁捕头、王二、李四等等，各色人等来来往往，一时传言沸沸扬扬，弄得人人自危。高明一时没了头绪。

正在大家一片沮丧、人人自危时，门外喊冤鼓骤然响起。"咚咚"敲个不停。

衙役把击鼓者带上堂前。

"威——武——"

衣着破烂的老汉战战兢兢跪在堂前。

"何人喊冤？"

"大人，小的李老汉，平常卖肉为生，省吃俭用，省下棺材本，留待风烛残年养老，昨日却叫贼人偷去，求老爷为小人做主！"

李老汉一边擦泪，一边叙述。

"此事本官自会调查，你暂且回去！"

"小民叩谢大人。"

高明丢下衙门内部的案件，来到李老汉肉铺调查。

李老汉失魂落魄坐在肉铺前，再也无心生意。一看高明带着几个衙役过来，顿时两眼放光。早就听说高推官廉洁奉公，不放过一个坏人，不冤枉一个好人。李老汉仿佛看到了希望，扑通一声跪倒在地，一双油腻的双手就扑上来，抓住高明的官袍。衙役想挡住已经来不及了，干净的官袍上留下五个清晰的手印。

"小人昨夜三更听到家里有响动，急忙叫喊。等邻居赶到时，蒙面贼已经逃走了。小人年近古稀，无儿无女，如今没了养老钱，今后可怎么活呀！"

"老人家不要悲伤，本官一定把贼人捉拿归案，还你养老钱。"高明说。

"苍天有眼，让我碰到青天大老爷了！"

高明又命李老汉带路来到事发现场，试图寻找一些蛛丝马迹。遗憾的是，这个小偷的手法极其狡猾，没有留下任何有价值的线索，而且也没有找到目击证人。

衙役们都认为这是一桩无头案，即使查下去也不会有什么结果，所以都劝高明不要白费力气。

高明把目光投向自己的官袍，适才李老汉抓过他的官袍，上面沾染了油印。他将将胡须，心中已经有了一条妙计。

次日清晨，县衙门外贴出了一张告示，内容是：李老汉失窃一案实难破获，希望街坊四邻能伸出援助之手，今日中午到县衙为李老汉捐款。

在大家心中，几乎没有高明破不了的案。他居然贴出这样的告示，简直有损"神明推官"的称号。一时看高明出丑的、同情李老汉的人全部都会聚到了县衙，想探个究竟。

县衙大院里摆着一只盛满清水的大缸，大缸上贴着"捐款缸"三个红字。字体遒劲，是高明亲笔所写。

"往水缸里投钱捐款，真是稀奇。高老爷这是唱的哪一出啊？"

百姓疑惑不解，纷纷往缸里投钱。那铜钱擦着水面，打着旋儿往水底下钻。铜钱投得越来越多，围观者也越来越多。

这时，一位个子矮小的青年投钱后，正想离开。高明眼神一使，"哗啦"一声，一帮衙役一拥而上，把他绑成了粽子。

矮个青年心里一惊，高声叫喊："凭什么抓我？"

高明紧盯着他的眼睛道："偷了人家的钱还这么嚣张，还不快快如实招来！本大人可以对你从轻发落。"

矮个青年一听这话，一下子就蔫了，但他还想抵赖，死不认账。

高明马上派捕快到矮个青年家中搜查，很快搜出了老汉被盗的铜钱。

矮个青年人赃俱获，但他始终不明白，为何被高明这么快破案。

高明指了指清水中的油花，道："别人的钱都是干干净净，唯独李老汉因为双手摸过肉，他收进的每枚铜钱必然都沾染油花，不信，各位请看……"

他把搜缴的铜钱倒进另一盆准备好的清水中，果然浮起一大片的油花。

百姓纷纷伸出大拇指，高呼："青天大老爷！"

袁捕头又上前一步说："大人，我们不仅找回了李老汉的钱，我们丢失的份子钱也在他家搜到了。不多不少，刚好三百六十两！"

原来这矮子是个惯偷。那日在赌场输光了钱，原本想到一个在衙门当差的兄弟那里借点钱花花。没想到刚好是下班时间，衙内门虚掩着，空无一人。这厮进去东张西望，顺走了这袋银两。

这夜，矮子抱着这袋银子躺在床上睡不着，越想越兴奋，心想："今日真是运气不错，出去再逛逛兴许会撞大运的。"不承想逛到了李老汉家，盗走了李老汉的保命钱。偏偏李老汉的钱无意中留下记号。

高明也想不到一个急中生智碰碰运气的破案方法，居然拔出萝卜带出泥，连带着把兄弟们的份子钱也找回来了。

这个年，大家过得欢欢喜喜。

第五节 剑指腐败

人生暮年，谁都希望叶落归根。高明却不能。

元朝的腐败比历史上任何一个年代更甚，从中央到地方上下贪污。上行下效，正是官吏衙门层层盘剥，才使得百姓生不如死，痛不欲生，所以它只存活不到百年就走向灭亡。对于腐败，高明深恶痛绝。

一年，高明跟着樊执敬平江核田。

樊执敬（？—1352），字时中，山东郓城人，元末官员。为人机敏，学习发奋，性情直爽。由于为人正直，又为经筵之臣，官至侍御史。

顺帝至正七年（1347），樊执敬被任命为山南道廉访使，不久改任湖北道。

至正九年（1349），他调任大都路总管。十年（1350）三月，迁江浙行省参知政事。十二年（1352）二月，赴平江（今苏州）督运漕粮，出发前在出海口大摆宴席、犒赏部下。少顷，一艘客船从外面驶来，验明证件后放行，谁也没想到这竟是一艘反元起义军的船只。进入港口后，边放火边大声喊叫。仓促之间，军民乱作一团，义军竟然焚舟劫粮而去。执敬逃入昆山，引咎自责，闷闷不乐。

七月，江浙行省平章政事月鲁帖木儿病死。徐寿辉手下的将领项普率领农民起义军直犯杭州。大敌当前，樊执敬沉着冷静，调兵遣将，死守杭州城。元兵战斗力极差，城守空虚，事态万分危急。掾史苏友龙抗直有为，询问执敬："贼军将至，城内空虚无备，怎么办呢？"执敬讲："我磨砺戈矛，当歼贼以报国。倘或不能成功，有死而已，怕什么呢？"言语刚落，有兵卒来报：外城陷落，贼军将至。

执敬飞身上马，率身边护卫飞驰迎敌。行至半途，与起义军迎面相遇，激战中执敬用箭射死七人。义军越来越多，塞满街巷，并且纵火焚烧。执敬身边的士卒大多溃逃而去，只有他一人单枪匹马立于街中。义军见他孤立无援，就劝他投降。执敬怒骂："逆贼，我恨不得把尔等碎尸万段，怎能投降！"言毕，跃马挥刀砍贼。起义军众枪齐下，执敬连人带马皆被捅成蜂窝一样。

元朝廷诏赠樊执敬翰林学士承旨、荣禄大夫、柱国，追封鲁国公，谥忠烈。元朝谭州路总管鲁至道有诗挽曰："主将无谋拂众情，贤参有志惜言轻。狐群冲窜成妖孽，黔首惊惶望太平。奋志从军全节义，杀身殉国显忠诚。岁寒桥下清冷水，夜夜空闻哽咽声。"

这就是樊执敬的一生。

高明和樊执敬曾经有过一段共事时间。

元朝末年，由于连年战争，百姓的田地有些被土豪霸占了，有些被战争毁掉了，有些家庭人口出生，所占田地显然不够养活人口。这一查漏洞多多。

这一年，高明协助樊执敬到平江核实田亩。核田的主要目的，则在于均役均税负，纠正多年的不均弊端。核田的方法，大体上仍是自核与举报相结合，某些地方还采取"履亩"核实之法。对不实者采取没收的处罚措施。值得注意的是，这些地方的核田，并非中央政府的命令，而是地方监察或行政官员的行为。凡是采取这一措施的官员，大多是比较廉正、有所作为的人物。正如当时有人所说："核田均税，最善政也。"他们将此视为有利于改善人民生活、缓和社会矛盾的最佳行为。当然，在整个社会矛盾急剧尖锐化的情况下，这种改良措施犹如杯水车薪，实际上无济于事。

高明管辖范围内西山村上任一个新里长。所谓里长，大致相当于今天的村长。一个叫陈二的里长勒紧裤腰带，省吃俭用，甚至借高利贷送给上一级官员，期望能再次捞到里长当当。一个里长还不是官，为什么有这么多人抢着当？因为利益在里面。当了里长之后，这片土地就归你所管。分田时，你想给谁好田就给谁好田，你想把种不出粮食的贫瘠土地给谁都行。山高皇帝远，在闭塞的农村，里长就是天皇老子，谁也管不了。更何况当里长还有灰色收入，可以多占土地，想种什么就种什么。如此利益在里面，平头百姓谁不想当里长？

然而西山村出事了。这个事出得有点蹊跷。里长陈二在家里上吊自杀了。据说，他为了当里长倾囊而出，家里能用的钱都拿出来献给上司了。为了支持他当选，兄弟姐妹们把全部的家当都押在他身上，然而他刚当上里长，还没捞回本，就要再次进贡，否则又面临着撤掉下台的命运。他像赌输了的赌徒红了眼一样，不顾一切，把老婆孩子都卖了，目的是再当两年把本捞回来。然而半路杀出个程咬金，一个比他更疯狂的赌徒李四出现了，他也不惜重金砸向上司，李四完胜陈二，开始新一轮的鱼肉百姓生活。

陈二落选，瘫坐在地。这个世界，穷途末路的人通常有两种选择：不在沉默中爆发，就在沉默中死亡。陈二正如他的名字，一生做的事很"二"，连结局也很"二"，选择了第二种——一根草绳结束了自己的生命。如此稀里糊涂的一生，他是解脱了，只是苦了孩子害了亲人。

高明此去的任务就是去西山村调查里长多占的土地，收缴后，集中统一规划后分给无地的百姓。这不是要了里长的命吗？老子把毕生的积蓄进贡给上级不就想在土地上占点便宜吗？你倒好，这一来老子的所有梦想竹篮打水一场空！

触动里长利益，高明遇到的阻力可想而知。

这是他遇到最大的刺头。还没到西山村，一支快箭"嗖"的一声插入他的轿子横梁。衙役拔下箭头，扯下纸条递给高明，不用看，是一封恐吓信："姓高的，意思意思走过场就可以了，不要把事做得太绝了！"

威胁！赤裸裸的威胁！

高明在宦海中沉浮，不知经历过多少次各种各样的威胁，早已习惯。自从当官那刻起，就没打算活着回去。这样的小儿科自然置之不理。

第一回合，李四威胁失败，高明胜。

李四没办法，硬的不行，来软的。他深夜拜访高明，放下银子就走。

高明笑呵呵地笑纳了。

李四和狐朋狗友聚在一起就吹嘘："我看这高青天的虚名也不咋地，

哪只猫不吃腥？金钱开道，他高明不是高高兴兴地笑纳了！"

其余人闻言纷纷给高明上贡金银财宝，高明一一笑纳，并且让这些进贡的人一一签字，说怕以后弄不清楚，不知该为谁办事。

见高明如此好收买，这伙人更猖狂，备了酒席请高明赴宴，高明微笑着去了。酒酣耳热之际，高明提出了："今年虫灾和旱灾严重，请各位土豪捐点银子出来救救急。"这些土豪一面在心里暗骂高明贪得无厌，一面乖乖交钱，就当破财消灾。

风平浪静过了一段时间后，里长和土豪们侵占百姓的土地有恃无恐，渐渐民怨载道。高明掌握确凿的证据后，重拳出击，把土豪的土地分的分，没收的没收。

这些人可不服了。高明，你小子也太坏了，人家是收钱就办事，你小子不仅收了钱不办事，还与我们为敌。这口气怎么能咽下去！

他们开始联合上告高明受贿贪污。

这招对高明更不管用了。两袖清风的名声不是白捡的，他早就把财物上缴给上级，并且用这笔钱赈济百姓，撇清自己受贿的嫌疑。

"李四，百姓可都记得你的情。这些捐款都是以你们的名义捐赠给百姓的。"

见抓不着高明把柄，李四只能打落牙齿和血吞。

第二回合，李四行贿失败，高明又胜。

人总是有弱点的。李四虽然没读过书，在整人方面却有一套，很有办法。他很快打探出高明是个孝子。于是他的好戏上场了。

经过前两次的较量，高明这次拿定主意一定要把李四拿下，重新核田。

虽然这块硬骨头难啃，但如果不把这块骨头啃下来，后面的工作将更难做。

高明带着一干衙役，前往西山村。过桃花林后就是一条小溪。溪上石板桥只容许一人通过。

高明一行刚走到石板桥中间，对面窜出一个老太太，颤颤巍巍地向高明走来。高明刚想退回去让步，老太太却"扑通"一声朝高明跪下："求高大人放过我儿子，你这样收了他的田，叫他如何活下去啊？"高明诚惶诚恐，他伸手去扶老太太，可老太太死活不肯起来，高明没办法，他也"扑通"一下跪在老人面前。于是在这条狭窄的石板桥上，出现了让人不解的一幕，老太太跪在一个八品官吏面前，八品官吏跪在一个可以做自己娘的老太太跟前，互不起来。一个为了儿子的利益豁出去了，一个为了人间的正义坚持着。他们互不相让，用一种近乎变态的苦肉计来逼迫对方妥协。

日头高照，高明的额上现出密密的汗滴，老太太也眼见支撑不住了，颤颤巍巍快要倒下的样子。

好戏演得差不多了，李四一个箭步冲上来，指着高明的鼻子大骂："好你个高明，欺侮我也够了，竟敢欺侮到我家老娘身上！今天我要跟你拼了。"说着撸起袖子作势要扑过来。好汉不吃眼前亏，跟随衙役拉起高明赶紧逃回来。

第三回合，李四请出老母上演苦肉计，高明狼狈而逃。李四胜了。

但李四，不要得意太久，哥还会回来的！

高明暂时把李四放在一边，把集中起来的田地分散给没有田地的百姓耕种。自从有了田地，那些跟在李四身边的混混越来越少，大家都回归农业。在有田年代，谁会愿意放弃做良民的机会做混混？很多山匪海盗是身不由己，逼上梁山才这样的。李四的羽翼慢慢削减、瓦解，他再也蹦跶不起来了，被高明夺回大量囤积的土地。

高明为百姓又做了一件好事，但是结下的梁子也越来越多。

一天，高明又顶着烈日走村访巷核田。路过一棵大榕树旁时，一个黑影窜出来："高明，去死吧！"当头一记闷棍，高明顿时眼冒金星，他回头一看，李四狰狞的面孔停留在瞳仁中，"你……！"你字刚出口，高明晕晕乎乎地倒了下去。

李四举起石头，对准高明的头部欲置人死地。

"高大人——高大人——"衙役急促的脚步声呼唤声及时救了高明。

李四仓皇逃掉。

谋杀朝廷命官，李四显然在家乡也待不下去了，连夜逃出城去，临走狠狠地骂一句："高明，我会回来的！"

打击、报复没整死高明，这只是开始。人生的磨难接踵而来。天将降大任于斯人也，必先苦其心志，劳其筋骨，饿其体肤，行拂乱其所为。

高明，没有受尽九九八十一难，还没算完。

第二波的打击马上就来了。高明因为核田有功，理应奖赏。百姓交口称赞的好官通常是当不了大官的。要想当官需要走上层路线，往上拍马屁送礼永远没错。老天偏偏让他嫉恶如仇。这样的人让他走群众路线是如鱼得水，让他往上攀爬，比杀了他还难受。

那些被分了地的地主天天纠集一帮刁民去闹。

当然，无缘无故地闹，百姓也不会傻到这种程度，地主是给百姓发工资的。有了工资，这些原先受过高明恩惠的人倒过来反咬一口，诬告高明非但没有调节好分田减负工作，反而借此大肆搜刮。

高明头上还包着纱布。他恨呀，那一闷棍怎么不把他打死？他一直认为自己的所作所为都在为百姓请命。跟随樊执敬核田时，他也知道，改革必定会触及某些人的利益，阻力肯定是有的。但他想不到改革成功后，有些受益的百姓非但没感激他，反而被坏人利用，矛头对准自己，唾沫都能把他淹死。

高明，你何苦蹚这潭浑水！

高明升职无望，灰溜溜地跟在樊执敬身边做事。当他走上街时，受他恩惠的张大叔、王大婶瞅他过来，慌忙躲避溜走，要么对高明视而不见，要么惭愧地遮住自己的脸。有些人人生信条里只有利益，没有良心。

高明心头涌上的岂止是悲哀！

他的眼前出现小时候看过的戏。一个老实的媳妇嫁到一大户人家，天天受势利的婆婆和嫂子欺负。公公六十大寿时，大媳妇二媳妇的娘家来了很多亲戚，他们都想看三媳妇的笑话。三媳妇的三个哥哥在朝为官，听说妹妹在婆家因为衣着朴素、言语低调被妯娌看不起，三个哥哥约好在公公大寿这天回乡拜寿给妹妹撑腰。他们达到了效果，狠狠奚落了婆婆和嫂子，令人大跌眼镜。观众席上不断叫好。这一幕深深地印在高明脑海，没想到现实就是戏剧的翻版。有时比戏剧还恶心！

"丑女造就了美人，愚氓举出了智者，懦夫映衬了英雄，众生度化了佛祖！"①耿介的高明却是孤独的。

我们经常把刘基和高明放在一起比较。刘基的经韬纬略、运筹帷幄堪称诸葛亮再世。提起高明，往往是一个"南戏鼻祖"涵盖了所有的荣耀。其实，高明并非文官不行，亦非武官不能，翻找他从政从军的经历，他的才干不会逊于刘基。只因他在元末生不逢时，英雄无用武之地，更因为他恪守儒家"忠臣不事二主"的古训，即使跟着旧王朝殉节，也不投奔明主偷生。说他愚忠也好、迂腐也罢，终究是真实的高明。如果没有这份傻得可爱的执着，历史上可能多了一个像刘基一样的谋臣，却少了一个蜚声世界的剧作家。

而历史从来不缺将军和能臣，"南戏鼻祖"却独一无二，只此一枚。

_____

① 史铁语。

第六章

离乱岁月：马萧萧，车辚辚，落花和泥碾作尘

第一节　强留幕僚

这一年，或许是月彦明的推动，高明被授予福建行省都事。至正十七年（1357），绍兴之东、台州诸郡被方国珍所控制。张士诚盘踞在绍兴之西及苏杭诸郡。

元帝国已经分崩离析。很多官员纷纷退隐。

刘基退隐的同时，还有一个人在官场苦苦挣扎。他几番欲离去，然而牵绊他的朝廷不放手。

但兵荒马乱，道路阻隔，赴任已非易事。加上他已无意赴任，他厌恶官场，想过隐士的生活。

"前辈谓士子抱腹笥，起乡里，达朝廷、取爵位，如拾地芥，其荣至矣。孰知为忧患之始乎！余昔卑其言，于今乃信！"这是高明在宁波与朋友所说的萌发退志的一番心里话。

他叹息己身似王粲处乱世而怀才不遇，应如蘧伯玉悔省而遁世。

前有狼后有虎，高明这趟赴任真是辛苦重重。

陆路不行就走水路。他准备从绍兴出发，经海道赴任。路经庆元时，被方国珍发现。方国珍看中了高明的才华，把他强留在幕府，让高明做他的属官。

高明对方国珍素无好感，婉言拒绝。方国珍又想出一辙：既然你无意为官，就教教我的方氏子孙后代吧。即使身为强盗也有自己的远虑，总不能子子孙孙都做强盗吧。

虽然教书是高明喜欢的职业，他前前后后几番轮回教书，教出了很多在当时很有名的学生，但为叛贼服务，他宁死不屈。

方国珍很恼火，我得不到的人才，别人也休想得到！杀了高明是易如反掌的事，可是不能这样便宜了他。就留着他的命让他看看有多少英雄好汉为我方国珍所用。他画地为牢，只允许高明在他的管辖范围生活。

在当时，即使方国珍愿意让高明回家，他也是有家不能回。此时的瑞安阁巷，地处沿海，各类强盗四处流窜，早已一片狼烟，变成战争前线，房屋尽损，黎民遭殃，苦不堪言。有办法逃走的全部逃掉了。这个时候回去不是等于送死吗？而四明鄞县，当时是江南的"乐郊"之一，没有被战火波及。庆元路虽名义上属于元朝势力范围，实际上早已操纵在方国珍手里。全靠地方官吏刘仁本的运筹帷幄，才保住了大致的平稳。

在被羁留在鄞县时，高明为方国珍作《余姚筑城记》。高明虽然讨厌方国珍，但具体对事不对人。余姚城是方国珍主持，其弟方国珉监督而修筑。高明既然拒绝了方国珍的强留，为什么要为他写《余姚筑城记》呢？因为余姚城是为了防范朱元璋等起义军进攻，符合元王朝的利益，高明对此是赞成的。此外高明写这篇文章是因地方上的官员和当地年长族公的邀请，或许这些人是方国珍暗中指使的，但毕竟方国珍自己没有出面。另外，方国珍此时还是元朝的官吏。综合以上原因，高明写这篇文章就可以理解，他是记录历史上有这么一件事，而不是歌颂方国珍。

高明被方国珍强留幕下，高明借故不从，欲以礼教子弟亦不就，朝廷又不准其归家，只好顺势旅居庆元。他走遍宁波城乡，饱览三江六岸美景。之后，朝廷又下皇旨，任命他为国史院典籍官。然而，再大的官他已无意停留而拒任。这时，他隐退宁波的决心更为强烈迫切。

高明生于乱世，虽有远大抱负，但却流离困顿，有家难回，终生郁郁怀才而不得志。十年辛劳，天地无情，既入仕途又身不由己，常为宦事所羁绊。

"几回欲挽银河水，好与苍生洗汗颜。"

可惜壮志未酬心已衰，不如急流勇退教吾民。

第二节　四明旅居

高明的祖辈们经历过宋亡的国难。而生于元末，一生在战乱中度过的高明，同样也要面对异族入侵的痛苦，他们的诗作都表露出较深的民族感情，普遍带有遗民诗的特征。他对元朝的愤慨间接地在他诗文里流露出来。同时，他对当朝官僚买办也深恶痛绝。在这种思想的驱动下便有退隐之念。"得与乡人子弟诗书礼义，以时游赤堇四明诸山，俯涧泉而仰云木，犹不失故吾也。"

至正十八年（1358），高明从宁波一路寻访到栎社"贸山书院"讲学作诗。

书院是封建社会特有的一种教育方式，主要培养年轻学子，传播学术思想，宣传政治文化。书院一般属民间捐资兴建的教育机构，除了教育还兼有藏书供祀功能。宁波最早的书院，是在唐朝大中四年（850）创办的蓬莱书院。北宋初年又建公讲所，在月湖竹洲设正义楼公讲所，后改城南书院。首场开讲者为"庆历五先生"之一楼郁（月湖先生）。至元代后，宁波书院改为官方办学，首次确立以理学为基础，尊朱熹学说为宗旨。

元末，宁波最大书院便是贸山书院，名气最大的是宝峰书院。

贸山书院创办于元大德二年（1298），创办人赵寿（吴人、今苏州人），元朝著名书画家、思想家。最初建在城西大卿桥西南（今柳西新村西北师范附小旧址），后移迁栎社。初创动机是为了纪念朱熹而建祭祀场所，划田一百余亩。曾上报省府，创办者将立为州县教官，并委任丁若水为山长。

丁若水，字咏道，擅长乐府音律。曾与高明共诗文。随着地方官办书院的发展，理学思潮的迭起，宁波又先后创办了宝峰、南山、长春、鲁斋、甬东、慈湖等书院。高明先后在宝峰、贸山处交流讲授儒学与诗文唱酬。

据民国《慈溪县志》载：宝峰书院建于元末，在县西二里大宝山麓（今慈城）。创始人为元末大儒赵宝峰。

赵宝峰，名偕，字子永，入元不仕，学宗杨简，曾隐居大宝山之东麓读书写诗讲授儒学。高明久慕慈城宝峰书院与赵宝峰之名气，专程入院拜宝峰为师。

高明被迫辞职后，居住在宁波。无官一身轻，他从繁重劳累的公务中解脱出来，开始去附近一带探访朋友，游山玩水。四明山自然是他经常的去处，前文已经介绍过。他写了《石田山房诗二首》：

其一云：

四明山中春雨余，三台峰下访仙居。

云开翠碧浮金阙，风定银河下玉虚。

幽洞夜明丹化鹤，清溪昼静獭窥鱼。

凭君为问刘樊信，青鸟西来好寄书。

（辑自《四明丛书》第六集清黄宗羲《四明山志》卷六）

诗中透露出高明隐居的心思。这时他受到佛教和道教的影响，经常升腾起万事皆空的心绪。

他结识了余姚人杨瑛。

杨瑛与他的两个弟弟很有文名，高明对他们钦慕已久。以前，杨瑛经常邀请高明到他的家乡做客，高明总因公务繁忙而没有去成，现在有大把的时间可以去看看老朋友。

回想往事，那首因不能践约的诗词还在：天气转凉，无边落木萧萧下，想起晚景很是凄凉。独自坐在书房，冥想着如果这个时候和杨瑛兄一起仰看雄鹰高飞，奈何迎上来的都是浮云蔽日。我和你隔着远远的距离彼此看不见，你那里此时应该是空中云雾迷蒙吧。

桨橹欸乃。划，往乡村划。他面容清瘦，站在船头，视野渐渐开阔。一排排青翠的树快速向后倒去。船外呼啸的风带来青草泥土的味儿，刺激着人的神经，让混沌的头脑顷刻清醒。

时值春末夏初，绿油油的禾苗已经像个半大小伙，冒着即将成熟的青涩，过个把月大概要挂穗了吧。沿岸路边的豆荚开出紫莹莹的花，点缀在乡野，春光灿烂。一座座石拱桥从高明眼中远去，城市被抛在了身后。

以前在农村中长大不知道那里有如此美。当整天混迹在污浊不堪、勾心斗角的繁华城市时，他开始怀念当初以为寂寞单调的乡村。

现在，高明见不得奴颜婢膝，憎恨翻手为云覆手为雨的变脸。他看透了某些角落"只许州官放火，不许百姓点灯"的黑暗。也受了伤害，表面的恭维原来是这样不堪一击。对着阳奉阴违，他的内心会大吼："你无需解释，解释都是心虚的表现。趁我看穿你的时候早点离开，让彼此都能有体面的台阶下！"

高明除了拜访杨瑛外，还来到上虞走访老朋友魏寿延。

魏寿延的房屋周围植满竹林。宋朝苏轼曾说："宁可食无肉，不可居无竹。"竹子在历代的文人当中是清高廉洁的象征。竹，代表着清明，寓意着气节。魏寿延家有兄弟三人，魏寿延是老大。兄弟三人满怀盖世之才，却都隐居不仕，受到知识界的尊敬。他擅长写诗，把与高明、王冕等朋友往来酬唱的诗作，编为《敦交集》。

魏寿延的居所面朝夏盖湖，层层叠叠的荷叶铺满水面。沿着堤岸，湖光山色尽收眼底。

小荷才露尖尖角，早有蜻蜓立上头。

浮萍朵朵大片排开，菱角藏在水底，鱼虾穿梭荷叶中间，好一派鱼米之乡的亮丽风光！

烟雨蒙蒙中，魏寿延披一件蓑衣，独坐湖边垂钓，享受着这片天地茫茫的宁静。浮漂晃动，他提上鱼竿，一条硕大的草鱼在吊钩里左右挣扎。他轻轻地摘下草鱼，"去吧！"一把扔到湖里。

有如此丰富的物产做后盾，魏寿延不缺吃不缺穿，缺的是朋友分享他的寂寞和宁静。

这时高明来了，高明在这位友人身上，看到了洒脱和放下。当世道昏庸黑暗的时候，也唯有为自己构建一方精神家园才能遗世独立。

魏寿延很孝顺，对兄弟也很好。高明拜访以后深为他们的孝道感动，作诗《丁酉二月二日访仲仁仲远仲刚贤昆季，别后赋诗以谢》：

隐君家居越江边，烟雨江村绕舜田。

玉树郎君宜彩服，紫荆兄弟正青年。

山云晓暗读书屋，湖水春明载酒船。

何日重来伏龙下，《参同契》里问神仙。

在诗中运用彩衣娱亲和紫荆复生两个典故，赞美了魏氏兄弟的孝悌。

"彩衣娱亲"这个故事高明小时候就听过：春秋时期，楚国老莱子非常孝顺父母，想尽办法讨父母的欢心，使他们健康长寿。他七十岁时父母还健在。为了不让父母见他有白发而伤感，他做一套五彩斑斓的衣服穿在身上，走路时装成小儿跳舞的样子让父母高兴。

在中国古代，紫荆花常被用来比拟亲情，象征兄弟和睦、家业兴旺。它来源于这么一个典故：传说南朝时，京兆尹田真与兄弟田庆、田广三人分家。当别的财产都分置妥当时，最后才发现院子里还有一株枝叶扶疏、花团锦簇的紫荆花不好处理。当晚，兄弟三人商量将这株紫荆花截为三段，每人分一段。第二天清早，兄弟三人前去砍树时发现，这株紫荆花枝叶已经全部凋落。田真见此情景不禁对两个兄弟感叹道："人不如木也！"后来，兄弟三人又把家合起来，并和睦相处。那株紫荆花树好像颇通人性，随即又恢复了生机，且长得花繁叶茂。

高明以这两个典故来夸奖魏氏兄弟，对他们表示景仰。

这年五月，高明又去夏盖湖拜访潘子素，但没有碰到。

潘子素原来是庐州合肥人，因为写了一本书讽刺当局，被打入黑名单。官府准备将他逮捕入狱。他只好亡命江湖，逃到江浙一带，最后在魏寿延的夏盖湖旁边隐居起来。后来还是被官府所杀。高明是在玉山草堂认识他的，当时潘子素风度翩翩，吟诗作赋清丽脱俗，深得高明喜爱。因此在玉山草堂认识后，高明就念念不忘这位仁兄。

男人间的友谊不像女人细腻，通常是豪迈的，爽朗的，有歌有酒，有诗有赋。虽然没有见到潘子素，高明还是留诗一首，记录这次到访的全过程：

夏盖山前湖水平，杨梅欲熟雨冥冥。
吴门乱后逢梅福，辽海来时识管宁。
野雾连村迷豹隐，江风吹浪送鱼腥。
伯阳旧有《参同契》，好共玄孙讲《易经》。

看到这个《参同契》，一般读者不是很熟悉。这本书原名《周易参同契》，是一本求生求寿求发展的书，是世界上现知最早的包含着系统的道教早期经典，被视为"万古丹经之祖"。它是东汉魏伯阳写的。魏伯阳是绍兴上虞人，著名的炼丹家。高明引用在这两首诗中很恰当，也流露出他自官场出走以后，对道教产生了浓厚的兴趣，向往道士隐居悠然自得的生活，表达了对隐逸生活和自然生态的向往之情。

高明还与倪瓒、路德旸、李仕开、张天英等社会名流成了哥们儿。

这些人性情和高明相投，结下了深厚的友谊。倪瓒前文介绍过，是个像颜渊一样的儒者，视富贵如浮云，萧然独处一室。他的生活很清贫，但是他一点也不在乎，终日讲论诗书。高明在绍兴时，曾经写了一首《题青山白云图》给倪瓒：

昨夜山中宿雨晴，白云绿树最分明。

茅庐早起无他事，去看南溪新水生。

　　此后高明陆陆续续写诗给倪瓒，倪瓒如获至宝，包好保存，装裱成册，以表达对朋友的深厚友情。若干年后，当高明看到那些自己随写随丢的句子被好兄弟如此慎重地保存，怎能不感动呢？高明在庆元时，整理自己的诗作，写自序说："我十多年前，寄诗给倪仲权（倪瓒，字仲权）兄，过去十几年了，我想我的诗不是丢之门前的湖里，就是当纸蓬包纸所用。没想到他居然装裱得这么精美，还和那些大师的文集排在一起，列在书柜里。他如此看重朋友间的只言片语，令我非常感动。受他的鼓励，我把自己的拙作整理出来，供各位饭后茶余消遣。"

　　另一个和高明结下深情友谊的叫路德旸，台州人。因为当时鄞县良好的文化氛围吸引着他前去居住。高明去世后，他曾作诗追悼高明。

　　他是高明忠实的粉丝。高明的《琵琶记》他是看一次哭一次。他觉得高明写蔡伯喈的命运就是写自己的命运。他的赴考、做官、出走都是身不由己。

　　另一个人物李仕开，鄞县人。个性耿直，不轻易交朋友，对择友的要求很高。但是一旦选定友人，掏心掏肺地对人家好，很讲义气。他敬佩高明的人品学问，让他的儿子李孝谦拜高明为师。后来李孝谦成了著名的学者。明永乐年间，诏天下纂修图志。太守汪旭请李孝谦总编郡志，书成而卒。

　　高明也是《琵琶记》写成后离开人世的。有其师必有其徒，历史留下他们光辉的一页！借此，我们要向一切古今中外为人类提供精神粮食而呕心沥血的作家们致敬！

高明游走慈溪时，认识一介平民沈则。他的妻子王氏，聪明贤惠。沈则死后，留下两个年幼的儿子，王氏当时年仅十六岁，完全可以改嫁。亲戚朋友都同情她，纷纷为她张罗对象。她哭着说："我决不改嫁，公公婆婆需要人伺候，年幼的孩子离不开母亲，怎么能弃他们而不顾呢？"她说到做到，为死去的丈夫守节，侍奉公婆，抚养儿子。方圆几里，人人知王氏孝顺。

高明把她的事迹写成诗，更扩大了知名度。至正年间，因为高明的宣传，她的事迹被上报朝廷，受到旌表。后来在高明的《琵琶记》中，赵五娘的身上就集中了王氏的影子。其实在高明的心中对王氏充满深深的同情，年纪轻轻何尝不想改嫁，只是上有老下有小，改嫁谈何容易？人生的责任在肩头压着，能随心所欲吗？

人生就是一次又一次的选择。为了责任，为了道义，我们一次次放弃自己喜欢的，选那责任大的。高明曾冒出撂担子不干的想法，却又无奈地回到官场。促使他回来的不是他喜欢的事业，而是他必须承担的责任——忠君，为国效力。

高明和他的老师黄缙很像。一样才华横溢，一样清正廉洁，一样在任推官期间平反许多冤狱。如果说不一样，高明留下的作品《琵琶记》在十六世纪就蜚声海外，他独创的双线结构方式，奠定了明清传奇创作的基本结构方式。这是他之所以成为著名剧作家而青史留名的重要原因。这一点超越了他的老师黄缙。

在当时，高明没有认识到自己的最大才能是戏曲创作，其实说他是才子一点也不夸张。他的书法在当时也很有名。在为官期间，他留下了很多墨宝。他会作曲，会演戏，口才又好，放在今天可谓影视歌三栖明星。他玉树临风，长着一张明星脸，又有神童的光辉罩着，无论走到哪里都应该是个风云人物。但是，所有附加在他身上的优点他似乎都看不见，因为他一生追求的不是这些，他要实现人生最大的抱负"几回欲挽银河水"，他要拯救黎民百姓于水深火热中。为了这个理想，他忍辱负重，在处州，委屈自己给马僧赔笑脸，只为了马僧不要为难当地百姓；在军营，出谋划策抓捕方国珍，却无辜受贬；在官场起起落落中浮沉，心中始终装着江山社稷；在推官任上，顶住压力平反各种冤狱……

十年宦海浮沉，耗尽了他的心血，染白了他的头发，但他始终矢志不渝，把一颗忠心托付给一个腐朽的元朝，所托非"人"。

哀哉！

第三节　诗文唱和

至正十二年（1352）九月十日，徐寿辉部攻入杭州。樊执敬和敌人遭遇在天水桥。冒着枪林弹雨，歼灭敌人七千，最后战死。红巾军占领杭州城后，不杀不奸。但城门只守了十六天。十六日后，官兵又收复了杭州，却举火焚城。一座历史名城毁于战火。

自杭州失陷后，与杭州相距不远的绍兴一带，传言四起，百姓扶老携幼，纷纷逃亡。元朝廷决定加强对绍兴的防御，修筑城墙，加固防事。高明时任绍兴判官。时局不好，人生萧条。他一心一意修城墙，虽然他厌恶元朝的黑暗，但他还是为元朝尽自己最后的责任和忠心。官兵的屠城让他觉得这比强盗行径更恶劣，残暴无人性者让人发指，令人心寒！

至正十三年（1353）正月，高明的好友刘基走马上任，继任高明以前干过的事业——浙东元帅府都事，参赞军务。他与元帅纳琳哈喇一起死守庆元城，以抵抗方国珍的侵扰。

人生就是这么有意思。两年前，刘基还对高明寄予厚望，希望他在军中建功立业，一展抱负。才不过两年的时间，他就接过高明的旗帜，和叛贼方国珍抗争到底。刘基还是坚持自己的观点：方氏兄弟是首乱，理应斩首除之；余党是从犯，可以实行招安。建议招捕结合，从敌人内部分化瓦解方国珍乱军。

军中从来不缺叛徒。对于刘基的方案，早有间谍告知方国珍。方国珍大吃一惊，感觉刘基这个人比高明更难对付，而且更心狠手辣。于是，方国珍心里的商人算盘子拨拉着，他想方设法要搞定刘基。

方国珍先是给刘基送了一份大礼，希望他在元帅面前为他说话，即使不为他说话，保持沉默也可以。遭到刘基严词拒绝。

方国珍没辙，只好派人从海路到京师，重金贿赂朝廷各部门要员。钱真是好东西啊，朝廷要员收下之后，集体倒戈，纷纷上奏朝廷请求元顺帝招安方国珍。刘基步高明后尘，仗还没开打就输了。不过他比高明更惨，高明在招安中顶多没有升官，刘基因为要斩杀方国珍那句狠话，被方国珍牢牢记在心里："好你个刘基，你不是要置我于死地吗？我也要让你尝尝得罪我的后果！"

方国珍又一番金钱开道，众官员纷纷上书弹劾刘基犯有"伤朝廷好生之德，且擅作威虎"之罪。元顺帝革了刘基的职。

可怜的刘基空有报国雄心，却没有门路，被羁留在绍兴。这已经是他第二次被革职了。革职就革职吧，做个普通百姓已经够惨了，报复心重的方国珍连普通百姓也不让刘基做。你刘基不是挺能折腾的吗？从我眼皮底下滚蛋，但不能回你老家，找个地方让你孤独终老。

这个地方就是绍兴。

高明在绍兴任判官，悲痛不已。他更加觉得，元朝大势已去，徒劳挣扎，于事无补。对于朝廷，能爱的越来越少，敢爱的越来越少，现在连爱的力气也越来越弱。

他心灰意冷，只想找一片净土完成自己立言的心愿。

至正十四年（1354）以后，方国珍占据浙东。整个江浙行省，元朝廷能控制的只有绍兴和处州等数处。

战争频繁，元大都成了名副其实的孤岛，水路切断。供应大都军民的物资，一直靠海运。苏州陷落后，江浙运输不通；湖广弃守后，江西运输通道堵塞。大都百姓饥饿难耐，竟至杀人而食，军队崩溃！

这年二月，刘基收拾简单的行李自台州来绍兴，租住在王氏庄园。

刘基被变相软禁，想回个家都难。方国珍的坏心肠是让刘基落魄异乡尝尽孤独滋味。却没想到，这一年，正好高明调任江南行台浙东宪司属掾。江南行台总部在集庆，因为高明是下属单位，办公地点在绍兴。于是同病相怜的刘基和高明在绍兴，有了彼此温暖的交往。面对朝政的黑暗以及不可收拾的残局，他俩无计可施，唏嘘不已，再也没有当年"几回欲挽银河水"的豪迈。活着不容易，此时元朝千疮百孔，病入膏肓的状态，不是他们所能拯救的了。

目前的状态，刘基更需要高明的接济。削官后，他连养活自己都难。这已是他第二次被迫辞官了。尚在官场混的高明不光是刘基精神的支持者，还是他物质的帮助者。只要有自己一口吃的，总是想着刘基。他很清廉，朝廷的那点俸禄仅够养活一家。这时，还要从牙缝里省出钱财接济刘基，生活的艰难可想而知。

春风又绿江南岸，烟花三月下扬州。古人游春赏的是春色，体味的是冬去春来的温暖心境。因为寒冷，蜷缩了一个冬季的诗情拿到春季里复苏。或许，用万物复苏、花红柳绿的希望去温热政治上壮志未酬、遭人谗言已然冰冷的心窝。

阳春三月，不见春光复苏。今年江南的春天似乎比别的地方来得晚一些。凛冽的寒风，吹皱一池的湖水。细雨绵绵，落在水中溅起的声响似乎是老天在为元朝敲响的丧钟，让人倍感凄凉。

刘基坐着绍兴的乌篷船，在寒雨中来访高明。在目前形势下，高明是他唯一可以倾诉的对象。两人照样谈论时局，不胜叹息。群盗纵横，朱元璋、张士诚、陈友谅虎视眈眈，随时能把风雨飘摇的元朝廷推倒。占据浙江的方国珍出尔反尔，为元的灭亡编织一个个圈套，干戈不休。那些食君禄的朝廷官员，个个都在为自己盘算，没有一个人愿为国分忧。有的甚至趁火打劫，大发国难财。那些手握兵权、拥兵自重的军阀之流，仍旧歌舞升平，穷奢极欲。朝廷连年打仗，苛捐杂税，成为压死骆驼的最后一根稻草，民不聊生。

高明和刘基也想锄强扶弱，为国效力，却无从下手。如今避祸异乡，还得谨言慎行，唯恐触怒当局。想隐居起来，天下已经没有一块净土，连回乡隐居的念头都成了奢望。做人做到这个份儿上，岂是悲凉两字可说？

在这个雨天，唯一解闷的是作诗。作为文人，也唯有诗是排解烦闷的最好载体。

高明乐感很好，每作词必自己拍打节奏唱之。他不光是个文人，上苍还赐予他富有磁性的嗓音。

很多人慨叹生不逢时，高明也是。他记录这次雨中交往的《雨中诗》现在已经不复存在了，但刘基的和诗却保留了下来：

> 倦鸟冀安巢，风林无静柯。
> 路长羽翼短，日暮当如何？
> 登高望四方，但见山与河。
> 宁知天上雨，去去为沧波。
> 慷慨对长风，坐感玄发皤。
> 弱水不可航，层城岌嵯峨。
> 凄凉华表鹤，太息成悲歌。
>
> （刘基《旅兴》）

这些诗格调低沉，悲愤苍凉，也可以看作高明心态的流露。他们都不知道自己将是改变时代的风云人物，在死后名垂千古。当然他们不会想，目前连活着都是如此艰难，没人会想到身后那么远的故事。

归隐，高明也曾经历过。他和刘基一样，对自身生命价值的追求方式产生过怀疑，并在一定程度上接受了道家超现实的生命观念，以期从中得到心灵的慰藉。

> 蜀琴且勿弹，齐竽且莫吹。
> 四筵并寂听，听我薤露诗。

昨日七尺躯，今日为死尸。

亲戚空满堂，魂气安所之。

金玉素所爱，弃捐箧笥中。

佩服素所爱，凄凉挂悲风。

妻妾素所爱，洒泪空房栊。

宾客素所爱，分散各西东。

仇者自相快，亲者自相悲。

有耳不复闻，有目不复窥。

譬彼烛上火，一灭无光辉。

譬彼空中云，散去绝余姿。

人生无百岁，百岁复如何。

谁能将两手，挽彼东逝波。

古来英雄士，俱已归山阿。

有酒且尽饮，听我薤露歌。

（刘基《薤露歌》）

刘基以古老的挽歌形式，抒发"人生几何，譬如朝露"的生命感悟，给人一种悲凉之感。

他们也会讨论家乡，讨论温州，讨论南田，讨论他们共同待过的处州。

他们向往着回乡，高明慨叹："飘零王粲辞家久，牢落潘郎感发稀。"他们向往陶渊明的世外桃源生活。

有时失去未必不是得到。两个官场失意的人，游遍绍兴的大街小巷、西山东湖、越塔兰亭。每到一处，都免不了吟诗作赋，有了后世大量的山水模范之作问世。塞翁失马，焉知非福？没有革职后躲避在绍兴的整整两年时间，或许就没有后来的文学家刘基了！这应了一句古话，叫有得必有失，反之有失必有得。

他们对酒，赏月，吟诗。日子似乎一度过得不错，彼此似乎很满足于眼前的生活，但这仅仅是临时的"改心换志"。从他们对时局的深深叹息中，又何曾见其内心有过片刻的安宁？

他们在苦苦思索之后，最终鄙弃消极避世的生命价值取向。剑在匣里，蛟龙潜在深渊，都是等待时机出来。他们需要时间来证明自己。

松柏冒雪霜，秀色终不改。

奋发向上、务实进取是他们在绍兴期间生命咏叹调的主旋律。

儒家说穷则独善其身，达则兼济天下。高明和刘基，不管穷达都要兼济天下。

儒家说不在其位，不谋其政。高明和刘基不管在不在位，都要谋其家国之虑。

在文化底蕴深厚的绍兴，他们虽然内心痛苦不已，但并未因此而忘怀时事，反而更加密切地注视着全国局势的变化发展。他们认为导致天下大乱的根本原因在于执政者不实行"以德养民"的为政之道。"保民而王"是儒家治国平天下的思想核心。大凡古往今来有作为的明君、贤臣无不将民生放在第一位。孟子曰："民为贵，社稷次之，君为轻。"这是堂堂亚圣说的，高明和刘基深谙此道。

至正十四年（1354）十一月，元丞相脱脱打败张士诚于高邮。

高明闻之，第一时间派人把这个好消息告诉了刘基。他们在精神长期受到打击的状况下，闻此消息欣喜若狂，似乎从高邮大捷看到了元朝廷起死回生的一线希望，期盼着全面收复淮甸。可遗憾的是元朝廷并未因此扭转局势，脱脱被奸臣所害，在流放途中惨遭杀害。元顺帝最后可力挽狂澜的人物已经失去，各地反抗运动犹如烈火烹油，遍及全国。

没有人能参透命运的玄机。

刘基和方国珍誓不两立，然而谁也想不到，遭贬后的两年——至正十六年（1356）二月，刘基又被朝廷召回，给以行省都事的官职，跟随石抹宜孙守卫处州。此时方国珍又一次招降，封为元朝廷的官。和方国珍共处一个朝廷注定是刘基的悲哀。幸好他遇到了一个不错的老板——

石抹宜孙。

石抹宜孙，台州人（今浙江临海）。祖籍辽东柳城。其祖先为辽之契丹人，自五世祖石抹也先始，随蒙古军队征战。平定宋朝后，定居台州，成为契丹族重要的台州分支。石抹也先开始袭父亲职位为沿海上副万户守处州，后来让爵位给弟弟，退居天台。

至正十四年（1354）方国珍复叛，他任行省宪司副元帅开始，分赴台州。后来因为作战有功升为浙东宣慰副使。约至正十五年（1355），平定台州，升行枢密院判官，总部台州，分院设于处州。石抹宜孙坚守君臣之义，誓死镇守浙东，成为浙东人心中的元廷的代表。

刘基很佩服他，跟着他建立了很多奇功。经略使李国凤把刘基的军功禀报给朝廷。奇怪的是每次上报，批下来赏赐的名单唯独漏了刘基。跟高明一样，打仗有份，赏赐无缘。原来阻碍刘基军功的不是别人，正是那个被招安了多次又反复再叛的方国珍。

这位反复无常的仁兄，阴魂不散地妨碍着高明和刘基的前途和抱负。按理说这次没有跟方国珍打仗，不关他的事。可这位仁兄现在又是元朝廷的人了，利用金钱开道，淹没刘基的军功。他还对至正十三年（1353）的事耿耿于怀：你刘基不是说要杀我吗，有我在，你就休想升官！

那些朝廷重臣受了金钱的腐蚀，早就丧失了立场和原则，纷纷依附方国珍。

刘基纵有宰相之才也没有施展的舞台，在郁闷中、在伤感中于至正十八年（1358）愤然辞官，归隐青田。

刘基，几进几出，为元朝出过无数力，却以黯淡的背影退出元朝廷，属于元朝的时代结束了。次年底，刘基迎来自己的春天，应朱元璋之召，赴应天（南京），帮助朱元璋打天下。这个乱世，慧眼识珠的人当属朱重八也。刘基，你注定是个非凡的人，历史为你关闭一扇门的同时，为你开启了一扇窗！

刘基和高明前半生的命运走向差不多。他们有很多次交集，青年时代，都是愤青，就连做官，俩人也是约好了似的，高明在处州，刘基也在处州，高明参军打战，被迫卸下参谋时，接班的是刘基；刘基羁押在绍兴，高明又巧合在绍兴做官。命运安排这对难兄难弟一次次离别又重逢，一起目睹元朝的衰弱，最后在各地农民起义的狼烟中，两个好兄弟各自命运如何呢？

处州的战火在蔓延。

统治者不赏识的两个落魄文人，历史会给他们一个公正的评判的。因为历史遵循的一个规律是：不偏不倚，事实说话。

第四节　江山有恨

知交故人，能让人愉快而感到三生有幸。知己朋友常使人精神振奋。人生可以无钱，但绝对不可无友；人生可以穷困潦倒一生，但绝不可无人相伴终老一生！

戴宗鲁是高明的莫逆之交。早在稠州求学之时，戴宗鲁和高明志趣相投。每逢有新剧上演，两个人经常相约去听戏。

有一次，听说上演《赵贞女》，戴宗鲁编了个理由向老师请了个假，逃出书院，又约上高明，两人直奔戏院。

舞台上演得真是悲戚：民间少妇赵五娘在夫君蔡伯喈上京赶考之后，毅然挑起了持家养亲的重担。赵五娘为了省下细米孝敬老人，自己背地里吃糠。可她的一片孝心反而引起婆婆的怀疑，以为赵五娘瞒着蔡公蔡婆弄什么好吃的，便举杖责打。后来弄清了事实，二老羞不可当，而后双双去世了。赵五娘为了埋葬死去的蔡公蔡婆，她剪下头发，沿街叫卖。麻裙包土，自筑坟台。最后在邻人善人张广才的帮助下又描容上路。身背一只琵琶上京去寻找蔡伯喈。谁知这时中了状元的蔡伯喈已被牛丞相招为女婿。上京寻夫的赵五娘竟被蔡伯喈骑的马给踏死了，引起天公动怒，用五雷劈死了蔡伯喈！

台上刚演到赵五娘被马踏死，坐在台下的观众齐声高喊："打雷！打雷！打雷！天公快打雷！"人们恨不得叫天公快点响雷把蔡伯喈给劈死一千遍才过瘾、解恨。

高明和戴宗鲁面面相觑。戏中蔡邕和史书记载出入太大。

蔡邕（133—192），字伯喈。陈留郡圉（今河南省开封市圉镇）人。东汉时期著名文学家、书法家，著名才女蔡文姬之父。因官至左中郎将，后人称他为"蔡中郎"。

蔡邕是个大才子，无论文学、数术、天文，还是音乐，都有较高造诣。在洛阳俨然是文坛的领袖，像杨赐、玉灿以及曹操都经常出入蔡府，向蔡邕请教。

蔡邕对长辈非常孝顺。他的母亲久病在床三年，蔡邕一直连衣襟和腰带也不曾松解一下，七十多天都没有躺下睡过觉。母亲去世后，就在坟墓旁搭建草舍住下，或动或静都严格按照礼法。草舍旁边出现温驯的兔子，又有不同根的树枝干连生在一起，远近的人们感到新奇，很多人都前来观看。他和叔父堂弟住在一起，三代之间都没有分家剖产。

桓帝的时候，中常侍徐璜、左悺等五侯专断政权、为所欲为，听说蔡邕善于弹琴，于是奏请皇帝，命令陈留太守督促蔡邕并遣送他进京。蔡邕迫不得已，走到偃师县的时候，便推托自己有病又回到了家中。他闲居在家摩玩古物，不和世人交往。有感于东方朔的《答客难》以及杨雄、班固、崔骃这一类人在文章中的自问自答，以及思考文中不同人物的言论，肯定其中正确的立场并纠正其错误的观点，著述《释诲》一文来告诫和勉励自己。

建宁三年（170），蔡邕破任召到司徒桥玄府，桥玄对他很敬重。后来出府外补为河平县长。又破征召担任郎中，在东观校勘图书。后来又晋升为议郎。蔡邕觉得经籍距离圣人的年代久远，文字有很多错讹，而浅陋的儒士牵强附会，迷惑贻误后世的读书人。在熹平四年（175），便和五官中郎将堂溪典、光禄大夫杨赐、谏议大夫马日磾、议郎张驯、韩说、太史令单飏等人，奏请校订并改正《六经》中的错讹文字。灵帝批准这项请求，蔡邕于是亲自用朱砂将经文书写在石碑上，让石工雕刻好树立在太学门外。这时后辈的儒者和学生，都将碑刻上的经文用作典范。在石碑刚刚树起的时候，前来观瞻和临摹的人，所乘坐的车子每天有一千多辆，塞满了周围的大街小巷。

起初，灵帝好学，自己著述《皇羲篇》五十章，并由此邀请众儒生中善于创作文章和辞赋的人。本来颇有些出于研究经学而招集的意思，后来那些擅长书信文辞和善写古篆的人，都加以招纳，于是所招纳的有数十人。侍中祭酒乐松、贾护等人，又招揽很多品行不端、趋附权势之类的人，一并集中在鸿都门下。这些人喜欢向皇帝陈说些地方风俗和市井里巷的琐碎小事，皇帝非常喜欢这些，都将这些人予以破格提拔。同时市井里的小人，也就是替桓帝的宣陵守护的人，又有数十人，都升为郎中、太子舍人。当时频频发生电击雷劈、烈风猛刮，折断树干、拔起树根等异常天象，又连连爆发地震、冰雹、蝗虫等自然灾害。此外鲜卑人不断进犯边境，民众的劳役和赋税加重。

熹平六年（177）七月，皇帝颁发制令承认过失，并告诫群臣要各自陈述应当施行的政治要领。蔡邕于是呈交密封的奏章说：

为臣拜读了圣旨，虽然周朝成王遇到了风灾，但他很认真地向各位办事大臣询问灾情；周朝宣王时遭受了旱灾，而他勤勉政事并心存警惕，大大超过前代。为臣听说上天降下灾害等异常现象，都是根据征象而来的。频频出现电闪雷鸣，很可能是因为受刑被处决的犯人太多所致。大风是上天的号令，是用来教导于人的。如果认真执行上帝的意旨，那么自然会获得诸多的福分；诚敬地祭祀宗庙祖宗，那么鬼神获得安顿就会显扬善性。国家的大事，首先要注重祭祀。天子应该亲自恭敬侍奉。为臣自行在司徒府，准备充任祭祀之官，到五郊迎四时之气，但是皇帝很少亲行，礼敬四时节气，屡次委派有关官员代行，虽然也是向上天表示谢罪，但究竟还是废弛了仪礼。所以苍天不快，才降下这种种灾害等异常现象。《鸿范传》说："政事悖乱而德行隐没，所以大风掀翻屋顶、折断树木。"《坤》卦象征妻道，《易经》上称之为"安静贞正"。阴气充盈过盛，就应当使安静的形势向着刚正的正道转化，并采取措施来限制混乱局面。至于说权柄不在君王的手里，就会出现冰雹砸坏民生物用的情形；推行政令苛刻而暴戾，就会出现老虎豺狼吃人事件；官员贪求私利而伤害百姓，就会出现蝗虫毁坏庄稼的现象。去年六月二十八日，太白星与月亮相近，军事上预示着不好的兆头。鲜卑人进犯边塞，是长久以来的边患，现在出兵征讨，还看不到对取胜有利的形势。这对上违背了天象，对下违逆了民心。确实应当广泛取听各方面的议论，采纳能够稳定大局的意见。为臣满腔深怀忧愤，恭敬分条地陈述所应当施行的七件事如下：

第一件事：按照明堂里逐月布政的时间，天子应该在四立节气以及夏末节令的时候，到郊外祭祀五帝，以此来引纳神妙之气，并求得上天赐福而带来丰收。在太庙祭祀，追念往事、追悼祖宗以申述孝敬的诚心，并赡养老人、开设学校以申述尊老的乡饮酒礼，显示以礼仪教化人民，这些都是身为皇帝的人所应该从事的大事，也是自祖宗以来所敬奉的大事了。而有关官员多次因为关系疏远的封国有丧事，室内有孩子生产，以及有小吏病死的种种情形，屡屡顾忌重重。为臣私下里看到南郊的斋戒，还没遭到废弃，至于其他的祭祀，就往往有不同的意见。难道说南郊的祭祀之礼地位卑微而其他的祭祀地位尊崇吗？孝元皇帝颁布的策书上说："礼仪中最为尊敬的，莫过于祭祀大典，通过尽心尽力亲自侍奉祭祀大典，来表达严肃敬仰之情。"再者，元和年间的事例，也再次申明了对先王旧典的遵从。这一前一后的皇帝诏令，都推出自己的赤诚之心，态度诚恳而痛切。但是近来的状况，频频更换太史之官，忘却了应该敬奉的祭祀大事，却听信各种本属禁忌书籍上的传言，过分相信很小的变故，而亏缺了大典。《礼经》上说，妻妾生产孩子，丈夫在自居正室期间不进入产房之门，并没有提及废弃祭礼的文字。所谓室内有人去世，而三个月不举行祭礼的情形，指的是士人和普通民众人家只有几间房子，一家人共同居住的情况，哪里可比皇宫之大、妻妾之多的情形呢？从今以后斋戒的制度应该按照以前的典章制度，或许可以回应上天风雷灾变等异常现象的警示。

第二件事：为臣听说国家将要兴盛的时候，能经常听到直言高论，君主对内政情况了如指掌，对天下的民情体察入微。因此先帝虽然具有圣明的资质，而仍然广泛听取政治上的得失。并且顺应灾害等异常现象的警告，提拔那些隐居未仕的高人，重视贤良、方正、敦朴、有道等科的选拔，因此以正直的言论谏诤于君主的士人，不断地在朝廷上涌现。陛下亲自主政以来，连年发生灾害等异常现象，而没有听到为此而特别推选贤才的意旨。确实应该认真思考并修明以前良好的成例，让胸怀忠义的人臣能够施展他们狂直的抱负，以此来改变《易传》上所谓"政事悖乱而德行隐没"的局面。

第三件事：求得贤才的途径和标准，不只有一种，有的因德行高尚而闻名于世，有的因直言敢谏而扬名一时。近来，在朝的士子人臣，并没有因为忠心耿耿受到赏赐，却常常因此而招致毁谤讥刺的责罚，使得群臣下僚都闭口不言，没有谁再去考虑发表正义的言论了。郎中张文，以前曾独自尽情发表狂放的议论，幸蒙圣上接受采纳，并责成三公府署依言施行。臣子们都豁然开朗起来，而广大民众也都一派喜悦。为臣愚拙地认为应该提升张文担任机要之职，以此来鼓励那些忠诚正直的士人，并在天下大力宣传，广开为政的途径。

第四件事：司隶校尉和各州的刺史，他们的责任是督察奸邪不正之人，分辨是非善恶之理。为臣俯伏见到幽州刺史杨熹、益州刺史庞芝、凉州刺史刘虔，每人都拥有奉守公职、痛恨奸恶的忠心，杨熹等人所进行的督察检举，取得的成效尤其显著。其他人等都偏私不公，不能胜任担当之职。有的本身就犯有罪行或存在缺失，和下属可谓同病相怜，而国家法度废弛放任，这些人互不检举查察，三公之府、台阁各官也保持沉默。熹平五年（176）皇帝下颁制书，谋划派遣使者巡行，又下令三公上奏民间歌谣。当时奉守公职的官员喜悦于心而觉得实现了心愿。奸邪枉法的官员忧虑胆战而脸上写满了惊恐。但是，还不清楚这项决议的详情，究竟出于何种原因便停息搁置了。过去刘向曾向皇帝上奏说："用将信将疑的态度去执行某种计划，就会为各种枉法之人大开方便之门；使优柔寡断的心理日益滋长，必然招致他人的谗言邪说。"现在刚刚听到将要推行美好的政令，随即又发生了变故，足以让天下人对朝政猜度不已。应该催促确定使者。督察举发为非作歹的官员，而改任忠诚廉正的大臣，并增加赏赐、严明惩戒。三公府署每年年末的时候，要评品各官政绩的高下，使官吏们知道敬奉职守所得的福运，而图谋私利所得的祸害，那么各种灾变就可以从根本上加以杜绝了。

第五件事：为臣听说古代选取士人，一定要让诸侯定期推荐人才。孝武皇帝的时候，各州郡举荐孝廉，国家又设有贤良、文学等人才选拔科目，于是名臣成批地涌现出来，文臣武将一时兴盛。汉朝能够获得人才，就是由于有取士标准罢了。至于说那些长于书法绘画和诗词文赋的，只不过是小才小艺，对于匡正国家、治理政事而言，这点才能便无力胜任了。陛下刚刚即位的时候，应该先涉猎经典学术，在坐朝的余暇时候，可以浏览这些辞赋篇章，略微松弛一下，代替弈棋之类的游戏，但并不能作为教化民众、选取士人的根本。而那些能言善辩之士为争名夺利，创作的辞赋喧闹混乱得像煮沸的鼎水。其中高明之人在文章中颇能引述经籍义理，以委婉的言辞进行劝告和开导；下等作者便成双成对地搬用俗言俚语，如同演杂耍的艺人；有的以剽窃的手段敷衍文辞，并冒充他人的姓名。为臣经常在盛化门接受圣旨，评定等级择优录用，而那些不合格的士人，却也随从被录用的士人一道都被提拔委任。那些人已经施恩授官，难以再度收回，如果只让他们领取俸禄，在道义上也算宽宏大量了，不可再委派他们治理民众以及担任州郡的官员。往昔孝宣皇帝把儒学之士们聚集到石渠阁，章帝又将那些饱学之人聚集到白虎观，疏通经文、解释疑义，这两件盛举作为国家的重大事件，文王、武王的治国之道，应该得到遵循。至于说那些小才小艺，虽然值得一看，孔夫子认为"如果要行达远方就难免滞涩难通"，所以君子应该立志于大的方面。

第六件事：墨绶级的郡县长、吏，其责任是治理民众，都应当按照给民众带来多少福利作为考绩，以任职时间的长短作为劳绩。表彰与责罚的具体条款，应该规定得清楚明白。但是现在对这些在任地方官的治绩不再进行逐一审查，等到任职期满擢回京城时，又大多任命为议郎、郎中等官。如果这些人中有才具优秀之人，那么就不应让他们处在闲散的职位上。如果其中有人在任职期间犯有罪过，自然应该追究他们的刑罚，哪里还会发生本来承认罪过、害怕考究，反而谋求迁调，互相效法，使好坏不分的情况呢？先帝时候的典章制度，也不曾有过这样的情形。应该全部停止，来审查他们治绩的真伪。

第七件事：（为臣）俯伏见到上次皇帝将所有宣陵守护之人任命为太子舍人之事。为臣听说孝文皇帝规定服丧期限为三十六天，即使是继承正统之位的君主，可谓父子之间的骨肉至亲，即使是皇帝的公卿大臣，可谓享受君王的莫大之恩，都要压抑感情而依从制度，不敢逾越规制。现如今那些虚伪的小人，本来就不是天子的亲生骨肉，既没有受到先帝宠幸的恩遇，又没有享受居官食禄的实惠，恻隐之心思慕之情，这些真情实感又来自哪里呢？而他们聚集在陵墓旁边，假借名义而声称行孝，在行为上不能让人揣度；于礼仪也没有任何根据，甚至于有为非作歹的坏人，变通手段而混迹其中。在桓思皇后出葬之时，东郡有一拐骗他人妻子的人逃混在孝子的队伍中，他所在的县派人前来追捕，此人才服罪受罚。像这样虚伪杂乱的情况，实在是难以尽言。再者先到陵墓守护的被授予官职，而后面到来的却被遗弃冷落；有的长年守护在陵墓旁，因为暂时回家一趟就遭遗漏；而有的请人代替自己守护，却也受到恩宠而倍感光荣。因此因争论而诉讼、因冷落而怨恨的情形，满路都是。而辅佐太子的官员，应该寻找并选取德行高尚的人，哪能随便只选取墓道旁不祥而污秽的人呢？那些不吉的情形，再没有比它们更严重的了。应该遣送回去耕种田地，并揭露他们的弄虚作假的行径。

奏书送上后，灵帝于是亲自在北郊迎祥气，举行辟雍礼仪。又下诏把那些以宣陵孝子为名被任命为太子舍人的，统统改任丞尉。

当时，妖异的现象常有发生，人人惊恐。七月，灵帝下诏召蔡邕与光禄大夫杨赐、谏议大夫马日磾、议郎张华、太史令单飏至金商门，入崇德殿，让中常侍曹节、王甫问他们关于灾异及消除变故所应当采取的办法。

蔡邕于是上奏，认为妇人、宦官干预政事，是怪异发生的原因之一，并弹劾张颢、赵玹、盖升等人贪赃枉法；又举荐廷尉郭禧、光禄大夫桥玄、前任太尉刘宠，认为可以向他们咨议朝政。

奏本呈上之后，皇帝阅读之后感慨长叹，由于起身去换衣，曹节偷看了奏本，便将内容悉数传给他身边的亲信，于是机密之事便泄露了出来。那些被蔡邕所裁革黜退之人，都斜眼憎恨、寻机报复。

朝中奸臣屡次陷害蔡邕，蔡邕被流放，几次大难不死。

蔡邕以前在东观任职的时候，和卢植、韩说等人著述并进一步充实《后汉记》，正遇到触罪流放而离散，来不及完成，于是便上书自我陈述，奏明他著述的《汉记》十志的内容，分类排列相关篇目，附缀在奏章的后面。皇帝欣赏他才能超群，正好遇上第二年朝廷大赦，便趁机赦免了蔡邕并让他回到所在的郡县。蔡邕自从放逐到被赦免，历时九个月。

在他将要踏上回乡的路途时，五原太守王智为他饯行。酒喝尽兴时，王智起身而舞并向蔡邕劝酒，蔡邕却没有酬答。王智是中常侍王甫的弟弟，本来很骄贵，丢了面子为宾客所嘲笑，就破口骂蔡邕说："罪犯也敢轻侮我！"蔡邕振衣而去。王智密告蔡邕心存怨恨，诽谤朝廷。灵帝宠幸的人也都诬陷他。蔡邕害怕无法幸免，于是逃命江海，远走吴郡、会稽一带，在吴地共待了十二年。

灵帝去世后，蔡邕为董卓所用，虽然想逃跑，因相貌出众惹人注意只好作罢。董卓很器重蔡邕，他倒台后，蔡邕在王允面前念董卓的好。王允大怒，把蔡邕投进监狱。群臣力谏，王允后悔了，想阻止杀他却来不及了。蔡邕死在了监狱里。当时蔡邕六十岁。群臣和士人没有不为他哭泣的。著名经学家郑玄听闻蔡邕的死讯后，叹息说："汉代的史事，再找谁去整理呢！"兖州、陈留郡等地都绘制蔡邕画像来称颂他。

　　高明知道，东汉时根本没有状元，蔡邕不可能中状元，也没有别娶丞相之女这回事。把这样一个才华横溢而又道德高尚的历史人物拖上戏台进行鞭挞、嘲弄，根本是歪曲史实。

第七章

栎社情缘：风一更，雪一更，聒碎乡心梦不成

第一节　寄住沈家

在生命中，总有些人，安然而来，静静守候，不离不弃；也有些人，浓烈如酒，疯狂似醉，却是醒来无处觅，来去都如梦，梦过无痕。

宅门沈巷，春到芳草，春又来年年依旧，满目花开如绣球。

深闺中的沈小瓯，看她仪容娇媚，似一片美玉无瑕，如几层清水澈底。珠翠丛中长大，却素雅淡妆，绮罗队围绕，却厌世间繁华。不凑笙歌声韵，只贪恋针线活儿。世间繁华，她哪肯出香阁半步。开遍海棠花，也不问夜来多少；飞残杨柳絮，竟不道春去如何？

在元朝，女子长到十五六岁就可以嫁为他人妇。可是，沈小瓯的心里早留住他人，任凭媒婆踏破门槛，一直不为所动。

每个人都有一段时间会忘不了那么一个人。生活里，沈小瓯身边的过客很多，有些，或许给她留下了很好的印象；有些，只是萍水相逢；

而有些，则在她的心里生根发芽——如高明。那种无法诠释的感觉，也许是没来由的缘分。

沈明臣对这个妹妹没办法。她一直待字闺中，成了老姑娘，一晃就站在了三字头的尴尬门槛。虽然这个岁数搁在如今还是处在谈情说爱阶段，但在元朝，美人迟暮，早已错过婚嫁年龄。

一颗芳心为谁独守，恐怕只有沈明臣明白妹子的心事。

沈小瓯贴身丫鬟秋月前往花园摘花，在花园中流连。

看门的小厮迎上来："秋月姐姐，往常看你闷闷不乐，今日为何这般快乐？"

"唉，你哪知道我以前的郁闷呢，小姐不喜欢出香阁，害得我整天也憋在楼上不曾下楼，如此春光烂漫却白白辜负。也不许我思春，咳，她不思嫁，也不许我有心思，她以为我和她相似。笑也不许我笑一笑。今天可怜我，让我到后花园玩耍。我当然快乐啦！"

"唉！小姐长得花容月貌，却不思嫁。可惜哦！"

"要配得小姐之貌，非司马相如的才华不可，当今世上，这种男人到哪里找呢！"

"叹人生青春飞逝。花红柳绿草青青，正是春光无限好。咱不谈小姐了。秋月姐，我们何不荡荡秋千？"

"对对对，如此春光明媚，繁花似锦，何不荡秋千。"

"我们一起来打秋千，你坐上去，我帮你推。"

"哈哈哈……"

"咯咯咯……"

"嘘，不要叫小姐撞见，撞见要挨骂。"

秋月和小厮，如笼中小鸟，在明媚春光中快活无比。

"秋月，做人恁不自重，只管嬉戏玩耍，我只允许你在花园玩耍片刻，谁要你如此放肆。"

"小姐，我早晨起床只听见寒风吹散一帘柳絮，中午间只见细雨打坏了满树梨花，一时间杜鹃啼黄鹂叫，奴婢见春快去也，无端伤春，故在此打秋千解闷。"

"春光自去，有什么烦闷，我们去学习女红去吧。"

秋月朝小厮做了下鬼脸："苦也，这般天气却要做女红。闷！"

"女孩子家，谁允许你这样毫无节制地嬉戏，不做女红，有什么勾当，你却不学那不出闺门的。"

"小姐不许女婢出闺门，小姐前些年自个儿却跑到金陵快活！"

秋月一句话戳中沈小瓯心事。往日时光历历在目。

绿叶成荫，红花似雨。清明时节，春光无限好，秋月怎知沈小瓯闲愁，以为她不思嫁，其实一颗相思之心无处寄。金陵重逢的才子早已深埋心底，此后任是潘安也难入法眼。

无处相遇，只能在岁月深处等，哪怕只是将错就错，她也要等下去。鸟啼花落人何在，青春谁肯因春消瘦。

沈小瓯为何不卷珠帘，独坐爱清幽，任它春色年年，芳心依旧，情到不堪回首，只有安静，真是：

> 休听枝上子规啼，闷在停针不语时。
> 窗外日光弹指过，席前花影坐间移。

如果不是时代变故，沈小瓯此生真的见不到高明。

上天是最好的编剧，生命中擦肩而过的人也好，陪着走一段的也罢，抑或是常驻一生，都是上天安排好的。

高明十年宦海抽身，苦海无边，回头却找不到岸。

人是有记忆的动物，如果像传说中的失忆鱼该多好哇！前一秒发生的事，后一秒就忘记了。那所有的恩仇可以泯灭，所有的执念皆可放下。

高明从出生到如今，回头望望，虽然努力进取，但最终都遭到失败。是命运使然，还是命中注定？是个性决定命运，还是现实里容不下像他这样的人？他永远不会忘记，一直被折磨着的不仅仅是肉体，更是精神。荒芜的田地，废弃的村庄，灾难深重的家国，饱受苦难的百姓凄苦绝望的眼神和哭泣的脸庞在他脑海浮现。

他回顾自己历尽悲欢离合、世态炎凉的半生，始终萦绕于怀的唯有昔日锣鼓声响的戏台。

岁月如流，人生如寄。回乡已断魂！

天无绝人之路。飘泊的他因为正直得罪了官场，也因为正直结交了很多有正义感的、善良的文人墨客和地方绅士。沈明臣就是其中的一位。

在高明辞官有家不能归隐的日子，鄞县栎社开明绅士沈颐（字明臣）接到萧山戴宗鲁的书信，早早收拾房间，等待高明入住。这个和高明有过几面之缘，儒雅、博学的绅士，家学渊源深厚，祖上历代世族出身，出过很多有名望的官绅和文人。后世有一位赴台办学叫沈光文的子孙，还被台湾当局奉称为光复中华文化的鼻祖！

高明去沈家的时候正值酷暑，外面毒辣的太阳晒得人快要晕厥。

高明站在栎社芙蓉河的一座石桥上，映入他眼帘的是一幢连体三楹的木结构楼房。这座楼房营造得十分别致，楼板都是在墙外直接安装上去的。

他走进院子，清凉之气迎面而来，降了暑燥带来的烦闷。

古朴典雅的沈家大院，环竹翠幽，青瓦灰墙。虽不是富丽堂皇，但儒雅、清幽的文化感和历史感扑面而来。

难得的是，四十多天都不曾下雨的三伏天，因高明一走进沈家，顿时雷声隆隆，一场大雨滂沱而至。

沈家上下欢呼雀跃，丫鬟奴仆欣喜若狂，争先奔入雨中，庆贺天降甘霖。高明出生时也是伴随着电闪雷鸣的异兆。这一切是巧合还是冥冥之中注定？

大雨顺着屋檐倾盆而下，汇聚的水流如瀑布，远看像一道白练：简洁、大气、磅礴。它冲刷着世上的污浊，带来阵阵凉意，酣畅淋漓，大快人心。

宅后是一个小花圃，飘出阵阵的花香。果然是一处隐居的好去处。

高明见到沈颐很意外：原来沈颐，就是沈明臣！

他曾与高明两度相逢。乱世重逢，缘分也！

沈明臣领着高明走向了爬着紫藤萝的清幽房间。这个住处因为出了一部旷世名著《琵琶记》而被后世记住，它就是——瑞光楼，没有出名前，只是一座普通的沈氏楼。

紧邻着高明的客房，穿过一道回廊，再经过一片茂林，迈上木楼梯，就是沈家小姐沈小瓯的住处。当然这一切，对于刚走进沈家的高明来说，自然一无所知。

元朝日薄西山，饱受战乱的忧患。多少人劳燕分飞。

高明没想到会和沈小瓯、沈明臣在乱世中重逢。岁月如流，流去了最美的青春年华。

鄞县没有直接受到战乱的波及，沈氏楼接纳了流浪的高明，给了他安静的藏身之所。他寄居沈氏楼三年，完成了震惊中外的巨著《琵琶记》。

水珠落在院前的大水缸里，溅起一朵朵美丽的水花，如盛开的白莲，素洁、淡雅，一如女孩的心事，纯洁、透明。沈小瓯正对着眼前白莲般的水花发呆。

高明的到来就像这阵突如其来的大雨，带给沈小瓯清凉、沁人心脾的馨香。这位才华横溢的先生，在南京共同的游历中早留驻在少女心中，挥之不去。

从南京回家后，沈小瓯曾无数次地憧憬和高明的重逢，以及想象重逢中的那些对白。但是不期而至的相遇却是这样的慌乱。如《漂洋过海来看你》歌中所唱：

> 为了这次相聚
> 我连见面时的呼吸都曾反复练习
> 言语从来没能将我的情意表达千万分之一
> 为了这个遗憾
> 我在夜里想了又想不肯睡去
> 记忆它总是慢慢地累积

在我心中无法抹去

　　一日晚饭后，嫂嫂陪着沈小瓯在花园散步。夏日的晚风吹来紫薇花的香气。那一簇簇开得红艳妖娆的花朵爬过高高的庭院围墙，热烈地展现浓艳绚烂的美。白色的栀子花散发出浓烈的香味。沈小瓯轻抚罗扇，浸在花香似海的愉悦中，流连游走，忍不住摘下开得旺盛的几朵，打算挂入帐底熏蚊子。

　　她在后花园随意地溜达，和嫂子坐在紫藤萝的秋千架上，荡着双腿纳凉，闲话家常。沈小瓯一直有意无意地向大嫂打探有关高明的点滴消息。

　　高明和沈明臣谈论着戏曲风格，向她们这边走来。

　　沈小瓯想躲已经来不及。不知怎的，一颗心怦怦乱跳，她的脸像喝了酒似的烧得厉害。

　　入住沈府以来，高明还是第一次和沈小瓯打了个照面，猝不及防。

　　她悄悄看他。他目光清透，锁住她的心，如一泓温泉注入，使她周身温暖。

　　高明和沈明臣说着话，偶尔偷眼看她。她穿一袭红纱裙，在一簇紫薇花的映衬下更显冰清玉洁，艳而不俗。若干年后回首，这夏日黄昏的遇见怎一个惊艳了得！

　　两下里目光相撞，他倒不见有异色。只她腾地双颊绯红，但愿他没看见。

　　静默。终是他先开口打破寂静。

　　久违的老朋友止步于隔着老远的寒暄。

　　他说："变漂亮了！"

　　她羞涩地回答："没有没有，先生见笑了。"

　　他们又站了片刻，闲话了几句。都是他在说，她在听。

　　她只觉得心里欢喜得很。欢喜到极处，又只是笑，事后想想真懊恼，觉得自己像个傻瓜。平日在家，总被夸为伶牙俐齿，不知为什么，见了他，连话也不会说。

　　十多年前的那场邂逅，两个人只能算擦肩而过。或许，连擦肩而过也没有。没有擦肩而过，却会留下瞬间的惊喜；这十多年，无需相见，那眼眸在高明心中依然深邃含情；无需回首，那身影依然是沈小瓯心中最美的风景。

　　说不出哪里不对劲，也许彼此欣赏让空气中有了小小的暧昧。

　　也许，流年清浅，没有人握得住天长地久。然，念在心头，终是不枉年华锦绣。岁月，因为走过了而美丽。而这一次的相逢，终是因了他们的真诚，而袅袅生香……

　　遇见他之前，她是理性的。遇见他之后，她依然理性。尽管这种理性是刻意假装出来。她学会遗忘，尽管遗忘很艰难。欣赏一个人，就是欣赏自己的前生。也许前生他们有一段故事未了，所以在今生某个时刻交集。那又怎样呢？按他俩的性格，谁也不会逾越现实生活，只是互相地、远远地欣赏着，相思着……

　　沈小瓯知道再回首时，那些眼泪想来可笑，却不知再回眸时，那些欢声笑语也能叫她潸然泪下。没有谁可以将日子过得行云流水。但她始终相信，走过平湖烟雨，岁月山河，眼前这个历尽劫数、尝遍百味的男人，会更加生动而干净。

　　寒暄过后，他们各走各的。不回头。

　　高明与沈明臣相谈甚欢。

　　沈明臣仰慕高明的才华，想办私塾，把知识传授给下一代。当仕途上行不通的时候，古人的想法和今人是一样的，把希望寄托在下一代，让下一代饱读诗书，拯救国家。达则兼济天下，穷则独善其身，请高明担负起私塾老师的责任。

　　高明再次走进课堂，心情却大不一样。人生阅历也很不一样。不要说开卷，在沈小瓯的眼中，高明本身就是一本历史深厚的书。

　　沈明臣是个开明的隐士。家里除了男孩子集中上学外，连丫头婢女，只要一心向学都可以来私塾就读。上午学习，下午干活。沈小瓯偶尔也来听课。说是听课，实则只为看高明一眼，只要一眼便是心安，便是甜蜜。

谁说战争残酷，沈小瓯要感谢这战争，让高明再次出现在她的生活，而且就在她的家里。仰慕的先生，她可以朝夕面对。

高明坐在台前，除教四书五经外，也教一些历史以及戏文。

讲到历史，高明脑海中，浮现出泰不华海上阵亡、苏天爵死于军中的惨景。感慨万千：人生一世，草木一秋，浮生若梦，人生无常，悲从中来！昨日好端端的人再见已是梦里。在这动荡的时代，这一刻不知下一刻的命运。

人生多像一场戏啊。上场下场都是身不由己！

眼前的孩童有无限的希望，琅琅的书声安抚他那颗受伤的心。窗外的战火还在燃烧。

报——

朝廷召高明前往福建任职，平息战火，即刻启程。

不去！

如果是在出任推官时，他还有犹豫，还进退两难。现在是彻底死了心。对官场心已死，再也提不起半点兴趣。坏消息不断传来，朱元璋、张士诚、陈友谅、方国珍，各地起义军风起云涌，政局急剧恶化，元王朝终于一步步走向了死亡的边缘！

报——

朝廷召高明入翰林院编修。

不去！

多么具有讽刺意味的升职！家国已不再，前方无路，皇上难道不知道吗？

辞官——严格说是拒不赴任后，高明回顾十余年仕宦生涯，感慨万千：

曾向天涯钓六鳌，引帆风紧隔银涛。

江山有恨英雄老，天地无情雨露高。

七国游谈厌犀首，十年奔走叹狐毛。

争如蓑笠秋江上，自脍鲈鱼买浊醪。

高明回忆起过去那些快乐的时光，曾立下的雄心壮志，如今，希望彻底破灭。惆怅落寞，落魄他乡，晚景凄凉。

早知今日，何必当初！真不应该出来考科举啊！他现在终于明白：真乐在田园，何必当今公与侯！

秋天在瑞平塘河上垂钓，鲫鱼下酒。那是怎样快乐的隐士生活啊！可是，这一切已经永远与他无缘了。

当时应该听妻叔陈与时的话啊！功名是忧患之始，一语成谶！走了一圈，还是觉得当初的日子是多么美好。这是不是很多人的人生呢？当追逐一圈后，回过头来，还是觉得返璞归真最美。梦里水乡，几回温柔，夕阳似金，洒在波光粼粼的水面上。捉鱼、钓虾，兴致来了再在水里打一场淋漓尽致的水仗。人生没有回程票，过去的光阴只能静静地躺在脑海中，一去不复返。

高明走出院子，仰望星空。黑黑的夜幕下，星星显得格外暧昧，一明一亮，一如这无可预知的未来。

他正暗自神伤，一颗流星划过天际，留下一道灿烂的弧线。

一阵悦耳的声音响在耳畔：

"小时候，看着流星，却忘记了许愿。长大了一点，惦记着许愿，却等不来了流星。如今，流星在眼前，愿望在心头，却只默然，终于明白：并非所有愿望都许得下、圆得了。是不是每一个矜持淡定的现在，都有一个很傻很天真的曾经？"沈小瓯这番话像是对高明说，又像是喃喃自语。

高明回头才注意到，沈小瓯不知何时已经站在他的身旁。绿色的棉麻粗衣松垮垮地贴着她那瘦弱的身子，一袭孔雀长裙拖曳地面。风一吹裙袂飞扬，青春洋溢。高明心头一怔。十多年后再见的沈小瓯除了一颗素心洁白外，更多了一层岁月历练的成熟。

她站在台阶上，张开双臂，沿着阶沿漫步。月光把她的影子拉得很长。一如十年前在金陵见到的旧时模样。

他一直没忘。原来，最美的风景不在远方，而在心上；人世间有一种相遇，不是在路上，而是在心里。人世间有一种陪伴，不是在身边，而是深处的灵魂……

第二节　日久生情

有没有一个人，早已淡出了你的视野，心头再也不会遗忘；有没有一个人，无数次让你红了眼眶，你还在一脸笑着原谅；有没有一个人，丢弃了曾经对你的诺言，你却依旧紧锁他在心房。

沈小瓯自从高明来到沈氏楼，她顿觉那颗积满死灰的心如枯井中长出苔藓来，葱葱绿绿的，爬满诗意盎然的心湖。生活突然有了盼头。离开高明的那段时间，曾经，她心灰意冷，觉得此身如遁入空门那般，对世间万物提不起半点兴趣。她试着用十年时光遗忘，然而这埋在心底的爱情如沉睡的种子，在合适的阳光雨露下再次萌芽。在见到高明的那一秒顷刻苏醒，长期防筑的情感堤坝瞬间瓦解。都说红尘有爱，佳期如梦！世间有多少人穷尽一生的等待都没有结果。然而，沈小瓯算是幸运的了，她的等待终于有了相见的一天。

记得高明走进沈家大院的那一刻，沈小瓯只在楼头轻轻一瞥，暗生的情愫早已百转千回。与十年前意气风发，秦淮河畔结伴的形象截然不同。高明头戴方巾，一件素朴的长衫，腰间挂一条玉带钩，钩上雕着盛开的白莲。沈小瓯一眼就看出这条带钩是自己在南京的夫子庙附近所买，临别赠与他。没想到十年后，高明居然还戴在身上。

有一种爱隔着千山万水，在相逢的一瞬依然怦然心动。人活着是不能缺少爱情的，即使活得艰辛和坎坷，只要有这种感情在，也会感到一种温暖的慰藉。假如没有这种感情，那活在这个世界上，该是多么悲哀啊！

经历宦海浮沉的高明已没有了当初在南京的意气风发。每回遇见沈小瓯那双会说话的眸子，总是刻意回避。

他不是不懂爱。在经历各种打击和磨难后，乃不敢爱。怕一不小心，辜负对方。

高明总是保持着那颗敏感的心，极力克制着自己。

时令已是秋天，一场秋雨催生，高明的内心泛起一阵阵酸痛。这个午后捧着南宋灭亡的史书，那段崖山之战无论如何都看不下去。如果历史可以遗忘，高明愿亡国那段不要出现。偏偏它就硬生生地闯进他的心里，一点点刺痛柔弱的心房。祖父的亡国之痛尚未远去，自己的亡国之哀即将来临。命运啊，你捉弄一代人还不够吗？为什么历史还要重演，战争还要延续？

他合上书本，靠在椅子上喘息。余痛还在袭来。容易动情的人注定伤得最深。尽管他不是生在崖山之战那个年代的人，但是生活中类似的体验却如此相似。隐晦、孤独、被亡国哀伤包围着的无奈，穿越时空的隧道刺入他的心，让人窒息。他终于理解了祖父那双愁云密布的双眼，蓄满多少无奈和伤痛。

这一切，沈小瓯却无法明白。

"秋月，今夜中秋，月色澄澈，你去把先生请出来赏月。"

"先生，我家小姐请你赏月。"

"我已睡下了，不去。"

"难得中秋，先生难道不想给小瓯面子吗？"沈小瓯悠悠地说。

高明一听沈小瓯的声音，放下书本赶紧开门迎了出去。

"还是小姐魅力大。"秋月打趣道。

行走在澄澈的天宇下，一轮明月高悬空中，秋容干净辽阔。

高明望着头顶圆月发呆，想起陈素，暗自叹道："今夜好清光，可惜人千里。"

"先生，今夜中秋，月色可爱，我请你出来夜游，你没事推阻什么？你看楼宇在月光下隐隐约约，丹桂飘香，人在瑶台银阙。多美的夜晚。人生几见此情景，惟愿取年年此夜，人月两清。"

"有光的地方总有影子，月圆就有月缺。有团圆就有离分，关山今夜照人几处离别。"

"先生想家了？来，今夜月圆，来年期远，沈小瓯能和先生共度佳节，三生有幸，敬先生一杯，愿分释先生思乡愁绪。但愿人长久，年年同赏明月。

"难得和先生共度中秋，不如我们作词助兴吧！"

"好哇好哇！"秋月在旁附和。

高明低头一沉吟："孤影。南枝乍冷。见乌鹊缥缈。惊飞栖止不定。万点苍山。何处是修竹吾庐三径。追省。丹桂曾攀。嫦娥相爱。故人千里谩同情。"

沈小瓯接道："光莹。我欲吹断玉箫。乘鸾归去。不知风露冷瑶京。环佩湿。似月下归来飞琼。那更。香雾云鬟。清辉玉臂。广寒仙子也堪并。"

高明暗暗佩服沈小瓯的才情，对得工整，接道："愁听。吹笛关山。敲砧门巷。月中都是断肠声。人去远。几见明月亏盈。唯应。边塞征人。深闺思妇。怪他偏向别离明。"

沈小瓯深味高明的家国情怀，她很敬佩，接道："闲评。月有圆缺阴晴。人世上有离合悲欢。从来不定。深院闲庭。处处有清光相映。也有得意人人。两情畅咏。也有独守长门伴孤零。君恩不幸。"

光华照，促织鸣。

高明和沈小瓯心灵交流越来越融洽。

唯一让高明纠结的是家中的夫人陈素，此刻大概也望断关山，思念他吧。

江南的秋天很短，几乎没有过渡，一下子迈进了冬天的门槛。

一天清晨，高明推开木窗，一眼望见瓦上的霜，如一袭轻悄的纱衣，不知何时驻足屋檐。高明痴痴凝视，暗忖道：瓦上霜，美固然美，但天一晴就被太阳收去了，宛如稍纵即逝的梦！

他的多愁善感源自稽留他乡的无奈和悲凉。

高林原想安慰，但找不到措辞。他又不是高明，如何排解高明内心的痛苦？痛苦就痛苦吧，还不能表现出来，还要强作笑脸去安抚那些带给他伤害的人。老天啊，既然你不爱，就放了他吧，别再打扰他了，给他一个安静的角落，让他独自饮泣吧！

如果不是伤得深，哪有往后悟得真！

祸福相依，没有跌落心情的谷底，就不会有《琵琶记》这一绝世名著！

第三节　鸿爪雪泥

等待一个人的时候，会觉得时光走得太慢，一分一秒都是煎熬。彼此相拥在一起，却期待时间可以止步，美好就此定格，刹那便是永恒。我们经常向往，在忙碌喧嚣的俗世，寻找一方绿意盎然的乡间，煮一壶红茶，赏花读书。可身在尘世，有多少人能有这样足够的光阴来浪费？每个人都带着各种各样的使命来到世间。生命不息，只有疲于奔命才能完成使命。

高明小时候常觉得人生数十载漫长悠远，不知该以何种方式度完。蓦然回首，已站在夕阳边上。往事真的很多，经历的一花一草仿佛都有情，可你真正记得多少？

纷乱的年代，漫天飞扬的尘埃，呛得人不敢自由呼吸。

高明住在栎社的第一年冬天，刚过冬至，天寒地冻。

居然下雪了。

大雪整整下了一夜。

天亮时，雪还在纷纷扬扬，大地一片银装素裹。

地处江南的宁波，如此大的雪却不多见。

对于高明来说，这个寒冬真的漫长，这是他自官场出走后的首个冬天。他钟情的雪花不知疲倦地飘落。窗外的世界，一如既往，那样单调而苍白，像是一种生命的纯净，也像是一场无端的葬礼，淹没十年的宦海生涯。宁波，这座高明痴爱的城市，在这里建立了不少业绩，释放了多少冤狱，如今却成了捆缚他手脚的缰绳，让他有家不能回。不是这座城市没有他牵挂的人，也不是这座城市带给他伤害，而是因为他还有一颗火热的心，那些无法泯灭的梦多少次在午夜梦回，搅得他生疼。也许他做不了乱世的英雄，却亦有着饮尽孤独的豪迈和执着！

此时的刘基，投靠朱元璋成就霸业，做一个追赶波涛的弄潮儿，站在硝烟弥漫的战场，无畏生死。对于好友刘基的几次相邀，高明婉言相拒。他只想寻一个清净的角落，暂将身寄，去完成一个文人的遁隐之心。沈氏楼，无疑是他最好的归宿。不仅有煮酒论茶的沈明臣等待着他，还有一场前世的绝恋需要他引渡。不知谁说的，你红尘中遇见的一草一木都是上苍安排好的，是缘是劫都无法回避。

推开木窗，咯咯的笑声传入高明耳中。

披着红斗篷的沈小瓯，和丫鬟在雪地上追逐打闹。雪地上留下串串脚印，蜿蜒延伸。那片移动的红，如雪中绽放的腊梅分外妖娆，点亮了高明的眼。

欢乐的情绪感染了高明，他也情不自禁走出书房，加入她们堆雪人的队伍中去。

沈小瓯趁高明不注意，一把雪塞入他的脖颈处，冰得高明一哆嗦。这一哆嗦把高明的玩兴激发出来了，他追逐着沈小瓯。

沈小瓯在前面只顾欢快地跑，不留神，被脚底下埋着的一根黑树桩绊了一跤。高明眼疾，伸手去拉，却已来不及。随着惯性，扑倒在沈小瓯身上。

稳定惊魂后，四目相对。

天地万籁俱寂，只听沈小瓯扑通扑通的心跳声，和着高明粗重的喘息声。天地茫茫，红尘万物都静止了。灼热的目光绞着目光，仿佛寻找几世的恋人。在这一刻没有早来一步，也没有迟一步，在时间的荒崖中遇上了：呵，原来你也在这里！

漫天的雪花无声地落着，诗意而轻灵，美得令人忘记了世间的一切。

看着诗意的雪花，高明突然想做沈氏楼庭院的一枝梅，探墙而开，守望沈小瓯如花的笑靥。他想着，如果有不会走完的路，他就一直走着；如果有不会醒来的梦，他就一直梦着；如果有一直不老的红颜，他就一直爱着；如果有一直不会结束的故事，他就一直继续着……

他忘情于天地，只觉得她就是今生苦苦追寻的红颜，情不自禁地伸手抚摸沈小瓯温润的脸。沈小瓯的脸起初是苍白的、冰冷的，在高明轻轻的抚摸中有了暖意，有了绯红。也许是喜悦，也许是委屈，她两颗热泪滚落脸颊。这一刻她等了太久太久，整整等待了十年！十年相思换来此刻的深情凝视。那一碗生命中的红糖水伴随着她走过多少寂寞干枯的日子，没人明白她多年来一直拒绝出嫁是为了等待一个人。尽管这种等待漫长而渺茫，也许穷尽一生的日子也换不来与君一次擦肩而过，但，她也愿意。

真想就这样被他拥着，不多想，不求结果，没有目的，不问往后。就这样，顺着时间的脉络，日复一日地温柔下去……

许久许久，远处的鸟叫声惊醒了沉醉得忘却时空的这对痴情人。

高明放开沈小瓯，轻轻掸去她身上的雪末。

沈小瓯从刚才的迷醉中醒过来，脸红得如同熟透的红柿子。

为化解尴尬，沈小瓯随手从雪地上抓起一把雪，捏了两个小人，指着其中的一个说："先生，这个是你。"

高明接过来一看，哈哈大笑："岂有此理！你居然把自己捏得这么美，把我捏得这么丑。"

"我哪有哦？"沈小瓯上当，仔细打量自己的作品：高挺的鼻梁，微微含笑的神情。不是很像高明吗？

"还说没有？你看，把我肚子捏得这么大，像个弥勒佛。"高明眯着眼睛继续逗她。

沈小瓯果然好骗。

"不算不算。"沈小瓯一把夺过雪人，和自己手里的雪人，一起揉碎了。

你侬我侬，忒煞情多。情多处热如火。把一块泥，捻一个你，塑一个我。将咱两个，一齐打破，用水调和，再捏一个你，再塑一个我。我泥中有你，你泥中有我。与你生同一个衾，死同一个椁。

沈小瓯轻轻唱道，乐音空灵，把高明听得入迷。

转眼之间两个小雪人在她手里栩栩如生。高明心头一震。转头看远处纷纷扬扬的白雪，晶莹，纯洁，一如眼前的人儿。

平静下来的高明这才发现，刚才雪地上的一摔，沈小瓯的红色斗篷大衣打湿一大片。他解下自己的藏青色披风盖在沈小瓯身上。沈小瓯执意推却了几次，拗不过高明，只好接受了，心里泛起暖暖的甜蜜。

"走吧，我送你回去。换件衣服，小心着凉！"

沿着白雪覆盖的竹林漫步，被雪压得受不住的竹枝伴随着簌簌的声响，塌滑下来的雪如慌乱的孩童四处逃散。经雪洗过的竹子越发绿得生机盎然。

今冬麦盖三层被，来年枕着馒头睡！瑞雪兆丰年哪！

高明自然地伸手揽住沈小瓯瘦弱的肩，沈小瓯轻盈地向外旋转了半圈，巧妙地从他手中逃脱。

"你这是什么舞？圈圈舞吗？"高明眯着眼睛问，露出狡黠的笑容，顺势又把手搭在沈小瓯的肩上。

"先生怎么像棵藤似的，老缠着我？"沈小瓯扬着头，调皮地又转出去。

高明站定，扳过她的双肩，半晌无语。眼前掠过陈素的影子。

"如果你愿意，我真想今生今世都缠着你。"高明暗想道。

当然，高明没有说出来。对他而言，早已过了爱的年龄，加上人生处在最低迷困顿的年代，他不能也不敢托起沈小瓯这份沉沉的厚爱。

他们彼此都知道，曾经相互欣赏过，深爱过。明知道，错过了，留下的就是心的孤寂，就是永恒的失去。但还是慢慢地放手，只是期待时间能够慢流一点点，让他，能多拥有一会儿，现世的安稳！

然而她不知道他纠结的想法。她是那样欢喜，她要做他床前的明月光，做他心头的朱砂痣。为了他，哪怕让她即刻赴死都愿意。他用手堵住了她的毒誓，他要她好好活着，哪怕世态凉薄，她是他在世间唯一的暖。

沈小瓯心头一震，这话在哪里听过，如此熟悉。高明把沈小瓯送到她的闺房楼下。止步，再次轻轻地掸去她身上的积雪。

她突然有种十分熟悉的感觉，在哪儿呢？山顶，对，在那天池之巅。好像几世轮回中，依稀浮现这样的画面：

在千万人之中

于千万次回眸

在时间的荒漠中

没有早一步，也没有晚一步

一眼认出了对方

于是

轻轻地说一声

哦，原来你也在这里

是的

你也在这里

杭州西湖的林荫小道

江南古镇的小桥

抑或灿烂烟花盛开时节

还是鸿爪踏雪泥

似曾相识

飞雪　漫舞

凝视　定格

天池之巅

他轻轻拂去她衣服上的雪花，说

你我如此熟悉

哈出的热气吹乱她的发丝

只因，不对的时间，不对的场合

遇见

于是

他往左，她往右

各自消失在时间的旷野

旷野中，下着纷纷扬扬的雪。

一个高高的青衣男子也是这样为她拂去身上的雪花，然后他往左走，她往右。走下山坡，分手时她伤感地在心里暗想道：此生再无相见。

青衣男子像是看透她的心事似的，微微一笑："山水有相逢。"

然后就消失在白茫茫的雪之尽头。

高明难道就是"山水有相逢"的那个梦中的青衣男子吗？沿着鸿爪雪泥、穿过烽烟战火来寻找沈小瓯？沈小瓯十年的等待也就有了欢喜的泪珠。

真正的快乐，不是狂喜，亦不是苦痛。它是细水长流，碧海清波。在芸芸众生里做一个普通的人，享受生命中一刹那的芳华，那么即使不能修成正果，也在天堂了。

化雪的时候很冷，沈小瓯一边搓着手一边欣赏雪融化的过程。先是地上遭踩过的雪花顺着脚印化为无声的水流，接着是树上的树挂，如落泪的蜡烛，在太阳的凝视下，难解难分离开树的怀抱。瓦上的雪化的时间则要长得多。因屋檐高，没有脚能踩得到，因此一片晶莹堆积在那里，久久不化。即使化，也是先朝阳后背阴，一点点地化。化，化呀化，如一幅被谁神秘篡改的图。而瓦楞上的冰凌则是诱人的。长长短短，粗粗细细，宽宽窄窄，透透亮亮……

不透亮的是沈小瓯的心事。

当一个人陷入到感情的深潭时，眼前所有的景物也皆含情。那时候的沈小瓯，抬眉看到白云在谈情，低头闻风声在说爱。花园的竹子在飞快地生长着，禽鸟无忧无虑地在水边漫步。还有身边的阳光是那样的灿烂，细雨是那样的多情。每个人都是那么幸福地生活着。可是相思在甜蜜的同时也带来幸福的忧伤，他们相爱却不能言说。一个是富家小姐，待字闺中；一个已有妻儿，半生沧桑。他为躲避战火寄人篱下，从官场出走。

沈小瓯觉得她和高明之间始终隔着距离。这种距离时时让她心痛。她感觉自己就像一只折翅的小鸥鸟，尽管可以装饰别人的流年，可终是过客，只能陪着走过一程，难道这是宿命吗？

爱情也有忧伤。对镜自览，沈小瓯不忍细细端详自己，眼角细纹初现，鬓上乌丝白化。再美丽的年华也会老去，再鼎盛的江山也会衰亡，再完美的人生也会黯淡！

高明深知，自己的命运被刻下孤独的烙印。就算暮年迎来这样一段如花的爱情在身边萦绕，也注定有花无果，不能生死相依。纵然沈小瓯不辜负他，他也会将她辜负。沈小瓯明知道和他的情缘不过是飞蛾扑火，却依旧不肯疏离。他儒雅的气质、忧郁的眼神就像一杯浓烈的酒，沾唇即醉。

第四节　琵琶传情

清凉的月色中，似有琴音，随凉风轻悠悠地飘来。高明站在楼头，吹奏着忧伤的笛子，穿透月色，似动情的花瓣，在夜幕下轻柔飞舞。沈小瓯的琵琶声恰在那时响起，与他和弦，一起传递着一种相思。今夜无眠，一曲琴音即一阕清词，细语呢喃。

瑞安城内的战火肆意蔓延。

攻城略地之处，生灵涂炭。

富户人家早已拖家带口逃往他乡。贫穷百姓，不是遭受屠杀就是饿死，全国人口锐减。高明有家不能回，除了深深地叹息还能做些什么？

高明吃透了官场的阴晴不定，世态炎凉。现在连哀伤都没力气。官场总有不少小人，变脸比变天还快。前一秒还信誓旦旦地做你的朋友，转眼狠狠踹你一脚。如今，在和沈小瓯的相处中寻求片刻的安宁，即使这片宁静也是暂时的，但总算找到慰藉。人间的魂灵大多孤独，为了寻觅一方真情，跋山涉水。

人间多少变幻，每一天都有意外发生。自然的灾难，战争的硝烟，人与人之间的争斗，以及太多意想不到的事情。在隐居中，高明不断思索，人究竟为什么活着？选择这种活法意味着什么？有时候明明知道了答案是什么，却又被行走的脚步打乱，弄得狼狈不堪。

坐在清幽的瑞光楼中，他想起早年在家乡看过的戏文《赵贞女和蔡二郎》的故事，发出一声无奈的叹息。这个数次出现在他生活里的戏文，成了他晚年生活最后的寄托。戏文讲的是汉朝蔡邕的故事。蔡邕是汉朝有名的大才子大政治家，他就是东汉才女蔡文姬的父亲。蔡文姬非常有才华，是历史上少有的才名盖过美貌的女子，既博学能文，又善诗赋，兼长辩才与音律，著有《胡笳十八拍》和《悲愤诗》名垂千古。而蔡邕却背负背亲弃妇的千古骂名，实在有点冤。

这个民间故事原是福建那边传过来。福建和温州隔得很近，当时海上时常有大船往来，带来各种消息。福建有一蔡姓兄弟，蔡大已在朝廷做官，蔡二得哥哥帮助也考上状元，为攀荣华富贵抛弃结发妻子，做了丞相府的乘龙快婿。他的故事被地方乡邻唾弃，口口相传，从福建传到浙江温州。有些民间艺人就以此为题材编了词文吟唱。

这事被尚在朝中得势的蔡家兄弟得知，他下令封杀艺人。他们的暴行激起新一轮的反抗，这种传唱通过戏文登上舞台。为了保全自己，把戏中的蔡二郎改为蔡邕（字伯喈）。只因蔡邕做过汉贼董卓的朝臣。戏中蔡邕最后被暴雷震死。一代文豪代人受过，只因姓氏相同，冤哉！

因为蔡邕被董卓所用，人们痛恨董卓，连带也痛恨蔡伯喈，正所谓恨屋及乌吧。在世时，由于他红极一时，反对他的小人奈何他不得。死后，这些睚眦必报的官场腹黑者就开始编故事诋毁他。他的故事就套到赵贞女和蔡二郎身上。故事中，蔡伯喈和赵五娘结为夫妻，蔡考上状元后始乱终弃，攀上丞相府的千金。如此忘恩负义，受尽千古唾骂。蔡邕自然是不知这些身后事的。陆游有诗流传：

斜阳枯柳赵家庄，负鼓盲翁正作场。

身后是非谁管得？满村听说蔡中郎。

（陆游《小舟游近村舍舟步归》）

陆游诗里所说的"身后是非谁管得"就是为蔡伯喈抱不平之意。他悲叹蔡伯喈死后的是非谁也没法管得了。

想着这个故事，高明陷入了沉思。这是一个凄婉的故事，受尽人间冷暖的赵五娘形象在他面前挥之不去。他也替代人受过的蔡伯喈叫屈，决心把《赵贞女和蔡二郎》的故事加以改编传唱，还蔡伯喈一个清白。

沈小瓯推门进来，高明浑然不觉。她把玉面芙蓉糕放在茶几上，道："先生想什么想得这样入迷？"

高明惊觉，一面慌乱地擦拭眼角溢出的泪水，一面说："小姐怎么来了？”

“我看先生这么晚了还不歇息，定是还在读书，备了一些糕点给先生送来。”

“多谢小姐。辛苦了！”

“先生神色黯淡，可曾有心事？”

高明欲言又止，轻轻地叹了一口气：“时候不早了，小姐早些回去歇息吧！”

“先生这声叹息如磐石般沉重，叫小瓯如何睡得着？不如小瓯陪先生聊聊吧？”

高明搁下书，移步到圆桌旁，给沈小瓯冲了一杯茶，递给她。

沈小瓯端着青瓷茶杯，一股暖流透过手心传遍全身。稍后，她掀开茶盖，刚才浮在水面的叶片沉入水底。她晃了一下杯子，叶片旋又浮上来。

茶叶在沈小瓯茶杯中晃荡，打着旋地摇摆，透出一股氤氲之气。

高明看着茶叶触景生情。

这茶叶一如高明心事，通过岁月的过滤，原本以为已经沉在心底。不想叫沈小瓯一搅拌，全都纷纷跑出来……

茶叶和水情投意合，互相渗透，交换心意。茶叶舒展盛开得像一朵池塘中的荷，又像一个忘我旋转跳跃的舞者，水也猜透茶叶的心思，将其渗透在自己的生命里……

沈小瓯看得出神。

夜是寂静的。寂静的夜掩盖了人的防备和伪装，把最真实的一面袒露出来。

人生悲苦，每天上演的都是喜剧少，悲剧多。从高明幼年丧父开始，就注定一生颠沛流离。这是人的宿命：所有人一出生就没打算活着回去，也不可能活着回去。没有人能长生不老。但即便是这样，很多人还是没有活明白，为满足私欲挑起事端，发动战争。

记得，高功甫临死前几天，高家买好坟地，按瑞安当地风俗摆酒庆祝，民间称树喜坟，请来了族亲庆贺，也称冲喜。那天家里特别热闹，大厅里人来人往，一派喜气洋洋。高功甫独自躺在厢房，穿过层层叠叠的垂幔，幼年高明来到父亲身旁，一脸稚气。高功甫伸出枯槁的双手，握住高明的小手说："则诚，你天资过人，跟别的孩子不一样……"

他稚气未脱地问："为何孩儿跟别人不一样？"

"你衔光而生，寄托着高家的希望；你是长孙，从今后你要听爷爷的话，照顾好弟弟和你母亲。为父走后，不管多难，儿子，你都不要忘了立德立功立言……咳咳咳……"

"父亲，你要去哪里？则诚不要父亲走，则诚要父亲永远陪着……"

父亲还努力挤出一丝微笑，幼年高明在丫鬟的牵引下三步一回头离开了这层层叠叠的纱幔。父亲那一抹慈祥的微笑从此定格在脑海里……

而高功甫也目送着高明幼小的背影离去。他是多么眷恋儿子的背影，这一目送成了最后牵念的一眼。

高明成年以后，回忆往事，很多时候，不是他去看父亲的背影，而是承受父亲追逐的目光，承受父亲不舍的、不放心的、满眼的目送。最后才渐渐明白，这个世界上，再也没有任何人可以像父亲一样，爱他如生命！

正如父亲所念，高明完成了家族走入仕途的厚望。他的同胞弟弟高旸虽然也饱读诗书，终没有高明的好运气，经历数次乡试都名落孙山，一生与进士无缘。高旸后来成了家乡长乐书院的院长，也算是诗书传家，不辱门风。

"为什么人活着要经历这么多苦，这么多痛？就比如这赵五娘，辛劳一生，罗裙包土葬公婆，却遭遇丈夫始乱终弃。"高明像是问沈小瓯，又像是问自己，喃喃自语。

"回头想想我这一生竟也是个悲剧。是不是所有人的人生都是如此，还是我看得过于透彻？"

沈小瓯为高明的坦诚感动，又为高明的人生际遇心酸。"小瓯钦慕先生的才学，不如把赵贞女的故事写出来，让更多的人知道，也不枉来世上走一遭。往事不可追，今天的命运为何不自己把握？为何不给赵五娘一个圆满的结局！"

"写戏？"一句话点醒了高明。在沈氏楼的每一天，高明的脑海中何尝不是冒出改写《赵贞女》一事，沈小瓯的话如一把催化剂，点燃了萦绕他一辈子的夙愿。很多次冒出改写的念头，青年时忙于求学，中年要应付宦海浮沉，如今再不付诸行动恐怕要带着遗憾走了。

很多次，当他困顿自身遭遇时，恩师黄缙不止一次教导他：当一个人立德、立功都行不通的时候，转而立言。这才是士大夫应该做的事情。当你改变不了时代这个大环境时，你可以做好自己，比如诗书传家也算是对自己不枉来世间的一个交代！

高明陷入了沉思。

沈小瓯的一句话给了他推力。一直以来，从官场出走，他不知道该以何种方式寄托自己今后的生活。虽然在顾仲瑛草堂他沉迷在戏文带来的愉悦和感动中不能自已，虽然青年时在稠州求学写过《闵子骞单衣记》，但他还从未想过再次写剧本。恰恰是沈小瓯的一席话点燃了他创作的激情。

立德立功立言，这是古代知识分子实现自我价值的三种途径。高明在官场的一再挫败和打击下，立德无能，立功无望，转而立言似乎顺理成章！

高明写戏的念头长出来之后，他也被自己这个大胆的想法吓了一跳，要知道，南戏是在宋杂剧和诸宫调的基础上发展起来的，剧本一般都比较长，最长的可达五十多出，最短的也有二三十出，要创作南戏，非得三年五年，把冷板凳坐穿不可。

理想很丰满，现实很骨感。长篇戏剧的组织和布局不是一件一蹴而就的事情，很麻烦，很艰难，它牵涉到作者大规模结构、唱词、音乐的能力。还有，真正想塑造好赵五娘这个角色也很难。在他面前，这个人物如梦中的影子总是清晰不起来。

然而沈小瓯的建议就是他的心声，无论如何，他都要克服困难，改写《赵贞女》，实现人生最后的夙愿！

寄居沈氏楼，谦和、责任感强的高明如何愿意在沈家做个白吃饭不干活的角色！他感激沈家收留自己，无以为报，只有教书报恩，把毕生所积累的知识，传授给沈家弟子。每回授课回来，他就躲进小楼成一统，收拾起儿女情长，一心著书立说。

高林在旁伺候纸墨，高明的思绪随回忆飘远：赵五娘身背琵琶沿途卖唱上京寻夫。那一年，扎着羊角辫的沈小瓯在长亭为他弹奏《琵琶行》。两把琵琶的影子在眼前交相叠印。《琵琶记》的题目就此诞生了。

"蔡伯喈和赵五娘新婚才两个月。新婚燕尔，蔡父蔡母却逼着蔡伯喈上京赶考。尽管依依不舍，但父命不可违，蔡伯喈收拾心情，离家赴京赶考。"

想到这里，高明放下纸笔，陷入了沉思。蔡伯喈跟当初的自己是多么相似！出来应考也是寄予着家人的厚望。离别妻子流浪官场，好几次想接夫人陈素过来同住，无奈官无定所，总是东奔西走，陈素一直留在了老家，好在高林在丽娘怀孕之后，把丽娘送回高府，和陈素做伴，彼此有个照应。

如果人生可以重来，他宁愿守着他的田园生活，守着陈素和两个儿子过完平静的一生。

人生，很多时候都是身不由己。

蔡伯喈比高明幸运，他中了状元，而且被牛丞相看中了。牛丞相上书，皇上赐婚。怎么办呢？答应吧，家里的赵五娘怎么办？拒绝吧，抗旨可是杀头之罪，弄不好还连累家人！就在蔡伯喈纠结万分时，早已被换上大红袍，穿戴整齐，半推半就送入了洞房。

高明痛苦地闭上眼。人生能有几次做得了自己的主呢？这个蔡伯喈注定是遗憾终身的！

一个无法把握自身命运的生命个体的生存困顿，心灵的痛苦和理想的失落诉诸笔端：

被亲强来赴选场，被君强官为议郎，被婚强效鸾凰。三

被强，我衷肠事说与谁行？埋怨难禁这两厢：这壁厢道咱是个
不撑达害羞乔相识，那壁厢道咱是个不睹事负心的薄幸郎！

每当一天的私塾教学忙完后，高明便凄然地独坐在孤灯下喘息、沉思。通常写完一节，沈小瓯先睹为快，给他建议，听他吟唱，做他坚强的生命后盾。

最初的创作总是不顺利，他总是撕了写，写了又撕。纸篓里是满满的废纸。他写蔡伯喈的平步青云，快意人生，却无法融进赵五娘的悲凉人生，他们分隔两地，不能糅在一起。戏本显得很杂乱。如果处理不好，两个人物在戏里打架。

没有参考书，没有前例。他苦恼地在花园踱步。远远看见秋月和小厮在并排的两架秋千上荡秋千，突然，灵光一闪，两架秋千可以同时荡漾，分隔两地的两个人物也可以同时叙述。两条线索叙述。妙！妙啊！

没想到他独创的双线结构，成了后世传奇的范本，明清传奇的结构方式就是模仿高明的《琵琶记》。

不懂权术、仕途困顿的他拿起毛笔那一刻，精神的力量已经延续千秋万代。他在案前创作一部旷世之作，而他自己却浑然不知。他创造了很多第一个，而自己没有感觉。

六百多年后，在高等教育的大学里，评价他的定语一长串被投在大屏幕上：

他是中国戏曲史上第一位以进士的身份从事于戏曲创作的作家。

他是中国戏曲史上第一位以这种理学家的身份从事戏曲创作。

他是中国戏曲史上第一位成功地改编了民间戏曲作品的剧作家。

他是中国戏曲史上第一位以双线结构的独创方式展开剧情的剧作家。

……

他塑造的赵五娘形象在各地的戏曲博物馆中双烛辉映。

当然，这些他都不得而知。

他更不知道的是六百多年后，我们在滂沱的大雨中寻找瑞光楼，追

寻他的影子，目的只想看一眼曾写出不朽剧作的阁楼。

沈明臣得知高明酝酿创作剧作，就让高明放下私塾的教学，单独住在楼上。开始时，沈明臣从不去打扰对方，除了叫仆人一日三餐按时送去饭菜外，连楼梯都没有踏上过一步。

有一天，他忽然听到从楼上飘下来一句吟唱宋本《赵贞女》中的曲子：万两黄金未为贵，一家安乐值钱多。

他停住了脚步倾听。沈明臣本是一戏迷，听到高明吟唱词曲，而且饱含深情，唱腔优美婉转，知道是遇见了知音。便上楼去与高明秉烛夜谈。

高明说："此生未了的一个心愿，就是想把古本《赵贞女》改写一遍。还一个全忠全孝的蔡伯喈。"

沈明臣连连说好。只是他不知道高明创作《琵琶记》的愿望除了强调戏曲的社会教化作用，还借赵贞女的"躬行"来浇自己心中的块垒。

高明改编《赵贞女》既是几十年的心愿，也是来自沈小瓯的鼓励。

他开始不断寻找资料深入研究。南戏在第一出前，照例有四句诗，用以概括和介绍剧情大意。这四句诗便是题目，如《张协状元》的题目是：

> 张秀才应举往长安，王贫女古庙受饥寒。
> 呆小二村沙调风月，莽强人大闹五鸡山。

这是写在招牌上，做广告用的。

南戏的第一出一般由副末上场报告创作宗旨和剧情大意，并引出正戏。这种形式到了后来，就叫作"副末开场"或"家门大意"。南戏一般从第二场开始进入正戏，在头几场戏中，要让男女主角和主要配角尽量上场和观众见面；在故事情节展开后，便要照顾到角色行当的劳逸、大小场子的安排和冷热场子的调剂。

南戏的角色，通常为生、旦、末、贴、净、丑、外。其中，生、旦为男女主角；末、贴为男女配角；净、丑都是滑稽调笑类角色，男女老少都可以演；外一般演老年人。中国戏曲的角色行当，在南宋时就已基本完备了。高明只要在这个框架内，填充丰富内容。他要写出不一样的剧本，更规范，更完整。

熟知套路后，高明在第一出就表明自己的创作意图：

【水调歌头】〔副末上〕秋灯明翠幕，夜案览芸编。今来古往，其间故事几多般。少甚佳人才子，也有神仙幽怪，琐碎不堪观。正是：不关风化体，纵好也徒然。论传奇，乐人易，动人难。知音君子，这般另作眼儿看。休论插科打诨，也不寻宫数调，只看子孝共妻贤。正是骅骝方独步，万马敢争先。

〔问内科〕且问后房子弟，今日敷演谁家故事。那本传奇。〔内应科〕三不从琵琶记。〔末〕原来是这本传奇。待小子略道几句家门，便见戏文大意。

好一个"三不从琵琶记"，在提笔的刹那，高明人生的数次转弯和纠结，已经散落在《琵琶记》里。他也许只是吐露衷肠，却不知，《琵琶记》的诞生，使得南戏剧本的文学形式和表演体制，有了很大的变化，并且定型下来，从而奠定了后世传奇体制的基础。而他，也被后世称为"南戏鼻祖"！

故事创新，音乐旋律启承，双线并进、交错映照的情节安排，入情入戏的不光是高明，还有痴情的沈小瓯……

第五节　糟糠自咽

在瑞光楼的第三年夏天，战火吃紧。江浙大部分地区被卷入其中，成为战争前线。城门失火，殃及池鱼，灾难也蔓延到宁波，民生寥落。

好几个月没有见过雨了，栽下的禾苗晒得干瘪枯黄。大地裂开了一条条缝。百姓到处在祈神求雨：年老者恭恭敬敬向龙王爷磕头跪拜，孩子们戴着柳枝圈圈窜进窜出。正在焦急没收成时，又来了弥天满地的蝗虫，把枯黄的稻叶、杂草直至稻穗上稀稀的几颗粟粒吃得精光。地方上年老者哭丧着脸，都在唉声叹气，说几十年没见过这样的年成。这日子着实过不下去了！

沈明臣这年的收入也很不好。他免除了所有佃户的租金，不但如此，他还决定开仓赈灾，把多余的粮食拿出来，熬成稀粥，在府门前搭了个凉棚，每天发放三千碗粥施给穷苦人家。施粥点挤满了逃荒和流浪的人群。沈府上下全员出动，也忙不过来。

作为客人的高明放下手头的书卷，走出书斋，前去帮忙。沈小瓯见到他，微微点点头，转身投入到救济灾民的事中去。

在众多讨粥人中，一个穿破烂蓝裙的女子引起了高明的注意。她总默默地来，不争不抢，无论有没有讨到粥，总是给施粥的人投去感激的一瞥。她讨到粥并不急着喝，小心翼翼地捧在手里，尽管从她不断吞咽口水的动作可以看出她十分饥饿，对这碗粥无比渴望，然而她依然很淡定地默默转身，急急地朝一个方向走去。

高明朝沈小瓯使了一个眼色，两人放下勺子，悄悄地跟了过去。穿过长长的青石板的小巷，一座石桥浮现在眼前。桥上无人，那蓝衣女子却不见了。高明和沈小瓯暗暗称奇，却百思不得其解。

转了一圈没发现什么，两人只得悻悻而回。沈小瓯还是不死心，远远地朝那座古桥张望。

"先生，快看！"

高明顺着沈小瓯手指的方向看，倒吸了一口气。原来那个蓝衣女子正在桥边用手拨弄着河里的水葫芦，摘了叶子就往嘴里塞。大概水葫芦太难吃了，她皱着眉头，半天才咽下。

"她不是已经讨到一碗粥了吗？怎么还吃这个？"沈小瓯疑惑重重。

"走，下去看看。"

高明带着沈小瓯绕过坑坑洼洼的乱石堆，深一脚浅一脚地走下桥洞。桥洞呈圆形，在桥洞边系着一条两头尖尖的小船，破破烂烂的，显然废弃已久。

高明听到声响，在船边站定。从船舱里传来颤巍巍的声音："环儿，你也吃一口吧。我和你爹爹不中用了，不能陪你找到不孝子。你吃饱了好上路去找。"

被唤为环儿的蓝衣女子小声说："娘，我已经吃饱了。沈家老爷是个大好人，我在粥铺敞开肚皮使劲吃呢，现在还撑得很呢。如果爹娘走得动，我们一起去吃，可饱了。"

"老头子，你拼死教孩儿出去赴选应考。今日没有饭吃。他便做得状元，远水解不来近渴。若是孩儿在家。我们也不至于到处流浪，弄得如今狼狈。如今冻死你，饿死你，活该！老头子，你死了也没人可怜你。"一个苍老的女子声音响起。

"老太婆，你埋怨我做什么？我又不是神仙，怎么知道今日恁的饥荒苦？这般时年，谁家不忍饥受饿？谁像你这般埋怨我？罢罢罢，我死了倒干净。今日饥荒也是死，被你埋怨不过也是死。"说着老头子赌气要跳河，被儿媳妇牢牢拉住。

"死老头，你要死也不能和我怄气。"老太婆也生气了。

"公公婆婆且息怒。听奴家一言。当初公公叫相公出去应考时节，不料到今日恁的饥荒。难怪婆婆埋怨公公，今日婆婆见这般饥荒，相公又不在眼前，心下焦躁。公公也休怪婆婆埋怨，请自宽心。如今奴家把些钗梳首饰之类典当，换些粮米，以充公婆一时口食。宁可饿死奴家，决不将公婆饿着。"

"媳妇你说得好。我只是恨这老头子，区区一个儿，两口子相依偎过着快乐田园生活，没事为着功名逼着儿子离家赴考。你要他做官，要改换门闾，光宗耀祖，只怕他做得官时你做鬼。老头子，你希望他三牲五鼎供养你朝夕，今日想吃一口粥汤却不知道谁给你？反而连累我儿因你，做不得好名儒，做不得孝子。有儿就像无儿，被人议论笑话，只落得双泪垂。"

"养子教读书，指望他身荣贵。黄榜招贤，谁不去求科试？老太婆，我说个比方与你听。譬如范梓良被差去筑城池，他的娘亲埋怨谁？"

"老头子，你倒乱打比方，他是被官差抓去哩。"

"生死有命富贵在天。他若在，还不是照样饿肚子，这年月，饿肚子的又不是你我两人。"

"老头子，你倒嘴硬。我看你忍得几时，再过一会儿，非饿得你头昏眼花。"

"休聒噪，毕竟不只是咱老两口忍饥挨饿。"

老两口互相埋怨，儿媳妇赶紧出来安慰打圆场。

"婆婆，相公只是暂时离别，终有一天回家。"

"媳妇，我岂知不孝子自有一日回家，只是眼下受饿难过。"

"婆婆，奴有些钗梳典当了换些粮食回来。"

"死老头，我若没有这般孝顺的媳妇会持家，可不把我的肝肠也饿断了。"

"老太婆，这是年景不好，你苦苦埋怨我有什么用？"

"公公婆婆不要吵了。让旁人听到了，只道媳妇伺候不周，致使公婆争斗起。婆婆，公公他心中爱子，指望相公功成名就；公公，婆婆她眼下无儿，因此埋怨你。怪只怪，这从天而降的灾难。"

"天哪，我命不久矣。叹当初是我不是，不该逼他去赴考，不如我死了算了，没有这么多烦恼。"老头儿一边思量，一边暗自后悔。

"有儿却遣他出去。让媳妇年纪轻轻守活寡。媳妇，可怜耽误了你青春年少。"

"公公婆婆，媳妇便是亲儿女。侍奉公婆本分当为。但愿公婆从此和和美美，媳妇也宽心。"

......

看到这一幕，听到这些话语，高明感同身受。过去在处州为官时，他也知道黎民百姓之苦，却不知道苦到这个程度。他被环儿的孝心打动，和沈小瓯交换眼神，俩人打定主意，明天环儿再来时，一定先请她好好填饱肚子，再给她盛上满满的一大碗粥带回去。

第二天高明和沈小瓯早早地守候环儿的到来。可是到了施粥的时间，那个一直期待的身影没有出现。眼见粥桶见底，他俩望眼欲穿，还是不见环儿的影子。沈小瓯特意叫管家留了一大碗。但是布施结束，那个身影始终没来，这让俩人怅然若失。

第三天，环儿还是没有出现。

第四天，环儿还是没有出现。

她像一个谜，来无影去无踪。

第五天，高明再也坐不住了，和沈小瓯沿着整个鄞县一座桥一座桥地寻找。寻到闹市区，一声声琵琶曲凄凄切切地传到二人耳中：

> 水边沙外，城郭春寒退，莺声碎。飘零疏酒盏，离别宽衣带。人不见，碧云暮合空相对。忆昔西池会，鸳鹭同飞盖。携手处，今谁在？日边清梦断，镜里朱颜改。春去也，飞红万点愁如海！

飞红万点愁如海……

"可怜哪！年纪轻轻却要卖发葬公婆。"围观百姓指指点点。

高明拨开人群，见一披麻戴孝的女子跪在地上，手持一把破琵琶，胸前挂着卖发葬公婆的牌子，神情凄楚。再定睛看时，正是那日桥边所遇环儿。怎么几天之隔，变故如此之大？

"可怜哪！她相公上京赶考，几年音讯全无。"

有人说男的中了状元抛妻弃爹娘，入赘王府做乘龙快婿；有人说男的上京途中早已遇害……

"伙计，你发发善心买了她的头发安葬她的公婆。"

"自己都养不活，哪有闲钱买头发哦！"

……

"各位乡亲，奴家饥荒年穷困潦倒，更哪堪连丧双亲。身无分文安葬公婆。我衣衫首饰都当尽，实在没办法，只得剪香云求卖。一片孝心难尽说。一齐分付青丝发。奴家前日婆婆没了。还来不及安葬，公公就追随婆婆而去，留下我一介女流毫无办法。只得靠头发，卖几贯钞，为送终之用。虽然这头发不值钱。也只把它做些玩意儿。苦，不幸丧双亲，求人不可频。聊将青丝发，断送白头人。"环儿手拿剪刀倾诉卖发缘由，泪水奔涌而出。

古语说：身体发肤，受之父母。不是万不得已，是断然不会剪的，更何况是对一个女子来说。想当初一头青丝，谁梳鬓云？妆台懒临生暗尘。丈夫是如何喜爱，如今剪断的不仅是头发，还有青春。

高明远望那头浓密的乌云，掩映着环儿的愁容，吟道："万苦千辛难摆拨，力尽心穷，两泪空流血。裙布钗荆今已竭。萱花椿树连摧折。"

金刀盈盈明似雪，环儿对着头发迟迟舍不得剪下去。她闭上双眼，暗自伤神，内疚、怨恨一齐涌上心头：头发，是我耽误了你的青春，如今又剪你资送公婆上路。剪发伤情也，怨只怨结发薄幸人。思量薄幸人，辜负奴家此生。早知今日，我当初早披剃入空门也，做个尼姑去，免得今日狼狈艰辛。咳，只有我的头发恁般苦，从来不曾有佳人的珠围翠拥兰麝熏。呀，似这般狼狈啊！罢罢罢，我的身死尚无掩埋处，倒可怜起这头发来了。

"咔嚓"一声，珠泪汹涌，头发剪落。

"真是个孝顺的媳妇啊！"围观的妇人感叹。

"非奴家苦要孝名传，正是上山擒虎易，开口求人难。"

头发既已剪下，穿长街，拐短巷，一声声叫卖头发。

"卖头发。买的休论价，念我受饥荒，丈夫出去，哪堪连丧了公婆。没奈何，只得剪头发资送他们。"

高明和沈小瓯目睹着环儿的落魄，十分难受。

沈小瓯胳膊肘碰碰高明说："呀，怎的都没人买。看青丝细发，如何卖也没人买？"

这饥荒死丧，怎叫环儿，当得恁狼狈。环儿的脚儿怎抬？其实难挨，往前街后街并无人理睬。

环儿再叫一声，咽喉气噎，无奈，苦啊！

"先生，你去买了它吧！"

路人摇摇头走开。

"我如今便死，暴露我尸骸，谁人与遮盖。天哪！我到底也只是个死，将头发去卖，卖了把公婆葬埋，奴便死何害。"环儿喃喃自语，近乎绝望。

百姓议论纷纷。这年头，大家都是吃了上顿没下顿，哪有闲钱买头发？环儿叫卖了半日，终是围观的多，真正出钱买的人一个也没有。

高明拿出身上仅有的两锭银子，放在环儿身边，"回去吧，好好葬了公婆，回家吧！"

"家？出来的时候早已不在了！"环儿垂下泪滴，"多谢先生善心！环儿葬了爹娘，这就跟先生去，任凭先生差使。"

"同是天涯沦落人，我尚寄人篱下，哪有资格差遣人？"高明暗想。待环儿收拾物件的间隙，拉了沈小瓯悄悄退出人群。

沈小瓯虽然以前女扮男装跟哥哥出来游山玩水，但都是衣食无忧，住有客栈，行有车马，吃有饭馆，哪见过如此身世飘零的女子？跟自己年纪相仿，前几日刚见她吃水葫芦充饥，今日又卖发葬公婆。她一路跟在高明身后唏嘘不已。

寂静，死一般的寂静。

高明面色凄惶，一声不吭往前走着，心里说不出的滋味。现实上演的大戏远比戏文里曲折凄凉，让人几天几夜回不过神来。

不觉间又来到那座石桥上，望着缓缓流动的河水，无语东流。不忍登高临远，望故乡渺邈，归思难收。叹年来踪迹，何事苦淹留？

回到沈府，独步上楼，高明心中感慨万千：也许环儿的世界正天崩地裂，别人的世界却风淡云轻。生命若蝶，只有破茧之后才会深刻懂得，何谓悲天悯人。吃树皮野菜充饥不是个案，戏中的那个赵五娘的形象顿时清晰起来！

　　他抛下沈小瓯，快步走到自己的房间，研开笔墨，急笔狂草。日头落下去，星辰上升，他浑然不知，沉浸在自己的世界，如痴如醉，一会儿哭一会儿笑。谁也不敢去打搅他。

　　眼前浮现出这些年的际遇，都糅进那深深浅浅的曲子中。这个时候的高明真正活回了自己，空灵，沧桑，成熟。他寻觅一生，平反过不少冤狱，经历过烽烟战火，那些都不是他的角色。他真正的角色从抓周时就冥冥注定，一把团扇，一支毛笔。作为文人无须执刀佩剑、披荆斩棘。一支笔就可以描绘人间悲欢离合，可以舞动明月的光芒。历史的沧桑、岁月的峥嵘尽在笔下。那个执笔之人，可以肆意挥洒春秋、主宰命运。这是世间任何人包括皇帝在内都想主宰自己命运的情结。高明挥洒在书里，把自己人生无法到达的彼岸通过寂寞文字释放出来，把各种际遇的委屈投射在蔡伯喈身上。他似乎又找到了那一方可以展翅的辽阔天空。他想起杜甫写给李白的诗："我自狂歌空度日，飞扬跋扈为谁雄？"这对于从官场出走的高明来说无疑又是一种激励，但在热情中有一种难以言说的迷惘。

　　日复一日，夜复一夜，沈小瓯每天轻轻地送饭到阁楼。她只听高明一边敲着桌板一边咿咿呀呀地唱着，声音低沉沧桑。世间的悲欢离合都通过这韵味有致的长调抒发出来，听得沈小瓯禁不住热泪盈眶。

　　一日，沈小瓯照例送饭到高明门口，透过窗棂，看到他正在吃糠。干燥的糠实在是难以下咽，呛得他满面泪痕。见此情景，沈小瓯放下饭菜，赶紧上前一步，挽住高明，轻拍后背。高明咳了几声，缓过劲来。沈小瓯拿起茶壶，倒了一杯清茶伺候高明喝下。

　　"先生这是做什么？为什么要吃糠？难道沈家还缺先生一口饭吗？"

　　"小姐误会了。适才写到赵五娘吃糠，无论如何都不传神。我想：我没体验过赵五娘吃糠的难受和痛苦，自然写不出这种传神感觉。所以就……"

　　沈小瓯听罢释然，一把抓过长案上的剩余糠，刚塞入嘴中，就"呸呸呸"吐了出来。这糠实在不是人吃的,粗糙,割得喉咙生疼。高明见沈小瓯闹了个大花脸,"扑哧"一笑,一扫眼前的悲苦。

在苦中开出乐的鲜花来,在尘埃中结出希望的果子来。这是高明活着的希望,也是赵五娘坚强的性格。只要忍过这种苦,会有苦尽甘来的一天的。可世间很多人忍到快要出头时放弃了,因为他们看不到黎明前的曙光。通常这黎明前的曙光要经过多么漫长的暗夜的泅渡,没有超强意志力的人忍受不了其中寂寞、孤独以及绝望的折磨。是谁说过绝望的隔壁就住着希望啊,看你有没有勇气去打开那扇门,把希望迎进来!

> 旷野萧疏绝烟火,日色惨淡暗村坞。
> 死别空原妇泣夫,生离他处儿牵母。
> 睹此恓惶实可怜,思量自觉此身难。
> 高堂父母老难保,上国儿郎去不还。
> 力尽计穷泪亦竭,淹淹气尽知何日?
> 空原黄土谩成堆,谁把一抔掩奴骨?

赵五娘多少次想了却此生,却因为牵挂公婆,不得不坚强苟活。死是很容易的事,活着却很艰难!

连年灾荒,赵五娘典尽首饰衣服,换来的粮食不够供养公婆。多亏邻居张二伯救助一点粮食,才勉强度过危难。赵五娘将这点稻谷碾去糠皮,做饭给公婆吃,而自己却用米糠充饥。吃糠时,唯恐公婆撞见伤心,她悄悄地躲进柴房吃。不料有一回,婆婆晾晒衣服时,发现赵五娘躲着偷吃,告知蔡父。公婆从此恶言相向,赵五娘有苦难言。高明吃糠就是为了更深地体会五娘的悲苦凄恻心情。沈小瓯读罢高明写就的以上文字,深受感动。她静坐一旁,挑了挑烛花,不敢惊扰高明。

高明脸色惨白,眉头紧锁,含泪的双眼溢满情感。他提笔疾书:

> 肚又饥,眼又昏,家私没半分。子哭儿啼不可闻……

子忍饥，妻忍寒。痛苦声，凭哀怨。

写到这里，他抬起双眼，透过沈小瓯含泪的双眸，仿佛看到丽娘弹着琵琶深深哀号：

乱荒荒不丰年的年岁，远迢迢不回来的夫婿，
急煎煎不耐烦的二亲，软怯怯不济事的孤身体。

糠与米本是同枝生，却又被风吹作两处飞！这不正如赵五娘和蔡伯喈吗？一个是糠，被风吹得随处飘零；一个是米，盛在白玉青瓷的花碗里。谁承想，当初它们的芽儿啊，一同浸透土地的血泪。是糠保护着米，让它少受风雨的洗礼；是糠忍饥挨饿以饱了米，让它以浑圆的姿态笑傲枝头。糠啊，你太傻了，粗糙了自己，精细了别人！

呕得我肝肠痛，珠泪垂。喉咙尚兀自牢嘎住。糠！遭砻被舂杵，筛你簸扬你，吃尽控持。恰似奴家身狼狈，千辛万苦皆经历。苦人吃着苦味，两苦相逢，可知道欲吞不去！
糠和米，本是两倚依。谁人簸扬你作两处飞？一贱与一贵，好似奴家共夫婿，终无见期。丈夫，你便是米么，米在他方没寻处。奴便是糠么，怎的把糠救得人饥馁？好似儿夫出去，怎的教奴，供给得公婆甘旨？
思量我生无益，死又值甚的！不如忍饥为怨鬼。公婆年纪老，靠着奴家相依倚，只得苟活片时。片时苟活虽容易，到底日久也难相聚。谩把糠来相比，这糠尚兀自有人吃。奴家骨头，知他埋在何处？

这一切，米知道吗？要让米知道，否则对糠太不公平了。
高明饱蘸墨汁，在宣纸上继续疾书：赵五娘卖身丞相府……

环儿身背"卖发葬公婆"牌子的凄苦影子在他脑海挥之不去。只是环儿后来怎样了，茫茫人海，不知飘向何处，高明无从得知。他要让他的赵五娘在戏中重逢夫君。

作家写出的每一个字都是自己的心血吐露。是谁创作"呕心沥血"这个词的，说得真好啊！

不知何时，窗外淅淅沥沥飘着雨丝。入秋了。高明在创作中，早已忘了晨昏，忘了春夏。在他看来，一出好的戏剧，必须要合乎教化，不但带给观众快乐，还要使人感动，明白忠孝节义的道理。那些专写佳人才子的恋爱戏，或者专写神仙妖怪的浪漫戏，都是琐琐碎碎不值得一看的东西。

秋灯明翠幕，夜案览芸编。今来古往，其间故事几多般。少甚佳才子，也有神仙幽怪，琐碎不堪观。正是：不关风化体，纵好也徒然。论传奇，乐人易，动人难。知音君子，这般另作眼儿看。休论插科打诨，也不寻宫数调，只看子孝与妻贤。骅骝方独步，万马敢争先？

一日半夜，灯火阑珊，夜已深沉。沈府一片寂静，只有高明所住的房间灯光闪烁中。一阵凉风吹来，高明靠在书稿上沉沉入睡。

"先生，先生……"

高明揉揉惺忪的眼睛，只见罗裙素裹的女子在他眼前哀伤吟唱。

我与你本是同枝生，奈何扬作两处飞……

那身影似环儿，似陈素，似沈小瓯，或者什么都不是。

"先生，奴家命苦啊——"

"先生，一定要帮我和夫君团聚啊……"

……

环儿——

陈素——

小瓯——

高明大声呼喊，一个趔趄，从梦中醒来。却只见案前点燃的两支红烛一会儿交合，一会儿分开，互相辉映，难分难舍，似赵五娘向他鞠躬求助。

他戏路一改，撕掉了原先赵五娘孤独终老的悲剧结尾。重新疾书，他要让他们夫妻团聚，回乡守孝。赵五娘不再是孤苦无依的弃妇了。

……

高明重新找回了自己残存世间的价值。

三年时光，夜以继日，殚精竭虑。《琵琶记》呼之欲出。

当一切尘埃落定，他结束了潦倒、近乎神经质的生活，找回了神采翩然的自己。

这算文稿杀青了吗？

高明茫然四顾，终身未竟的心愿就这样了了？他有点虚空。

他无数次想象文稿完成后的不寻常之举：大哭一场抑或大醉一场，然放下笔的那一刻，他什么也没做，扑倒在床上睡了一天一夜。

当报晓的公鸡唱响时，他推开了木窗，春天的气息扑面而来。

第八章 辞官才子：迎彩霞，送黄昏，且记琵琶戏一本

第一节 人生似戏

寒暑更迭，流年似水。又是一年春来到。

正月的鞭炮声此起彼伏，在喜庆的锣鼓声中，宣告一个旧时代的结束，迎来了新时代的到来。

元宵的夜空热闹而繁华，玉树银花不夜城。灿烂的烟花开满夜空。醉心戏曲创作的高明，就是夜空中最璀璨的烟花，燃放了自己，照亮了戏剧舞台。然后归于长长的寂寞。他不属于沈小瓯，也不属于陈素，他是为这戏曲而生的。他以一颗悲悯的心诠释尽忠尽孝的真谛。一如他的人生，有太多的身不由己！

闭关在瑞光楼整整三年。完稿后的第一件事，就是和沈家人到村外走走。

这个三月，他的内心又被春光唤醒，簇拥的桃花开得难以收敛，以

绚烂的姿态伫立在阳光水岸。杨柳对镜梳妆，摆弄万种风情。看晴空万里，白云无涯。他想做的就是放逐自己，在春光里再一次尽情享受人间烟火。因为他知道，在遥远的水乡，有他日夜思念的亲人。

杨柳岸一曲离歌奏响，催着他快快归去。

沈明臣、沈小瓯陪同，一路行到四明山。

仁者乐山，智者乐水，四明山占尽了仁智的天机。山清水秀，莺歌燕语，一派欣欣然绽开笑脸。

高明三年幽居在楼上，此刻见到阳光竟然有些晃眼。很久没有看过这么美的景色了！他大口大口呼吸着春天的空气，气息中带着泥土的芬芳。一切焕然一新。想当年，他是如何爱游山玩水，山一程水一程的生活洋溢着文人的浪漫和洒脱。才不过十年，山水还是那个山水，心境早已百回千转。

四明山，古村落，摩崖石刻，桃花林……一路走来，仔细触摸。不说景色有多美，心情好，景色自然美不胜收。

过搭石，远远的桃林从旷野中窜出来，桃花怒放的身姿直逼高明的眼。白底粉颜，俏立枝头，看桃花开出怎样的结果？一朵有一朵的姿势，一朵有一朵的韵味，怎一个"桃花仙子"形容得了！

沈小瓯说，如果来点雨就更好了。

晶莹的雨珠驻立枝头，将落未落之时，自有一份怜爱触动人的神经。躲进桃林，人面桃花相映红。大自然真是神奇，在你看尽落败，处在满眼枯枝的萧条中，内心充满绝望时，忽如一夜春风来，千树万树梨花开，给了你无限的生的希望。

没有对比，不会珍惜眼前繁花似锦的美色。正如人生，在谷底和攀升中体验生命的精彩瞬间。

无论是随处可见的油菜花，还是寂寞开无主的紫云英，都是大自然献给春天的赞歌。

地处江南，春天虽然转瞬即逝，却因为等待的漫长换来无尽的遐想。春，借花的容颜把蛰伏三季的激情都释放出来，在枝头、在田间、在溪边把生命的恋曲唱了又唱!

"这般春暖花开,幸好出去走走,要不然实在辜负这大好春光。"高明由衷感叹。

为了庆贺高明写成《琵琶记》,沈明臣在暖香阁摆了一桌,请来了当地绅士名流欢聚。席间,众绅士频频劝酒。

高明讲述在沈氏楼看见双烛交辉的奇异景象,大家纷纷称奇。

一绅士说:"书中人物赵五娘定是感谢高兄真情塑造,从画面中走出来报恩。"

"两烛交相辉映,此乃祥兆也。沈兄何不将此楼更名为瑞光楼?"一略懂风水的书生给沈明臣提建议。

"高兄此戏文一上演,定能震惊朝野。来,在下先敬高兄一杯,祝贺高兄写就千古传奇!"说着一饮而尽。

"林兄抬举了,我只不过在文字中安放无处寄托的寂寞,哪能流传千古呢?充其量是自娱自乐罢了。"

"高兄下一步如何打算?是继续写下去,还是凭借此书再入官场?"沈明臣问。

"在下从那个圈子走出来,就没打算再回去。"

"听说高兄的同乡好友刘基投奔到朱元璋麾下,成为诸葛亮一般的军师。高兄不如一起去效力。"有人怂恿。

"一身不事二主。况且,则诚才疏学浅难当大任,一心归隐了却残生。沈兄,则诚敬你,感谢你三年来的照顾和关爱!闻说家乡时局平定,则诚想过了这三月就回乡祭祖。"

高明端起酒杯一饮而尽,醇香的黄酒滑入喉中,翻滚着冲向胃肠。他眼泛泪花,说不出是什么滋味,是对沈氏楼的留恋还是涌动的乡愁,一时之间真是说不上来。

他本是性情中人,又完成书稿,大功告成,对于兄弟劝酒,频频喝下。虽酒量不错,但经不住人多轮番劝酒,不觉喝多了。喝多了也是好事,敞开心扉,且歌且笑,眼泪止不住地汹涌而出,袒露真真切切的高明。

他和着兄弟们的击掌，踏足而歌：妾与君本是糠米一处依，奈何扬作两处飞，两处飞……

沈明臣搀扶着摇摇晃晃的高明入房时，恰遇沈小瓯前来送参茶。沈明臣把高明放到床中，朝沈小瓯摆摆手，踉踉跄跄地出了房。

沈明臣也喝多了。

沈小瓯愣在那里不知所措。

"呕——"

床沿传来一阵呕吐声。

沈小瓯赶紧递过脸盆，接住那堆排山倒海的呕吐物。阵阵恶臭熏满整间屋子。

沈小瓯一面捏着鼻子一面清理那堆脏物。打了一盆清水，反身入了房内，拧干毛巾，细细地擦拭高明嘴角。

高明经刚才那一吐，酒醒了一些。他努力睁开双眼，迷蒙中看到沈小瓯烛光中红红的脸，恰似那莲花半开半合的娇羞。他伸出滚烫的手掌，轻轻抚摸着小瓯的脸。

"丫头，第一次见到你时，那时你还是个小不点。在长亭外弹着琵琶，俏皮而淘气。你的声音真好听，深深烙在了我的心底。那时，我想如果能再次听到丫头的声音，该是人世间多大的美事啊。后来在金陵再度重逢，欣喜得忘乎所以。与你同歌共舞，忘记了年龄。丫头，你相信缘吗？经历这么多次的百转千回，兜兜转转，在有生之年竟然还有丫头陪伴在旁，是高明几世修来的福气啊！"高明从来没有对沈小瓯如此大段大段地表白过，今晚借着醉意，把埋藏心底已久的爱慕都说出来。听得沈小瓯满面含泪。

"佛说，前世几百年的回眸，才换得今生的擦肩而过。小瓯能与先生相遇，该是几世修来的福分！"小瓯眼望红烛，欲言又止。

"也许我的前世，是佛前的一朵莲花。因为没有耐住云台的寂寞，贪念了一点凡尘的烟火。所以，才会有今生，这一场红尘的游历。不知道，下一辈子是否还能遇见你。所以我今生才会那么努力，只求陪在你身边，把最好的给你。友情也好，爱情也罢。"沈小瓯喃喃自语。可惜这些，高明听不见了，他握着沈小瓯的手，沉浸在甜甜的梦乡中。

三年来，这是他睡得最踏实的一晚。

沈小瓯在沉沉的夜色中陷入了冥想之中。

那是个油菜花盛开的季节。大片大片的金黄点缀了江南温润的春天，垂柳如烟，繁花似锦。

第二节　止步传奇

离别在即，心绪难宁。再加上春日气候反常，昼夜温差大，高明感冒了。

他喝了一碗汤药，昏昏欲睡。

高明已经躺在床上了。通常这个时候不是他的睡点，写《琵琶记》形成对黑夜的习惯和依赖。因此他现在还有大把肆意挥霍的黑夜，以及在黑夜里那些肆意流窜的思想。可是，今天药物的作用把他拉向了床边，拉向了尚未深沉的夜。在药力作用下已经昏睡了一整天，傍晚勉强打起精神向后花园迈步，抑制不住的哈欠让他走路形同喝醉酒的醉汉左右摇摆。身体虽然被药物控制着，思想却极力要在一片混沌中冲出一个出口。

脑电波一遍遍播放着沈家大院的碎影和流年。沈小瓯如一个异族的入侵者，用三年时间朝朝暮暮相对，时间堆砌的碎影，控制着他这两天的亢奋精神，即使在梦中依然回转着她的流年。高明知道是时候离开沈小瓯了，再待下去恐怕会误了她的一生。尽管在旁人看来，沈小瓯已经冲不破高明织就的情网，但固执的高明一厢情愿地认为，只要他走开，沈小瓯一定能找到好归宿！

高明曾经在沈小瓯房中看到了一幅南京游记水墨画。清晰的画面，幽默、略带调侃的题字，让他心中浮起对沈小瓯无限的爱慕。一个没有灵性的人是无法完成形象逼真的描摹的。

沈小瓯读高明的文字，扼腕，叹息，垂泪。一个好人物足以让人动容，一个笔力细腻的作家完全白描式地书写底层人物。那些人物的命运牵动着无数读者的心，或恸哭或怒骂。

同样，一个不植根生活的作家是写不出好文章的。人们接触高明的《琵琶记》，被所写的凄美故事牵住了目光。生活虽然有艰辛，但高明对生活的热爱是浪漫的，多情的，美丽的。

梦里的碎影，梦里的流年只是高明的碎影流年。多少个午夜梦回，他想努力拼接这些碎影，可它就像散落在空气中的雪花，一片一片，一片一片，落地便化。

有一回高明召集儿时的伙伴相聚。有一位发小大概自认为这几年的境遇有些挫折，找了托词婉拒了很多次。每次的聚会因少了这位发小有点遗憾。就在聚会前几天，他还梦见已故的李贤夫妇一起开心地在草地上赏油菜花，醒来后泪湿枕巾。李贤夫妇是高明成长十几年来第一个面对的生离死别的朋友，而且给他的打击是很长一段时间，除了垂泪就是觉得人生太脆弱，很长一段时间他都走不出这个阴影。发小最终没来参加高明的聚会，只淡淡地说："都过去了，还想这些做什么？"是啊，一句"都过去了"表明他活在当下。而高明却留在了流年里，任日子在身边呼呼飞过，高明的思绪散在了碎影里……

如今他也要抛下沈小瓯，于蒙在鼓里的沈小瓯而言是救赎还是残忍？

《琵琶记》的完稿，意味高明要离开沈家了。尽管沈明臣一再暗示，愿将沈小瓯托付给他，哪怕做二房，也愿意。高明如何受得起这份沉甸甸的爱意？

最后一晚的相处，绿纱窗下，他们相看俨然。不言不语，红尘旧事，纷扰在含情的双眸中。生怕任何的言语、任何的举动都会让时光悄然溜走。高明甚至不敢许下任何再见的誓言，他怕这再见的念头如同这暮春的残絮，随一阵轻烟飘落何处。因为他曾经在南京做过一场青春盛宴的逃客。那道伤口，每逢离别时会隐隐发作，痛得人撕心裂肺。

作为大家闺秀的沈小瓯，这些年，听惯了上门提亲的海誓山盟、地老天荒，却深知那些诺言轻薄如纸。而如今高明的沉默，却给了她现世的安稳。因为在动荡的岁月，在沈氏楼的三年，是她沈小瓯最美的韶光年华，是这位旷世才子的日夜吟唱温暖了小瓯那颗悲悯的心。虽然从哥哥处得知高明拒绝了这段情，无意留在沈府，但小瓯无悔！她在最深的红尘里终于找到了托付痴心的一个人，曾经相爱过就够了。两情若是久长时，又岂在朝朝暮暮！

谁说爱到极致是无言、是淡然、是无牵？其实不是这样的。这般无言不是他们从容，而是距离的河流终究将两个同船的人分散。他出生在崇儒里水乡，冥冥之中注定他来人间是偿还前世摆渡的旧债。他渡过了赵五娘，却渡不过沈小瓯。他想要停留，却又将飘于远方。沈小瓯是一只离不开水的鸟儿，眷念堤岸，却又忘不了涛声。分别缠绵，却又无可奈何！

高明觉得，自己已经将旺盛的年华给了陈素。他和沈小瓯，原是太迟的相逢，又要接受未知的离别。他不轻言再见，就怕自己再也没有"再见"之日。因为他知道，等待会令人老去。他害怕这个如花的女子为他红颜白头。沈小瓯觉得爱是无私的，既然高明与陈素有约，他要恪守一夫一妻。人生安得两全法？不负如来不负卿。

他和陈素，是水和鱼儿的关系。

鱼说：你看不到我的眼泪，因为我在水里。

水说：我能感觉到你的眼泪，因为你在我的心里。

从和高明的相处中，沈小瓯隐隐之中察觉，高明对爱妻的眷恋就像叶落归根的念头一样时常在云淡风轻的午夜梦转。落花与流水，凉风和残月，究竟谁无情？谁无意？不去追究，真心爱过，便是最好结局！

离别的夜晚是惆怅，此前彼此接到了含蓄的诗词，心意已明，但谁也不去提及。为了珍惜这最后的时刻，沈小瓯从下午开始就在厨房忙碌，她遣开了厨娘，独自关在厨房忙了一个下午。谁也不知道她的忧伤。

傍晚时，她提着笼屉来见高明。

沉默，长久的沉默。

沈小瓯打破尴尬，挪开棕色食盒笼屉盖，取出了一个个碗盆，放在大理石圆桌上："先生尝尝。这是蟹粉小笼包、鸭血粉丝汤、状元八宝粥、美极元宝虾、雨花汤圆、什锦菜包。"

"怎么？这些都是有名的风味小吃'秦淮八绝'啊！你怎么会做？"

沈小瓯痴痴地望着"秦淮八绝"，那些流逝的时光重又凝聚在眼前。在这位旷世才子面前，她怎么好意思说夜夜思君不见君，只好把相思煮酒，渗透在菜汤里，温习曾经温暖的过往，给青春一个念想。明知此后一别经年，一转身即成天涯，此刻把多年练就的手艺端出来，看心爱的人吞下，也算青春无悔，毕竟爱过了！

高明喏喏道："连年战火，不知道家乡变成怎样了。我明日便返乡了！"

沈小瓯把头别到灯影中："夫人一定在倚门翘首了吧……唉，相处千日，终有一别……"泪水无声地滑落。

高明心荡神摇，不觉间亲近安慰给予他无限创作灵感和力量的红颜知己……他本能地伸出双臂，沈小瓯不能自持，顺势倒在了他的怀中。她沉醉了，任时光荏苒，光阴飞逝，此刻她就在他的怀中，感受真真切切的幸福……

也不知过了多久，芙蓉河畔飘来嘈嘈切切的琵琶声。高明顷刻清醒了。

他从巨大的情感旋涡中挣扎出来，咬着嘴唇自我控制了片刻，轻轻把沈小瓯扶上座椅："好好过下去，找个年龄相当的人嫁了。别为我误了终身，那样不值！"

沈小瓯也清醒了，平了平心绪，擦去泪痕："临别在即，家兄明日将为先生设酒饯别。你这一走，不知何日才能见面……为免离别伤感，明日我就不送先生了。今日，让我为先生唱一段权当送行。"

她捧来琵琶，玉手纤纤，轻拨丝弦，颤声唱道：

　　明月几时有？把酒问青天。不知天上宫阙，今夕是何年。我欲乘风归去，又恐琼楼玉宇，高处不胜寒。起舞弄清影，何似在人间？转朱阁，低绮户，照无眠。不应有恨，何事长向别时圆？人有悲欢离合，月有阴晴圆缺，此事古难全。但愿人长久，千里共婵娟……

　　今日一别，转身两不相识，何年何月能再见？相思却不请自来。

　　高明思绪飘向远方。当年沈小瓯是扎着羊角辫的小丫头，在鼎湖峰也是如此婉转吟唱。而此刻，她的嗓音更添离别的缱绻和伤感。他不觉吟道："莫听穿林打叶声，何妨吟啸且徐行。竹杖芒鞋轻胜马。谁怕？一蓑烟雨任平生。料峭春风吹酒醒，微冷，山头斜照却相迎。回首向来萧瑟处，归去，也无风雨也无晴……"

　　本是悲伤的离别，他们却装作平静。一树的栀子花开，缤纷了光阴。树影中，他们私藏起撕裂的伤口，明明在流血，却还笑着说不疼。他是她人生里的第一杯大红袍，品到苦味，回味却总是甘甜。她是他人生的第二枝花，开到浓烈却不愿攀折。任别后经年，独自零落成泥碾作尘！

　　高明将摆渡离开，将绳缆抛向天涯，遁入渺茫的云水。过往的十几年，就像一场经久的长梦，美丽却凄凉。他想守着她，给她现世的温暖，却编不出谎言说他一点也不爱陈素。更何况，呕心沥血写就的赵五娘等他演绎，代人受过的蔡伯喈需要他翻案。

　　他有情，可给不了沈小瓯半生的承诺。命中注定他只是她的过客。

　　他还要去完成未完的事业。割舍儿女情长是必须的。沈小瓯看着他离去，在雁过的楼头，望尽天涯路。想要招手，隔阻在眼前的是滔滔不绝的江水。任她一只渺小的鸥鸟，飞不过这片红尘旧爱！

　　人去春莫住，一处烟波各自愁。

他们的爱情亦像一场苦情戏，相逢是曲，离别是调。红豆是情怀，相思是宿命。可他们不能生活在戏里，不食人间烟火，忘情相爱。既然是在尘世，一场秋雨，一场寒疾，都可以将他们惊扰。他们的心，就像在高明的水乡湖面，被桨橹划过，激起层层波纹，再也拼凑不起完整的模样了。彼此在相思中惆怅。深刻的爱再也无法入住小瓯的内心，虽被婉拒，却早已下定决心生死相思！

"世事如戏，我偏爱你这一出。多想做一把琵琶，待在你的身边。但造化弄人，你有自己的倾听者，而我只是个摆渡人。"沈小瓯目送挚爱离开，喃喃自语，"时间这条河把我们隔开了。没有缘分和他携手走过斜阳。我只是个摆渡人。他在岸这边落水了，我要把他送到彼岸去。河那岸有人等他，不是我，我是摆渡人！"

沈明臣望着失魂落魄又假装坚强的妹妹，叹了口气，走了。

沈小瓯终于卸下伪装，泪流满面。曾经以为：永不放手的，才叫真爱。后来懂了：有种真爱，不得不放手。铭心刻骨之人，就这样再也不见。

电脑里单曲循环播放着《漂洋过海来看你》，总觉得这首歌中无可奈何的离合包含了太多悲哀故事的基调。

为了这次相聚

我连见面时的呼吸都曾反复练习

言语从来没能将我的情意表达千万分之一

为了这个遗憾

我在夜里想了又想不肯睡去

记忆它总是慢慢地累积

在我心中无法抹去

为了你的承诺

我在最绝望的时候都忍着不哭泣

陌生的城市啊熟悉的角落里

　　也曾彼此安慰也曾相拥叹息

　　不管将要面对什么样的结局

　　在漫天风沙里望着你远去

　　我竟悲伤得不能自已

　　直到山穷水尽

　　一生和你相依

如果有来生，不要"君生我未生，我生君已老"的错误时间。

如果有来生，不要"我在天之涯，你在海之角"的错误地点。

一眼慌乱，一见倾心，再见却难于上青天！

第三节　名扬琵琶

《琵琶记》一出，果然轰动，每次演出都吸引了大批观众。大家都为赵五娘的遭遇一掬同情之泪，也达到了教化的作用。朱元璋就是《琵琶记》的忠实戏迷。

没有《琵琶记》，高明顶多是默默无闻的浙江小吏。断过几个小案，写过一些诗文，随着岁月的流逝，淹没在历史的粉尘中。

深秋的太阳像被罩上橘红色灯罩，放射出柔和的光线，照得身上、脸上暖烘烘的。西湖游船内，微服出行的朱元璋与刘伯温正在对弈。朱元璋连输三局，脸有愠色，把棋盘一推说："不下了！不下了！"

"大人莫非有心事，今日落子常有失着？"刘伯温忙起身拱手叩问。

朱元璋站起身子，长叹一声说："吾自南北征战，天下逐步大治，大局日趋有利。可近日常有人批评我不能好贤纳士。"

"古人说：以铜为镜，可以正衣冠；以史为镜，可以知兴替；以人为镜，可以明得失。如今秋高气爽，天气甚好，我们不如上岸走走。"

西湖苏堤上，几个南戏伶人，化装成生旦净末丑各人物，肩扛戏排，上写全本《琵琶记》，敲锣打鼓，招徕观众。

"乡亲们，乡亲们！今儿龙敬轩又开新戏啦！全本《琵琶记》上演了。戏文好看得很哪！快来看戏啊！快来看戏啊！"

一阵锣鼓喧天，朱元璋几人不觉被人流簇拥着挤进了龙敬轩。

龙敬轩是杭州最大的茶馆。凡有新戏，龙老板总是竭力拉拢戏班进驻，看戏不收钱，只收茶水费。

众人刚一落座，小二奉上上好的龙井茶。

灯光暗淡下去，琵琶声起。

蔡伯喈呐喊："五娘在哪里？五娘在哪里？"急上，赵五娘起立，转身面壁。蔡伯喈一见五娘，顿时呆住了，唱："短发菜面眉紧锁，风尘仆仆衣衫破。哪里是，我新婚燕尔的娇娇妻。分明是，穷途末路的一乞婆。莫非是家中遭变故？见此情不由我万分凄楚。娘子——"

赵五娘转身，"你应该先来拜见爹娘吧？"

赵五娘以杖击蔡伯喈，一观众老妇看得痴迷，跑上戏台伸手阻拦，说蔡伯喈不能尽孝是身不由己不该打，台下大笑。朱元璋道："这戏有意思，能让观众融入戏中，不知这戏是谁编的，有如此的魅力？"

刘基道："这戏的编剧是瑞安才子高明，也是我的莫逆之交。文韬武略，奇才啊！如能得此人，更是如虎添翼，春秋霸业指日可待也！"

说起高明，刘基的眼前浮现出江南那片水乡……

"这戏好，明日也请戏班来军中演几天，让大伙儿开开眼界，受受教育，洗刷一下心灵。"

朱元璋为《琵琶记》深深打动：如此有才华的人不为我所用实在可惜。叹道："戏好是好，不过蔡伯喈最后归隐，没意思！"

朱元璋怎么能猜透，剧中蔡伯喈的归隐就是高明自己的归隐决心。

朱元璋对众人说："四书五经如同五谷，家家不可缺，却是平淡而无味。高明写的《琵琶记》如同珍馐百味，富贵之家才能享用。"

赵五娘出场了，每一步都是步履维艰。罗裙裹土葬公婆，一路乞讨到京城。历经千辛万苦混进丞相府，取得牛小姐的信任。哦，牛小姐，多像陈素，是个知书达理的人。

高明为蔡伯喈翻案，他在写蔡伯喈的无奈，更多是写自己的无奈：

汉朝末年，有个书生蔡伯喈，饱学多才，对父母非常孝顺。娶了个妻子叫赵五娘。五娘容貌端庄，俏丽贤淑。新婚二月，夫妻恩爱甜蜜。

一日，春光明媚，蔡伯喈吩咐赵五娘备了一桌酒菜，为双亲庆寿。酒桌气氛融洽。酒足饭饱之际，蔡伯喈和五娘正想回房休息，蔡公叫住儿子询问："孩儿，如今皇榜招贤，试期已近。你从小饱读诗书，应当上京应试，光耀门楣。"

蔡伯喈回答："禀告爹爹，儿子并非不想去。只是爹娘年纪老，家中无人侍奉。"

蔡婆也立刻抢白蔡公："老头子，你又没有七子八婿，只有一个儿子。你眼又昏耳又聋，又走不动，让儿子出去，万一有个变故，谁来管你？"

蔡公也马上顶回去："妇人之见，你懂什么？儿子考中做官，我们也可光宗耀祖，为何不让他去？"

两老各持一理，互不相让。

见儿子呆站在一旁，蔡公回过头来训斥蔡伯喈："儿子啊，孝始于事亲，忠于事君，终于立身。身体发肤，受之父母，不敢毁伤，孝之始也。立身行道，扬名于后世，以显父母，孝之终也。你不肯去，莫非舍不得你那新婚的娇妻？还是她太凶悍，不让你去？"

父亲说得如此严重，蔡伯喈承受不了，这下非去不可了。于是他回房告诉赵五娘。

赵五娘沉吟了一会儿道："这不好吧，爹只有你一个儿子，怎么不留在他身边照顾他？我去帮你说。"

蔡伯喈一把拉住赵五娘，委屈地说："你还是别去吧，爹直怨我太迷恋你。"

赵五娘叹了口气："我是为爹爹泪涟涟，为母亲泪涟涟，何曾想到我们儿女情长？"说着说着，她的眼圈就红了。

"你赶快把眼泪擦干，爹娘来了。"蔡伯喈小声附在赵五娘耳边说。

蔡公蔡婆进来，后头还跟着乡里的张叔。

蔡伯喈一见张叔，连忙打躬作揖："张叔，我明日即将远行。家中并无亲人，爹和娘，年老力衰；一个媳妇，只是女流之辈。凡事多烦张叔早晚照看！"

蔡伯喈又拉着赵五娘的手："娘子啊，你宁可将我埋怨，不要冷落我爹娘。"赵五娘早已泣不成声，频频点头。

蔡伯喈走了之后，一连三年，音讯全无。赵五娘一方面要成全丈夫之孝，一方面要尽为妇之道，日子过得非常艰难辛苦。蔡婆一天到晚埋怨蔡公，当初不该赶儿子出去。尤其是陈留郡闹饥荒以后，两老更是争吵个不停。蔡婆终日唠叨："老贼，今天咱们没饭吃了，就是他当了状元，于我们何干？"

"我是神仙啊？我怎么知道会闹饥荒？今天饥荒还没饿死，被你埋怨也会埋怨死！"蔡公也是一肚子火气。

"哼！他做官时你做鬼！"

蔡婆越骂越难听，赵五娘夹在中间，劝也不是，不劝也不是，左右为难。当务之急是赶紧弄点吃的来填饱肚子。

陈留郡开仓救灾，赵五娘赶紧去领粮食。谁知管理粮食的里正作弊，仓中并无粮食。幸好陈留郡长官还不是混蛋，命令里正拿自家粮食来赔。赵五娘才领到一袋米。

谁知走到半途，里正出现，一把推倒赵五娘，又把粮食夺了回去。赵五娘欲哭无泪，难过极了，看到路旁一口井，真想一头栽入井中，一了百了。可是自己一死不要紧，蔡公蔡婆也必定活不了。到时如何向相公交代？正在一筹莫展之际，遇见好心的张叔，周济她一点粮食。

由于粮食不够，赵五娘勉强煮了两碗饭，呈给公公婆婆，自己躲起来，只吃一些米糠苟延残喘。一向尖酸刻薄的蔡婆吃饭时见不到媳妇，十分不满。她横眉竖眼向蔡公发牢骚："咱们亲生儿子不在家，看媳妇是怎样对我们的吧。前两天还有一盘青菜，今天连菜都没有了，只有两碗淡饭，怎么吃得下去？估计明天，怕是连淡饭都没有了，只能喝粥了。你看她，每次吃饭时都千方百计躲着我们，准是背地里在吃什么好东西。哼！"

蔡公不以为然道："你别冤枉好人，我看五娘不是这种人。"

"反正下次吃饭，我要瞧瞧去，她到底瞒着我们吃什么好东西！"

蔡婆在埋怨媳妇时，赵五娘正皱着眉头勉强吃糠，直呕得她肝肠痛，珠泪垂，喉咙哽得想吐。她望着糠，轻声叹道："糠和米，本是两相依倚，一贱一贵两处飞。相公，你便是米吗？你在哪儿？奴便是糠吗？奴该如何奉养公婆？"

蔡婆突然从赵五娘背后窜出，一手叉腰对蔡公道："你看，媳妇果然背着我们在吃好吃的，这个贱人该打！"

啪的一声，一巴掌刮过去，顿时五个指印印在了五娘的脸颊。赵五娘猝不及防，一口来不及咽下的糠吐了出来。蔡婆一看媳妇吃的是这个，一阵愧疚涌上心头，忽然昏倒，完全不省人事。从此一命呜呼！

蔡婆归西后，缺衣少食，蔡公也病倒了。赵五娘忙着伺候汤药。没钱买药，她就上山采药，亲尝药草，确定无误后再煎给蔡公喝。

蔡公面对着好儿媳，万分不忍道："这三年来亏你辛苦照顾，只恨我当初不该逼走儿子上京赴考，将你耽误。待来生，让我做你的儿媳，报答你的深恩！"

这时，张叔进来探望蔡公。蔡公挣扎着坐起来说："我不行了，横竖也是一死。张叔，你来得正好，我托你为证，写个遗嘱给五娘，我死以后，叫她休守孝，早早嫁人！"

"千万使不得！自古道，忠臣不事二君，烈女不嫁二夫。我生是蔡家的人，死是蔡家的鬼。"赵五娘涕泪涟涟。

尽管赵五娘不眠不休照料公公，依然回天乏术，没多久蔡公就咽下了最后一口气。此时家中没有分文，无钱埋葬。赵五娘只好把头发剪了，当街叫卖，狼狈极了。

然而正逢荒年，人们连肚子都填不饱，谁来买这个？结果还是多亏张叔周济，给了她一些碎银，勉勉强强为公婆办丧事。可怜的赵五娘，买了两口棺材，再也没有余钱雇人帮忙，家里穷得甚至连个锄头簸箕都没有。她就用十指扒土，用裙子装土，干得鲜血淋漓，心穷力尽，形容枯槁，就差没把自己也埋入坟里。

埋葬了公婆，赵五娘不再有牵挂。她扮成道姑，身背琵琶，上京寻夫。她满腹疑团，不知道蔡伯喈究竟怎么回事。

蔡伯喈留在京城三年，家里的一切变故，他完全不知道。原来他一举中第，高中状元，又生得一表人才，连皇帝看了都赞赏不已。主考官牛丞相对这个门生也赞赏有加。

皇帝兴冲冲地问牛丞相："你的女儿可曾婚配？"

"不曾。"牛丞相闻听此言高兴坏了。

牛丞相只有一个宝贝千金，才貌双全，温柔贤惠，连皇帝都知道。皇帝笑道："如今蔡伯喈是个大才子，你招了做女婿正好，我来做个月老。"

牛丞相当即叩头谢恩。

官媒到来，蔡伯喈着急万分，辞说家中有白发父母，年少妻室，实难从命。但是，紧跟着，皇帝的圣旨就到了。宣读的太监高声喝道："圣旨已到，跪听宣读。"

蔡伯喈赔着笑脸道："黄公公，请你帮忙，我宁愿不做官也不要停妻再娶。"

黄公公冷笑道："你这个状元好不懂事，圣旨也敢违抗？这儿不是吵闹之处。"

蔡伯喈万般无奈，做了牛丞相的女婿，整日闷闷不乐，拉长了一张脸。牛小姐百般讨好，蔡伯喈仍是郁郁寡欢。

牛小姐很不解，忍不住问："你本是草庐穷秀才，如今做了汉家梁栋材，为何一天到晚锁了眉头，唧唧哝哝不开心？"

蔡伯喈见牛小姐倒是一片真心，自己这样冷落她有点过意不去，便把心中的愁苦一五一十全盘托出。

牛小姐叹了口气道："原来如此，我去对爹爹说，我同你一同回家便是。"

于是牛小姐立刻去见牛丞相，说明要跟随蔡伯喈回乡。牛丞相哪里舍得，说："你是金枝玉叶，何必去侍奉田舍老翁，又何必顾他的糟糠妻？"

"他终日凄惨惨的，我看了很难受。"牛小姐坚持道。

"你听丈夫的言语，却不听为父的话，这小妮子好痴迷！"

最后，父女双方各让一步，派管家李旺去陈留郡把蔡伯喈的父母妻子接来京城。

话说赵五娘卖唱乞讨来到京城，借宿在一间破庙里。原想唱几支曲子，化几文钱，祭拜公婆，没想到刚挣来的钱被两个无赖抢走了。她把公婆的画像挂起来，暗自垂泪祭拜。这时来了一名官员，五娘急急回避，匆忙中画像也落下了。这官员正是蔡伯喈，见到父母画像大吃一惊，带回去挂在书房。

牛小姐盼着公婆早日到来，准备找几个精细的妇人供使唤，恰好找到了赵五娘。一番盘问之后，牛小姐知道了她是蔡伯喈的妻室，大喜过望，帮她换了衣裳，先在牛府住下，并且亲自为她梳洗打扮。

牛小姐好心道："姐姐，不是我非要你换衣裳，只是蔡伯喈看到你这个样子，会更加内疚伤感。他平日喜欢读书，你不妨写几句言语打动他。"

赵五娘到了书房，看到公婆画像挂在墙上，百感交集，在画像上题了一首诗。蔡伯喈上朝回来，看到这首墨迹未干的诗，大惊失色问："夫人，谁进了我的书房？"

牛小姐引出了赵五娘，夫妻相见，恍如隔世！问明原委之后，蔡伯喈又惭愧又感动道："娘子，你为我辛劳，为我守孝，你的恩惠我该如何报答？"

派去接蔡伯喈双亲的李旺来到了陈留郡，只见两座孤坟。张叔听说蔡伯喈中了状元，气得大骂："生不能养，死不能葬，葬不能祭。要他何用？"

李旺赶紧为蔡伯喈解释："相公辞官辞婚，皇帝不从。只怪他爹娘福薄，他也曾捎过书信回家，却被捎信的人给骗了，一切都是命！"

最后，蔡伯喈带着两位夫人回乡扫墓。牛丞相向朝廷奏报一门孝道，一来蔡伯喈不忘其亲，二来赵五娘孝顺翁姑，三来牛小姐成人之美。皇帝颁旨，蔡家一门旌表，世上传为佳话。

结局很完满。据说蔡伯喈曾经托梦给高明，让高明为他翻案，他会报答高明的。这个故事的真实性不得而知。翻阅资料，大概是后人添加的，蔡伯喈的所谓报答是否指因他的故事而使高明名垂千古？

自开始构思写高明开始，经常梦到高明。梦里是个模糊的影子，既熟悉又陌生。也许我们是喝着同一条塘河的水长大的，对他的熟悉就像对着邻居张大伯李大叔一样。很多次都想他一生颠沛流离，临死前会想到什么。但在梦里的无数次探讨后，发现一切都是徒然——我们隔着近七百年的时光。为了蹚过岁月之河，化解陌生，六百多年后，我们用双脚丈量他一生走过的土地。我们在他的每个时间点进行推算，结果发现，即使时光倒流，他的一生注定喜剧开场悲剧结束。反观历史，谁的一生不是这样呢？都是在喜悦的啼哭中迎来新生命，在凄凉的哀乐中化为荒芜。想明白这些，那些权势、富贵、勾心斗角、流言、中伤、嫉妒、抑郁、痛苦、哀伤……还有什么放不下的呢？

赤条条，来去无牵挂。

哪里讨，烟蓑雨笠卷单行？

一任俺，芒鞋破钵随缘化！

第四节　菜根道人

朱元璋是高明《琵琶记》的热心戏迷。自那日杭州看过以后，念念不忘，时时令戏班上演。朱重八虽然自己没读过几年书，但由于早年的经历，从小吃苦，每逢看到赵五娘吃糠哽咽得快要窒息，都感同身受，悲从中来，不禁流下两行热泪：想起自己受苦的童年，在凤阳破庙皇觉寺饥寒交迫，不要说没饭吃，连糠都没有，饿得两眼昏花，只差去啃泥巴了。后来走投无路才走上造反之路。但凡有口饭吃，谁愿意去造反啊。所以剧中的赵五娘形象在他脑海中挥之不去。

高明说，但凡传奇，乐人易，动人难！

他的传奇从后来的反响来看，不仅娱人，而且特别感人，创造了一个奇迹。他的作品感动了朝野很多人。

高明好友刘基，这个跟高明曾共同经历战争洗礼、风风雨雨走过两个朝代的谋略家对高明的这部书给予很高的评价。

以前，刘基经常听黄缙提及《闵子骞单衣记》，从老师的赞不绝口中，他深知高明在戏曲方面的才能。如今横空出世《琵琶记》轰动大江南北，早在意料之中。一直以来，他觉得高明在立言方面肯定会有所成就，只不过是时间问题。

《琵琶记》以欢乐场面对悲哀场面、以富贵场面对贫饥场面、以繁华场面对凄凉场面来描写生活、展开剧情的双线结构方式，后来成为明清小说结构的基本模式。

刘基常请朱元璋看《琵琶记》。

看其戏思其人。当时朱元璋尚未登基，在混乱的农民起义军中建立起来的部队极需要一批人才来重整纲纪。朱元璋念念不忘高明的才智，希望刘基能说服高明出山。

那是个黄昏，芙蓉河畔，刘基和高明相遇在桥上。

老朋友在异乡相见感慨颇多，他们互诉别后境况。高明眼中，刘基经受多年的战火烽烟历练，更显谋略和成熟；刘基眼中，高明人生的所有磨难和坎坷都是为一曲琵琶积累。

他钦佩高明用三年时光，把自己的一生重新梳理了一遍，达成夙愿，完成《琵琶记》。

"高兄，穷尽一生的追求，难道就只是为了一部戏？不想建功立业？"刘基的言外之意是高明的才华不该浪费在一部戏中。

"刘兄，为了一部戏，难道不值得追求一辈子吗？"高明反问。

刘基表明朱元璋请求他出山辅助吴王建功立业，高明苦笑。虽然他曾经是那么渴望自己的政治抱负能有施展的舞台，然而经历乱世沧桑的剧痛之后，要他出山为吴王服务，如何办得到？虽然他的同窗都纷纷改投吴王朱元璋麾下，可高明根深蒂固的"一女不侍二夫，一臣不事二主"的忠君思想不容许他这样做。尽管元朝带给他的是水深火热的苦难，但他依然不会变节。说高明愚忠也好，气节也罢，身在那个时代哪能没有局限性呢？

刘基很惭愧。在某种程度上讲，他自愧自己的气节不如高明。

"高兄《琵琶记》深得百姓喜欢，只是结局不够好！"

"刘兄之见如何？"

"不要辞官归隐，而要忠于新主，顺应潮流，继续为国效力，方显大丈夫本色！"刘基苦劝。

"莫说市朝事，功名欲逼人。刘兄，喝酒，咱一醉方休！"高明岔开话题。

他们把酒，却不言欢，忆前尘往事，却不谈未来。吟诗作对，唯独不谈出山。刘基好几次话到嘴边却被高明巧妙地转移话题。

刘基无功而返。

朱元璋再派宋濂来请他复出做官，高明以身老体衰婉拒。

朱元璋不死心，又让陈基以同窗情谊请他出山，高明还是不从。

为了让朱元璋死心，他干脆高挂对联表明心智：

　　人生温饱不足多，莫羡东家着罗绮。

陈基面对对联，长叹一声，知道再劝也是无效。只好带随从悻悻而归。

"怎样，高明答应本王了吗？"朱元璋问。

"吴王，下官无能，没能请动高明。"陈基回禀道。

"高明身体不好，又思念家乡，早些年就辞官家去，实难从命。"刘基赶紧为高明解脱。

"高明居然不识抬举。来人……"朱元璋大怒。

刘基见朱元璋大怒，赶紧出来打圆场："这读书辈没道理，不思量违背了吴王。只是……"

"自古道杀人可恕，情理难容。本王的名声，谁不敬佩，四海之内皆来投在我麾下，想不到一介书生，反倒不识抬举。"

"吴王，前日我去拜访高明，他已经神志不清，疯疯癫癫，对过去的事记得很清楚，对现在的事回头就忘，吴王就不要跟他计较了。放他一马。"刘基道。

为了断了朱元璋的念想，高明继续装疯卖傻。每逢有说客来访，他抓起菜根就往嘴里塞，其状疯疯癫癫，貌似得了老年痴呆症，后来索性改号为"菜根道人"。

十年的宦海生涯，三年的《琵琶记》写作，早就掏空了他的心血，他再也经不起折腾了。

朝代的存亡有气数，人的寿命也是有气数的。高明的身体日渐显得虚弱。日薄西山，他向跟随他大半辈子的高林提出最后一个要求——回家，从哪里来，就回哪里去！

第五节　葼谢绝恋

叶落归根，人老归土。古人对故乡的眷恋，胜过对爱人的思慕。

生于斯，归于斯。

回忆往昔，面对朱元璋的步步紧逼，高明不想让刘基为难，于是装疯卖傻。他更加思乡情切，有意辞别。当初沈明臣有意将妹妹沈小瓯嫁与高明为妾。高明回想和陈素的点点滴滴往事，糟糠之妻不下堂，婉拒了沈明臣的好意。

民间传说版本记载着高明和沈小瓯的离别情景：

沈小瓯得知高明将要离开沈府后，伤心不已。一天晚上，风雨大作。想到此别经年，不知何时相见，沈小瓯鼓起勇气，给高明送去薄酒一壶，附一纸："雨无门户能留客。"

直白的语言，心意表露无遗：我尚无夫君可以留下先生您。

高明内心纠结，和沈小瓯朝夕相处的往事一幕幕在眼前闪过，<u>丝丝缕缕</u>，如果说对沈小瓯没有日久生情那是假的。但想到离乱多年，全凭陈素不离不弃操持着那个家。纠结良久，他回书应答："虹是桥梁不度人。"一语双关，表明自己的态度。

彩虹也算桥啊，可惜度不过人。你我原是太迟的相逢，有缘无分哪！

我们无从考证这段记录的真假，但宁愿相信这是一个真实的爱情心路，是它滋养出《琵琶记》中纠结的情感归宿，蔡伯喈在新欢和旧爱中左右为难，受尽良心的折磨，这何尝不是高明情感的难题呢？

自从高明拒绝了沈小瓯后，她慢慢地消沉。感时花溅泪，恨别鸟惊心。伤春悲秋，容易伤感。春天的时候感染风寒，竟一病不起。不知是不是应了那句相思成疾，以前的等待在此刻都画上了无望的句号。沈小瓯再也没有什么牵挂，如看透红尘般无所眷恋。她呆坐在窗前，细数他们在一起的过往。短暂的相遇，半生的流离和相思都随高明的离去如肥皂泡般破灭了。

从沈氏楼搬出来后，高明寻找了一处民居。他几经辗转，找到以前的老朋友木未央排演新剧《琵琶记》，将对沈小瓯的思念深深地埋藏在心底。

人在孤独的时候，才能与自己的灵魂相遇。一个人的时候，高明总是静静地品味着那种寂寞的感觉；是的，有的东西最好永远不要说出感觉。因为在叙述的同时，感觉会不知不觉地变了味……

高明翻读着三年磨出的文稿，那是沈小瓯工工整整誊抄过的。她抄了两本，如同信物，一份交于高明，一份自己保留，在文字中追寻高明的足迹。高明写的是蔡伯喈，但在沈小瓯看来，何尝写的不是他自己呢？辞考，长辈不从；辞官，朝廷不准；辞婚？沈小瓯陷入了沉思，高明是纠结的，她知道他对自己动过情，但他压抑下内心的那份爱慕，寄时间来冲淡这份感情。他注定在现实生活中是无法团圆的，让蔡伯喈代自己圆一个梦吧。这也许是此书留给沈小瓯的唯一念想。

高明只希望自己既不要愧对陈素，又不要误了沈小瓯，所以选择决绝离开。随着岁月的流逝，他相信沈小瓯会找到属于自己的幸福。

这样漂泊几年，高明就像一棵将要腐朽的老树。他预感到自己时日不多，开始向往回家的路。

一三五九年，本来打算过完八月酷暑再起身回乡，可是他的身体实在太虚弱了。他怕等不了回家就会客死他乡，不听高林劝告执意急着往家赶。他不知道还能坚持多久，自己心里也没底，只觉浑身力气被老天一点点收回去。他抬眼看西山的圆日正一点点地沉下去，他知道自己有一天也会这样，沉到山那边就不见了。

宁波和瑞安崇儒里隔着千山万水。而古代没有火车、飞机这些交通工具，只靠马车和小船。

从宁波栎社出发，沿着官道行走。沿途暑气逼人。赶路辛苦，高明身子一日日瘦下去，双眼深凹。高林心疼老爷，想尽办法给老爷找吃的。但是因为战乱，沿路的渔民死的死，逃的逃，他竟然找不到一个饭馆为老爷买点鲜货。

路过宁海西店日月里，一片滩涂呈现在他们眼前。散落的渔船，遍地爬行的青蟹给了高明不少惊喜。这些爬行的青蟹多像崇儒里的青蟹，是否从飞云江溯流而上来找他？号称"牡蛎之乡"的西店各种海鲜都有。高明从小吃着海鲜长大，如今看到这些小生命，顿觉有了精神。

他露出了久违的笑容。可惜中午时分，天气太热，他没能下得滩涂。

高林喜出望外，把老爷安顿在树荫下，随即脱掉靴袜，下滩涂捉鱼摸虾挖牡蛎。虽然手忙脚乱，运气似乎还不错。最终挖到不少牡蛎。

生长在沿海地带的高明这几年漂泊在外，很久没闻到鲜味，此时眼睛亮了。

虽是平常海鲜，却鲜美无比。饱餐后，休整一番有了力气。主仆俩合计着去租条船回家。好不容易找了一条，当船夫听说要驶往温州方向，说什么也不答应。原来海运温州方向必经台州方国珍的管辖地。此水域海盗猖獗，轻则丢货物，重则丧命。即使雇主出再多的钱，船老大也不敢接，谁敢拿命讨生活？

两人只好继续徒步行走。走了大约十里地，到达宁海县桑洲港时，高明突然上吐下泻，来势汹汹，近乎虚脱！

在前不着村、后不着店的荒山野岭，高林吓得痛哭流涕："老爷，你一定挺住！"

他从随身携带的行李中剥出一个大蒜，要给高明止泻。

高明奄奄一息："高林，别忙了，我恐怕不行了，你留着路上救急吧……"

"老爷，你没事的，一定没事的。夫人还在家里等着你呢！"高林的眼泪汹涌而出。

高明露出一个惨淡笑容："高林，你八岁开始跟随我，你陪我读书，辅助我断案，伴我写《琵琶记》，跟着我没享过一天福，颠沛流离中罪倒受过不少……我们既是主仆又是兄弟。如果有来生，高明还想与你做兄弟，我们反一下，让我照顾你……"

"呸呸呸，谈什么来生，老奴今生还没跟够老爷呢。老爷长命百岁，老奴带老爷回家，给老爷唱鼓词，唱《琵琶记》……呜呜呜……"

高明伸出干枯的手，擦拭着高林的泪："你也不要哭。生，不过一朵花开的时间；死，亦不过是一片叶落的刹那。能在生命的最后光阴完成少年的梦想，写成《琵琶记》，我此生无憾矣。"

他用手指指包裹，"我走了之后，你就把我随便找个地埋了。坟墓朝南，向着水的方向。即使身不能回家，让魂灵随着水流漂到家乡去吧……还有，请把我的稿子带回家，交给夫人。我这一生什么也没给她留下，留个《琵琶记》作为念想罢了……"

"老爷，你不会有事的，不会不会……高林一定要带老爷平平安安回家。夫人在家等着呢！"高林的眼泪扑簌簌地落在高明手上。

"夫人？"高明的眼中溢出泪，"这辈子亏欠她太多，我只能等来生偿还了……还有小瓯，如果有下辈子，再也不能让她苦等一生了。"

人的记忆可真奇怪，越老对新近发生的事忘得越快，然而那些童年的点点滴滴却越来越清晰。

童年就像火车出发的始发站，正是从童年那一段跑出来，走向精彩的世界，感知人生这趟旅程。直至到达终点再也回不去了。沿途有很多风景，很美，很精彩，但是再精彩也抵不过刚出发时的兴奋。在站台上，等待开启的车鸣，那个瞬间的等待、憧憬、遥望，从此定格在脑海中，再也忘不掉！

往事一幕幕在高明眼前走过……

点脚雷盘，

盘到南山，

七星北斗，

托星牛牛，

鸡啼马啼，

哪只脚脚并拢米恁齐！

这首小时候和陈素不知唱过多少遍的童谣在高明脑海中越来越清晰。十年宦海沉浮，浮光掠影，抵不过一首童谣留下的深刻。呵，回去了，回到那青山绿水的小镇，看桃红柳绿，门前鸭子成群戏水，在门头角晒晒太阳。呵，一切都是那么美好，安然。

结束了，官场的倾轧；结束了，硝烟弥漫的战场；结束了，混乱的元帝国……

"高林，高林，陈素来找我了。你听：'点……脚……雷……盘，盘……到……南……山……'"

高林抽泣着，接过童谣："七星北斗，托星牛牛，鸡啼马啼，哪只脚脚并拢米恁齐！"

声音越来越弱，高明挣扎着撑开双眼前望，嘴角含笑，一双手伸向空中。突然，无力垂了下来……

"老爷——老爷——"撕心裂肺的哭喊在空谷回荡……

故乡在等待着他，等待着这个爱了一辈子戏，一辈子只为写一部戏的孩子。可他什么时候才能回到故乡的怀抱？

他终究没能够回去。

寒风凛烈。远方，夕阳如血，黛灰的青山正一点点吞噬它的光芒……

数千人涌向了瑞光楼前的露天剧场。有风，天上的云在游走，沈小瓯走进剧场，突然扑面而来密密麻麻一片人海，令人震撼，几千人同时落座，即使无声也是一个隆重的宣誓。

木未央出场时，掌声雷动。沈小瓯坐在第二排，安静地注视着木未央，她甚至有点嫉妒木未央，她曾经跟高明那么近距离地讨论过剧本。在青春年华时节，高明的戏总有木未央的陪伴。第一排两个讨厌的人头挡住了她的视线，沈小瓯稍稍挪动椅子，插在这两个人头的中间，才看清楚。

木未央一袭黑裙素裹，衣袂在风里翩翩起舞，显得飘逸雅致。

观众拥向台前，一睹老戏骨的风采，然后锣鼓静下来。木未央笑着说："今天是我演艺生涯中最重要的一刻，三十多年前我曾经有机会演一位才子的剧本，可惜种种原因，那个剧本最终没有登上舞台。三十多年后，我终于有机会亲演这位才子的剧本《琵琶记》。不知他现在是否安好？"

人群中有人交头接耳，互相探寻着这位才子是谁。

木未央口中的才子，沈小瓯再熟悉不过了——高明。

他不属于沈小瓯一个人，他是属于戏曲的！

然后人群静下来，曲声如一条柔软的丝带，一点点诱出脑海深处的记忆，戏迷跟着打拍子，时而摇头晃脑，时而哼唱，鼓掌时动容，垂泪。

木未央的声音，有大河的深沉，黄昏的惆怅，又有宿醉的缠绵，她低低地唱着，余音缭绕，人们报以热烈的掌声。在海浪一般的掌声中，沈小瓯没有鼓掌，她仍旧深沉地注视着木未央，不，她是赵五娘，她是环儿，她可能也是沈小瓯，甚至陈素。木未央演的就是高明的人生，她像一面镜子，此刻照出了高明的前世今生。有一部分曾经和沈小瓯交集，但大部分是陌生的，她在戏里更好地理解他、解读他、追寻他。他的戏就是他自己的人生，但是人生，除了自己，谁可能知道？一个曾经爱得不能自拔的人走了，高明，你的哪一支曲，是在哀悼？哪一支，是在告白？哪一支，是在回忆？哪一支，是在为自己做永恒的准备？

木未央开始唱：

> 旷野萧疏绝烟火，日色惨淡黯村坞。
> 死别空原妇泣夫，生离他处儿牵母。
> 睹此恓惶实可怜，思量转觉此身难。
> 高堂父母老难保，上国儿郎去不还。
> 力尽计穷泪亦竭，看看气尽知何日。
> 高冈黄土谩成堆，谁把一抔掩奴骨？

沈小瓯心里一震，眼泪，实在忍不住了，汹涌而出。台上台下，流泪眼望流泪眼，断肠人送断肠人……

几千人陶醉在高明创设的戏剧境界中，他们或欢呼，或流泪，情绪随剧情起伏跌宕。然而此刻，被木未央称为才子的剧作者高明，正在宁海的一座无名山上，身体渐渐冷去……

高林围着老爷恸哭，真是叫天天不应，叫地地不灵。在这密林深处，风吹落叶簌簌响，一声又一声都是唱给高明的挽歌……

　　此去关山路远，兵荒马乱，如何把遗体运回瑞安？高林一把眼泪，一把鼻涕，无计可施。

　　"老爷，对不起，只能让你屈尊在这方土地了。"他伸出枯瘦的手，一点点抠挖这柔软的泥土，直挖得十指流血，红色的血滴滴落在黄泥中，瞬间被黄泥吸进去了……

　　义仆忠心，天地可鉴！

　　没有白幡，没有吹拉弹唱，甚至连送最后一程的亲人都没有。一抔黄土掩埋了高明颠沛流离的一生。一代剧作家高明带着无法回家的遗憾，一座朝南向水孤冢，了却身后事。管它以后荒草萋萋！一如他的生平为人，低调，苍凉。

　　悲哉！壮哉！

　　如今从高明后裔的口中得知，高明客死他乡的村庄为纪念高明而改村名为高塘村。

　　坟茔枕着水岸，梦里好还乡，古曲悠扬，时光交替……

　　　　逢时对景且高歌，须信人生能几何。
　　　　万两黄金未为贵，一家安乐值钱多。
　　　　……
　　　　急办行装赴试闱，父亲严命怎生违。
　　　　一举首登龙虎榜，十年身到凤凰池。
　　　　……
　　　　此行勉强赴春闱，专望明年衣锦归。
　　　　世上万般哀苦事，无过远别共生离。
　　　　……
　　　　今宵明月正团圆，几处凄凉几处喧。
　　　　但愿人生得久长，年年千里共婵娟。
　　　　……
　　　　哽咽无言对二真，千山万水好艰辛。

见说洛阳花似锦，只恐来时不遇春。

……

瑞光楼里，沈小瓯在忘情吟唱……

高明，他是人间惆怅客。知君何事泪纵横？断肠声里忆平生……

祖父的寄托，迷恋戏曲的执着，试场风波的折磨，从军壮志未酬，推官平反冤狱，屈辱的禁锢生活，最后饮尽琵琶孤独。十年的官场风波，刀光剑影，几起几落，世上再也没有一样东西，可以扰乱他的心弦。心如止水者，虽繁华纷扰之世间红尘，依然空无一物。他终于可以了无牵挂，一心一意随他的《琵琶记》远去……

那一张张《琵琶记》手稿如同有心灵感应似的，在风中打着旋地飘舞，一页一页都是高明心底的吟唱，咿咿呀呀的唱腔在这空谷哀鸣：

书，我只为你其中自有黄金屋，却教我撇却椿庭萱草堂。

还思想，休休，毕竟是文章误我，我误爹娘！

书，我只为你其中有女颜如玉，却教我撇却糟糠妻下堂。

还思想，休休，毕竟是文章误我，我误妻房！

乌鸦在枝头盘旋，阵阵哀叫。巨星陨落，高明，误你的不是书，误你的是黑暗昏庸的时代啊！

生不逢时！生而孤独，死亦凄凉。

谁道飘零不可怜，旧游时节好花天。断肠人去自经年！

……

高林收拾那颗破碎的心，追逐着随风飘落的书稿。

他带着高明的书稿和衣物，一路乞讨，回到瑞安柏树村。

此时的柏树村经过战火的践踏，早已夷为平地，哪里还有高宅的影子？高家死的死，逃的逃，下落不明。高林傻眼了，仰天长叹："老爷，老奴带你回家了，你睁开眼看看吧，我们到家了。可哪里是我们的家啊？"

如此凄凉，如此颓败，葬在荒郊野外的高明能想得到吗？

高林落寞的双眼投向集善院：两扇厚重的大门紧闭，门槛锈蚀半朽；门边镶嵌的白石，斑驳错节，依然苍劲；门头上方匾额中的"集善院"三个字伤痕累累，萧条破败；唯有门前杂草还残存着生机。

他的耳畔还回荡着陈素"咯咯"的笑声，还有高明琅琅的书声。仿若昨天。如今断壁残垣，满目杂草。一只青蛙从脚边跳过，可是高明当年吟诵过的那一只？

高明生前最喜欢集善院了，那么就让他的魂回归到这里吧。高林把老爷的衣冠葬在集善院里，让旧时光抚慰游子的心伤。

沈小瓯独守着高明的剧本，在回忆里埋葬自己的青春。是谁说的：一别，便是一生？有没有一个人，一回回让你受伤，你还在痛苦中把记忆收藏？为什么我们总是不懂得珍惜眼前人？在未可预知的重逢里，我们以为总会重逢，总会有缘再会，总以为有机会说一声对不起，却从没想过每一次挥手道别，都可能是诀别；每一声叹息，都可能是人间最后的叹息！

高林修书一封寄与沈小瓯，带去沉痛的消息：高明经受不住路途颠簸，积劳成疾去世。

高明的死讯如重物敲击着沈小瓯的心脏，她一下子跌落梨花椅中，紧握毛笔的手颤抖不已，半天缓不过神来。离别时候，她还憧憬，就像小时候偶遇一样，她和高明还会有重逢的一天。此刻噩耗传来才知道，有时候一别就是一世。她像溺水的人找不到泅渡的木头，灌进嘴里的都是致命的水流。

原来心痛是有声音的。沈小瓯闭上双眼卧在躺椅上，迷糊中，只听见一波高过一波的伤心浪潮朝她汹涌而来。她的呼吸淹没在这伤心海中。她感觉自己就要被淹没了，拼命地狂叫。但是没有人能拯救得了她，一寸一寸，肝肠碎裂的声音如此清晰可闻。她的身子筛糠般地抖动起来。如果可以，她真的愿意即刻死去，追随高明的魂灵归去。她终于懂得生者艰难的含义。活着不容易，在这个草木凋零的季节，在这个离乱疮痍的世界！

好一会儿，她才慢慢惊醒，确定这不是梦。那个自己日思夜想藏在最深心湖的人确实随风飘散了。此刻她不知道自己该做些什么，只急急地提笔，在宣纸上乱涂乱画，写出的是渲染的"高明"。她想修改，哪还来得及？高明曾说："书法好比人生，一笔下去墨水渗透，没有回转余地，一定要凝神静想，想好落笔，需要绝对认真的态度对待。"余音绕耳，君已远逝……

这个与她有过纠结的男子，这个让她一生"非君不嫁"的人，就这样离开自己了吗？他像一只轻盈的鸥鸟，远离她的天空，永远抵达不了她的身边，哪里还能寻找他的影子？高明，她的高明去了哪里？她翻开厚厚的书稿，里面都是高明的影子，曾记得举案齐眉，一个写意，一个画插图；曾记得，寒冬凛冽，高明把身上的披风覆盖在她的肩膀；曾记得，吃糠咽菜呛得双泪直流……如今，只有工工整整的誊抄卷《琵琶记》陪伴着她。蝇头小楷，一笔一画都是沈小瓯和高明的合作。高明枯瘦的身影、温和的笑容浮现在沈小瓯眼前。梦醒处，书稿在她的手中，人却永远回不来了！

高明，日思夜念的高明，你在哪儿！

沈小瓯克制不住，眼泪汹涌而出。记得，高明曾打趣说，如果能换得沈小瓯的幸福快乐，高明愿意为沈小瓯一死。沈小瓯捂住他的嘴巴，"呸呸呸！以后再也不许你提'死'字！"

那天，他们一起去后花园赏花，高明的侧影很好看。

面对着满目盛开的鲜花，沈小瓯满心欢喜，陶醉在浓浓的春色中。高明却突然说："繁花似锦虽好，可惜花期太短！"

沈小瓯只是笑笑，她以为这只是高明宦海不得志的失落的哀叹，一个中年男子的沧桑。其实高明，她的高明早就知道草木一秋、人生一世是很短暂的。

"小瓯，你知道蝉的寿命吗？它从出生到孵化成蝉的时间，要经过漫长的等待，只为在枝头欢叫一个夏天。生命如此短暂，活着当要好好珍惜！"高明无限伤感。

而听这番话时，沈小瓯觉得高明似乎有满腹的心事。她不知道如何安慰他。

"十八年后又是一条好汉！"沈小瓯嘻嘻一笑，有意转移这个沉重的话题。

沈小瓯说，一男子为情所困要跳崖，被寺庙住持所救。住持问他为什么要跳崖，他说相恋三年的女子嫁做了他人妇。住持什么也不说，拿出一枚铜镜请他观看。铜镜中一女子裸尸野外，过路的人纷纷躲避绕开。这时一青衣男子脱下身上的衣服盖在女子身上。过后不久，又来了一红衣少年，他见女子可怜，好心安葬了他。住持说："你就是那个为女子盖衣的人，她感念你好心，今生陪你走过一程，同你相恋。而她要嫁的相公就是那个安葬她的人。"男子释然，打消了跳崖的念头。

"先生，你在小瓯的前世是哪类人？如果真有三生石，好想去看看。"

高明语塞。他已给不起承诺。如果有前世今生，高明定是抱着小瓯让他安然入眠的那个人。但是他什么也没说。

现在沈小瓯后悔了。她不该以这种命题考验高明，难道她对高明还不够了解吗？宽容、谦和、正直。当时他什么也不说，只轻轻地揽她入怀，给她人世间的温暖，帮她融化对生命的孤独感。而她当时什么也没做，现在连这个机会都没有了。她的高明，永远地离她而去。蝉有下一个轮回，而此蝉非彼蝉也。

排山倒海的悲伤再次袭来！

天哪，人生为什么处处悲剧？连一个念想也不留给人吗？

沉默，长长的沉默。

丫鬟静静地带门出去，站在门口候着。

沈小瓯大病了一场，每日站在屋檐下发呆。她知道高明十年宦海浮沉，最高兴的日子原来是和自己一起度过的点点滴滴。在烽烟战火的年代，他们用真情温暖冰凉的岁月。

沈明臣从高明遗物中找出一首诗递给沈小瓯，却是那日高明赠给陈素的，不知为何转了一圈却又转到了沈小瓯的手中：

      一杯别酒阑，三唱阳关罢，万里云山两下相牵挂。念奴半点情与伊家，分付些儿莫记差。不如收拾闲风月，再休惹朱雀桥边野草花。无人把，萋萋芳草随君到天涯。准备着夜雨梧桐，和泪点常飘洒。

"萋萋芳草，随君到天涯。"沈小瓯喃喃，其实高明并未离去。他一直在她身边。他和她一样喜欢听曲，喜欢在戏里感悟人生。

纪念一个人的最好方法就是完成他未竟的事业。沈小瓯化悲痛为力量，要把耗尽高明毕生心血的作品传播出去。高明喜欢戏里大团圆的美好结局。为了高明，她要想办法刊印这部戏，让更多的人分享高明智慧的结晶。尽快发行传阅，让她的高明在云端也能看见世间的欢喜。

高明不属于陈素，也不属于沈小瓯，他是为戏曲而生、为戏曲而死的一代剧作家！他的魂牵着戏曲人生。陈素不知道，沈小瓯不知道，就连高明自己也不知道！

只是每当沈小瓯沉浸在高明写的戏里世界时，耳畔回响糅进人生沧桑的唱词。她看到他的郁闷、彷徨、伤感，都会随着戏里的人物抒发和宣泄。他的激情、呐喊都在角色里呈现。沈小瓯对他的思念减轻了，仿佛高明就在她身边，用手指敲着桌子，摇头晃脑地吟唱……

      无限心中不平事，几番清话又成空。
      一叶浮萍归大海，人生何处不相逢。

是的，穿越时空，他们在精神的世界里重逢！

附录一

高明年表

元成宗大德九年（1305） 深秋出生

距离南宋灭亡最后一战崖山海战过去二十七年。

大德十年（1306） 二岁

抓周显示命运走向。

元至大四年（1311） 七岁

入集善院开蒙读书。

元皇庆元年（1312） 八岁

集善院读书，结识表妹陈素。

元皇庆二年（1313） 九岁

父亲高功甫病逝。

至治元年（1321） 十七岁

情窦初开。出门游学，鼎湖峰结识沈明臣兄妹。拜义乌黄缙为师。

泰定元年（1324） 二十岁

石门洞结识刘基。

创作《闵子骞单衣记》。

和黄缙三杯亭话别。

结束游学，和表妹陈素成亲。

泰定四年（1327） 二十三岁

集善院设帐办私塾。

元顺帝至元六年（1340） 三十六岁

朝廷下诏恢复科举考试。祖父逼迎科考，自奋读《春秋》，"属文操笔立就"。

元顺帝至正四年（1344） 四十岁

乡试中举人。

考场揭帖案闹得沸沸扬扬，最后不了了之。

至正五年（1345） 四十一岁

赴大都应试，考中进士。

至正六年（1346） 四十二岁

授处州录事（相当于今日掌管文书人事的秘书）。

平息鸡头檐。

处理金鹿案，"明委屈调护，民赖以安"。

至正七年（1347） 四十三岁

表彰陈孝女。

离职，处州百姓立"去思碑"。

至正八年（1348） 四十四岁

江浙行中书省官闻其名，辟为丞相掾吏。

杭州任，为他仕途上春风得意之日。

台州民方国珍聚众起事，受招抚，成为元朝官吏。

至正九年（1349） 四十五岁

《和赵承旨题岳王墓韵》。

八月路过昆山，和顾仲瑛结下深厚友谊。

九月作《碧梧翠竹堂后记》（二〇〇八年十二月一日此高明手稿在香港拍出二百五十二万二千四百八十元人民币）。

十月，送苏天爵任大都路都总管，作《送苏伯修参政之京兆尹任》

至正十年（1350） 四十六岁

三月核实田地。

方国珍十二月复叛。

任浙东闻幕四明都事。

书杨维桢《长兴州重修浮宫记》

至正十一年（1351） 四十七岁

浙东闻幕四明都事。

跟随泰不华征战。

春，发兵讨方国珍，与主帅论事不和。

刘基作《从军诗五首送高则诚南征》。

冬，将辞官归家，赵汸作《送高则诚归永嘉序》。

至正十二年（1352） 四十八岁

元军征战失利，招抚方国珍。

高明反对招安，逃避不治文书，回省城受冷遇。

认识到功名是忧患之始。

任绍兴路判官，转庆元路（今宁波市）推官。

泰不华、樊执敬战死。

至正十三年（1353） 四十九岁

庆元路（今宁波市）推官。

重审冤案。

右丞相脱脱自请出征，攻破徐州。

五月，作《题放翁〈晨起〉》诗卷。

至正十四年（1354） 五十岁

庆元路推官。

刘基得罪方国珍，元朝廷令软禁于绍兴。

和高明借酒浇愁，战火蔓延，加固城墙。

脱脱讨伐张士诚。

至正十五年（1355） 五十一岁

江南行台掾。

得罪权贵，请长期病假，路过义乌专程拜访老师黄缙。

夏，作《余姚龙泉寺碑跋》。

至正十六年（1356） 五十二岁

脱脱流放云南，假诏赐死，英年四十二岁，元朝末年国家唯一栋梁遭到冤杀。

方国珍攻入庆元,据有温、台、庆元三都。

至正十七年(1357) 五十三岁

二月,做客上虞,访仲仁仲远仲刚三兄弟。

夏,访夏盖湖子素,未遇。

月彦明推荐高明任福建行省都事,方国珍强留下。

帮方国珍写《余姚州筑城记》。

拒绝刘基礼请,正式解官。

至正十八年(1358) 五十四岁

私塾先生。

隐居栎社沈氏楼,创作《琵琶记》。

至正十九年(1359) 五十五岁

隐居鄞县栎社沈氏楼,以词曲自娱,抱病创作《琵琶记》。

用毕生心血完成传世之作《琵琶记》。

婉拒沈氏小姐爱慕之心。

一三五九年秋冬之际还乡,途中卒于宁海县。归葬阁巷。

至正二十年(1360)

沈小瓯辅助,《琵琶记》刊印本问世。

著有《柔克斋集》二十卷,今仅存诗五十五首,词曲四首,文十二篇。

巨作《琵琶记》被称为"南曲之祖"。

附录二　参考文献

一、史志类

1.《元史》，宋濂、王祎主编，中华书局。

2.《元朝简史》，邱树森著，福建人民出版社。

3.《资治通鉴》，司马光著，岳麓书社。

4.《通鉴外纪》，刘恕著，国家图书馆出版社。

5.《元文类》，苏天爵著，上海古籍出版社。

6.《中国通史》，范文澜著，人民出版社。

7.《元史纪事本末》，陈邦瞻著，中华书局。

8.《中国戏曲史》，麻文琦著，文化艺术出版社。

9.《明史纪事本末》，谷应泰著，中华书局。

10.《大元大一统志》，赵万里辑，中华书局。

11.《弘治温州府志》，王瓒著，上海社会科学院出版社。

12.《中国文学史》，游国恩著，人民文学出版社。

13.《元朝名臣事略》，苏天爵编，中华书局。

14.《瑞安市志》，宋维远主编，中华书局。

15.《至正四明续志》，王元恭著，中华书局。

16.《鄞县志》，戴枚著，中华书局。

17.《青田县志》，陈慕榕主编，浙江大学出版社。

18.《历代建元考》，钟渊映编，中华书局。

19.《元史艺文志》，钱大昕著，商务印书馆。

二、诗文集

1.《柔克斋诗文集》，高明著，人民文学出版社。

2.《刘伯温集》，刘基著，浙江古籍出版社。

3.《草堂雅集》，顾瑛著，中华书局。

4.《琵琶记》，高明著，中华书局。

5.《元朝那些事儿》，阿龙著，华夏出版社。

6.《歧海琐谈》，姜准著，上海社会科学院出版社。

7.《明朝那些事儿》，当年明月著，中国海关出版社。

8.《瓯海轶闻》，孙衣言著，上海社会科学院出版社。

9.《高则诚的故事》，舒良娅辑，浙江人民出版社。

10.《刘基研究》，何向荣 陈守文著，人民出版社。

11.《中国民间故事·浙江瑞安卷》，白庚胜编，知识产权出版社。

12.《琵琶记研讨会论文集》，温州市文化广电新闻出版局编，上海古籍出版社。

13.《元诗选》，顾嗣立编，中华书局。

14.《元明清诗鉴赏辞典》，钱仲联著，上海辞书出版社。

15.《四友斋丛说》，何良俊著，上海古籍出版社。

16.《中国曲学大辞典》，齐森华著，浙江教育出版社。

17.《高则诚与琵琶记》，万晴川著，浙江大学出版社。

18.《元曲选校注》，王学奇著，河北教育出版社。

19.《全元散曲》，隋树森编，中华书局。

20.《中国大百科全书·文学卷》，胡乔木主编，中国大百科全书出版社。

21.《中国大百科全书·戏曲卷》，胡乔木主编，中国大百科全书出版社。

22.《中国大百科全书·中国历史·元史》，胡乔木主编，中国大百科全书出版社。

23.《琵琶记研究文论》，孙崇涛著，中华书局。

24.《纪念高则诚诞辰 700 周年国际研讨会（温州）论文集》，上海古籍出版社。

25.《瑞安高明后裔考述》，高圻祥著，中国文化出版社。

26.《曲录》，王国维著，上海古籍出版社。

27.《宋元戏曲考》，王国维著，中国戏剧出版社。

28.《小说考证》，蒋瑞藻著，古典文学出版社。

29.《瑞安高则诚传》，钱南楼著，浙江通志馆馆刊。

30.《琵琶记研究》，岩诚秀夫著，中国语学学刊。

31.《琵琶记讨论专刊》，《剧本》月刊社编。

32.《元明南戏考略》，赵景深著，作家出版社。

33.《南戏研究变迁》，金宁芬著，天津教育出版社。

34.《高则诚生平行实新证》，徐永明著，《文学遗产》期刊。

35.《月小似眉弯》，白落梅著，中国华侨出版社。

36.《西风多少恨，吹不散眉弯》，白落梅著，云南人民出版社。

三、文献与谱牒

1.《浙江文史集粹·文学艺术卷》，浙江人民出版社。

2.《中国历史大辞典》，郑天挺、谭其骧编，上海古籍出版社。

3.《历代名人年谱》，吴荣光著，中国书店出版社。

4.《阁巷陈氏大宗谱》，阁巷陈氏宗族家传。

5.《中国古今地名大辞典》，臧励龢著，商务印书馆。

6.《中国历代名人大辞典》，毕万闻著，江苏古籍出版社。

7.《中国文学家大辞典》，谭正璧编，中华书局。

8.《诗词曲名句辞典》，赵传仁著，山东教育出版社。

9.《宋元学案》，黄宗羲著，中华书局。

10.《元朝名臣事略》，苏天爵编，中华书局。

附录三

人物传略

　　高明，字则诚，一字晦叔，号菜根道人，瑞安崇儒里柏树村（今阁巷镇）人。大约生于元大德九年（1305），卒于明初。瑞安古属永嘉郡，故常自署永嘉高明。幼慧，入同里陈氏家塾习业，常得祖父、伯父及同里长辈指点，自少以博学称。及长，曾在家设帐授徒。元惠宗至元六年（1340）七月恢复科举考试，曾叹"人不专一经取第，虽博奚为？""乃自奋读《春秋》，识圣人大义，属文操笔立就"。至正五年（1345）中进士，授处州录事，"时监郡马僧家奴贪暴，明委曲调护，民赖以安"。八年（1348），辟为江浙行省属掾。高明为人刚正耿直，为官清介廉明，办事干练娴熟，省掾任上"书生称其才华，官吏推其练达"，声闻益隆，而高明亦以名节自励，"意所不可，辄上政事堂慷慨求去"。十年（1350）十二月，方国珍复叛，行省臣因高明温州人，知海滨事，调任浙东阃幕都事，十一年（1351）春发兵讨方国珍，因与主帅论事不合，避而不治文书，致师出逾三时。十二年（1352）秋任绍兴路判官，转庆元路（今宁波市）推官。狱囚多冤，无不一一堪问，予以昭雪，"凡狱囚无验者，悉讯遣之，操纵允当，囹圄一空，郡称为神"。调江南行省台掾，数次触忤权贵，托病辞去，退志遂萌，感慨万千："岁晚仲宣犹在旅，年来伯玉自知非"，叹息自己身似王粲处乱世而怀才不遇，故应如蘧伯玉悔省后遁世。"争如蓑笠秋江上，自脍鲈鱼买浊醪"，过着田园生活。至正十六年（1356）后，任命为福建行省都事、国史院典籍官，可能都未到位。途经庆元时，方国珍邀留幕下，力辞不从，遂居鄞（今属宁波市）之栎社沈氏楼，撰写《琵琶记》。

南戏中原有《赵贞女和蔡二郎》，徐渭《南词叙录》谓"即伯喈弃亲背妇，为暴雷震死"，高明加以改写，成为谴责科举制度和仕宦道路之戏曲。在《琵琶记》起首云："论传奇，乐人易，动人难"，为达到"动人"境地，反复吟唱，一再修改，决不苟且。《宝剑记序》载，高明"闭关谢客，极力苦心，歌咏则口吐涎沫，按节拍则脚点楼板皆穿，积之岁月，然后出以示人"。《琵琶记》"用清丽之词，一洗作者之陋，于是村坊小伎，进与古法部相参"（《南词叙录》），被奉为"曲祖"，广为传演，"演习梨园，几半天下"。"每奏一剧，穷夕彻旦，虽有众乐，无暇杂陈。"（胡应麟《少室山房笔丛》）

洪武元年（1368）朱元璋即帝位，派人征召，以老疾辞。不久，卧病卒，归葬于故里。生平工诗、善书，尤擅词曲，著有南戏《闵子骞单衣记》、诗文集《柔克斋集》二十卷，均已散佚，仅留诗作六十多首，收入《永嘉诗人祠堂丛刻》;《元名公翰墨卷》有高则诚书，晚年，为友朋题识，为碑刻书丹，得之者皆目为无比珍贵。

引自《温州市志》

后记

一、千古琵琶情悠悠

一缕香烟随风去，不死的是凝聚在寂寞文字里的故事。在击节弹唱时，满纸心酸付东流。俱往矣，留下来千古琵琶悠悠。

北曲以《西厢》为巨擘，南戏让《琵琶》作魁首。

从明朝以来，《琵琶记》被视为传奇的典范。明清两代刊刻传抄的版本存世者约四十余种，堪称中国戏曲版本之冠。它与《西厢记》《牡丹亭》《长生殿》《桃花扇》并称中国古代五大名剧，也是中国十大古典悲剧之一。《琵琶记》从一问世就轰动朝野，妇孺皆知，而且享誉世界。

《中国大百科全书》称关汉卿、王实甫、高明为伟大剧作家。

著名文学史家、国家首任文物局局长郑振铎撰文评价："高明的《琵琶记》是我国戏文中第一部伟大不朽的作品！"倡导认真研究与继承。英国大不列颠百科全书语称高明是"中国伟大的剧作家"。

从明代以来的六百多年，《琵琶记》被视为传奇的典范，代有刻本。其主要刻本有四十多种。《琵琶记》在国外，法、英、美、日等国以及拉丁文都有译本。十七世纪先流传东南亚。一八四一年，法国一位汉学家 A.P.I. 巴赞把《琵琶记》译成法文，由巴黎皇家印刷所出版发行，介绍给欧洲各国读者。在二十世纪，美国百老汇还把《琵琶记》改编为音乐剧《琵琶歌》，上演成功，轰动一时，国际上享有盛誉。

一九二四年，闻一多、梁实秋、冰心等留学美国，成立同学会，为向西方推介中华文化，首选《琵琶记》译为英语话剧，于一九二五年三月在波士顿大剧院公演，梁实秋翻译且主演蔡伯喈，谢文秋、冰心饰演赵五娘和牛小姐，闻一多负责布景道具，演出成功，美国轰动。

六百多年后的深夜，当我们打开电视，看到有关《琵琶记》的种种传说，忍不住内心激荡。

这时代流行快餐文化，"娱乐至上"。传媒都在卖力地讨好俗世，重金打造娱乐节目，不惜代价把黄金时间占尽，播放应时应景之作。阅过众多栏目，不敢恭维者实属多数。

在电视栏目里，偶尔也会见到一些有文化内涵的节目。

浙江卫视《江南戏曲奇才》，这是一档请名人专家讲课的栏目，比如钱文忠讲高明的《琵琶记》，实属凤毛麟角。甚好，甚好。可惜，放在凌晨三时，招揽不到多少观众。

这个年代什么都很颠倒。

钱文忠是谁？复旦大学教授，季羡林的关门弟子。季羡林何许人也？北大老教授，著名国学大师。让这些人屈尊在人们熟睡之后的荧屏上，虽侃侃而谈，但知者寥寥。让那些娱乐大众的庸俗娱乐占着黄金时段，大约就是这个时代的特征。不管了，单看高明的《琵琶记》，能让大师惦记着，就足见其人其作地位之高。

一边是名家名人的高度评价，一边是大众的漠然淡忘。高明的名剧自诞生以来一直受到广泛欢迎，六百多年经久不衰。直至今日，不知何故，会出现这种现象。多少次在不同场合提到高则诚以及《琵琶记》，多少人是"无论魏晋"似的一脸茫然。

在传统伦理道德指导下，高明剧作《琵琶记》之人物赵五娘的自我意识缺失，是那个时代女性的普通现象，普世价值。作品流传至今，常常被一些大学生拿来做靶子，打出一篇篇用来换取毕业证书的所谓答辩论文，偏偏爱讲上一讲，什么时代局限性。

在这个思想多元化的时代，我们不希望一边倒地歌颂高明及其作品。同时，我们也不愿意看到一些对高明及其作品的无厘头的质疑。

作为封建时代的士大夫，他有自己的道德王国。我们不必苛责他作品的时代局限性。我们反观《琵琶记》中的赵五娘是否令你在逆境中依然隐忍坚强，是否令你温暖垂怜？蔡伯喈身不由己，被命运主宰无奈懦弱隐忍，你是否深有同感？无论这个作品如何，如果这个作品曾经触动你柔软的内心，那么至少可以说它是成功的。

高明以他的文学修养，提高了南戏的文学品位，并以其作品，改变了南戏的粗糙和简陋，使南戏得以与杂剧、与文学史上的其他文学样式并驾齐驱，使南戏由民间进入到文人与政客的书房。以此为标记，南戏创作迈入到一个新的阶段。继他之后，士大夫汤显祖、洪昇、洪炳文等都从事戏剧创作。

《琵琶记》结构形式上的创新，作为南戏创作的示范性作品，给后来的创作以极大的影响。

《琵琶记》采用的双线结构模式，几乎成为后来南戏、传奇创作的基本结构方式。

这些都是高明的历史功绩，在当代被淡忘，甚至被漠视。这是我们志为高明立传之缘起。

高明对浙江、温州、瑞安的戏剧家与才人的鼓舞是显而易见的，民国瑞安有陈楚淮先生写了好几个有名的剧本，包括抗日爱国剧本。瑞安著名剧作家黄宗江、黄宗英兄妹及洪炳文无不受高明的榜样激励和影响。

高明的生死卒年一直是个谜。我们走访了许多地方，考察了无数可疑的迹象，依然不能正确给出答案。相信我们所做的，很多研究高明的学者、专家也在致力追寻着。高明生卒年普遍的说法是两种：一是一三〇五至一三五九，一是一三〇六至一三七一。学界争论不休，无论何种生卒年，不争的是大家对《琵琶记》的一致肯定和高度评价。

几番考证的结果，很遗憾，不但高明的生卒年无法定论，而且连《琵琶记》的产地也是疑案一桩，历代也是众说纷纭，只因高明一生行踪漂浮不定。永乐《瑞安县志》、嘉靖《宁波府志》都说写于鄞县栎社沈氏楼。清人刘廷玑则说，高则诚写此剧的地点，是在丽水西郊的姜山悬藜阁;《浙江通志》载有东阳古迹"三杯亭",说高则诚在丽水时,曾师事义乌大学者黄缙,但黄缙并不知道他会词曲。高则诚离开后,黄缙偶登其所居楼,见壁间贴满了《琵琶记》手稿,深叹其"文辞淹博,意义精工,遂追饯至此亭斟酒三杯而别"。清人周亮工《书影》则说是在杭州的昭庆寺,寺中还留有高则诚写此剧曲时按拍的几案,"当按拍处,痕深寸许"。也有人说是在萧山任原礼家写的,康熙《萧山县志》就有此记载。而《新昌县志》则又记有"丁若水字咏道,与高则诚共编《琵琶记》行于世"。可见《琵琶记》的产地也成了一桩多头公案。

各地争夺《琵琶记》的产地,实质说明对《琵琶记》的高度追捧。大家以高明在此地生活写作过为荣。

但我们更愿意相信高明就在宁波栎社写成《琵琶记》。就像他的爱情一样成谜。纵观他的一生,都是迷雾一样的生活,因为时代的纷乱,战争烟雾迷蒙,导致他生活在众人皆醉我独醒的孤独状态。有才,无发挥余地;有爱,不敢追求;忠孝,难以成全……在内心不断的撕扯中发酵成矛盾剧情,走出官场,卸下一身荣辱,晚年,把一生才华凝聚在《琵琶记》,留待后人评说。

高明除了《琵琶记》,还有另一本戏文《闵子骞单衣记》,已佚。清朝《四库全书》载:高明有诗文集《柔克斋集》二十卷,"明中叶时已无传本",今残存诗文七十多篇(首)。

他一生的成就,可用多才多艺概括。只因他的《琵琶记》名扬四海,远远盖过了他的诗文和书法,后人提及常常忽略。他善书,《元名公翰墨卷》有高明书。晚年居四明,多次为友人题识,为碑刻书丹,"词章翰墨,人得之者不啻拱璧"。高明书法方正刚劲,凝重深厚,具有庄重正大气度。《题唐康居国贤首祖师墨迹跋》手书,为瑞安林大同所发现,后传其哲嗣林镜平,文化大革命中遗失。现仅存照片复制件。

高明,他穷尽一生的追求就是为了一部戏。

人生如戏,戏如人生。冰心诗云:成功的花儿,人们只惊羡她现时的明艳。然而当初她的芽儿,浸透了奋斗的泪泉,洒满了牺牲的血泪。

在艺人弹唱《琵琶记》时，高明总是一边聚精会神地听，一边用手指在石桌上打着拍子。当弹至悲切处，如泣如诉，仿佛赵五娘就站在面前。他也情不自禁为自己笔下的赵五娘悲惨遭遇而滚滚泪下。不知有多少次，他听得入神，手指被击破，淌出鲜血，也浑然不觉。每当听到家乡这个"麻子桌"的传说时，就更加深了我们对高明的敬佩和神往。

我们尊重历史，更尊重事实。我们并非考证高明及其作品的专家。在本书中，我们只致力于还原高明的人生轨迹，并借此希望后人能记住这位仁义的大文豪。

为了完整地还原高则诚人生轨迹，我们创作组三人，搜集到关于高明及《琵琶记》的研究书刊百余种，轮番阅读研究，从中梳理辩解求证确认，试图全面地了解作家作品的生平与背景，并小心走进高明的内心世界。两年里，走遍了历史上高明曾经走过的足迹，浙西浙东，南京北京，每到一处，必先探访当地博物馆，不放过一点蛛丝马迹，然后实地踏访，用心感受，目的是更客观更立体地还原人物活动的具体场景，力求塑造出更接近历史真实的高明。

今天，每当我们把目光投向古戏台，依稀会看到高明的影子在人群中熠熠闪光。尽管他已逝去六百多年，我们依然觉得他并未走远，并时时与我们对话。

如今，我们再次走进集善院，只想轻轻地对这位旷世才子说一声：喔，原来你就在这里！

回眸处，"斯人未死，千年不灭琵琶曲；此戏长存，百代犹传孝顺歌"。落日如金，霞光万道。

二、还家乡一个心愿

本书三位作者：张益、金春妙、胡少山，都是此书传主高明的同乡——浙江省瑞安市人，都是热爱写作的语文教师，也都是扎根浙南海隅底层、热衷报告文学创作的中国报告文学学会会员。我们老中青三位作家有一个共同的心愿：在当今物欲横流、社会疯狂拜金并已腐蚀中华伦理道德的特殊时期，决心高扬中华传统文化道德的旗帜，呼唤中华民族的核心价值观，为子孙后代推崇与讴歌一批风清气正、刚正诚信、学识渊博、热心爱民的古今名人，为历史存正气，给世人弘美德。

张益，年已古稀，解放初八九岁看过的"阿柳班""忠兴班"的乱弹、越剧及瓯剧《琵琶记》《蔡伯喈忠孝大团圆》，六十年念念不忘。一生追寻在《琵琶记》的世界里，把握大局，搜集史料，克服各种困难，指导创作。

金春妙，本书执笔。三十出头，秀外慧中，擅构思，对文学创作有着痴迷般的爱好。她在飞云江南岸水乡林垟长大，和高明生活的阁巷仅一桥之隔。时过境迁，林垟和阁巷合并为一个镇，她从小听多了高明的传奇故事，胸腹装满了外乡人根本听不懂的瑞安方言童谣与农村谚语，包括千百年流传下来的高腔、鼓词、莲花落、弹唱、走马灯等民间戏文、曲艺等。"爱国首先要爱乡，爱乡就得尊崇、学习家乡的历史文化名人！"从小就有撰写乡贤高明的情感冲动。小时候每当从集善院门前走过，她总是浮想联翩，高明到底是个怎样的人物？有谁能把高明事迹写出来，留之后世？她注重元明期间高明相关文史资料的积累，高、陈姻亲两家故事与传说的搜集，高氏后裔的寻觅以及南戏发展、繁荣的脉络探索等等。

胡少山，年将半百，稳重与成熟。他爱好文学，尤喜人物采写，多年来创作完成了数十个当地知名人士的专访。

二〇一二年五月，我们组建了《高明传》三人创作小组，执着地走到今天，是学习？是历练？是探索？仿佛都有。

高明作为中华历史文化名人乃至世界历史文化名人，缘于他耗费终生心血创作了一部蜚声中外、光耀千古的《琵琶记》。我们按史实资料围绕高明及高明创作的《琵琶记》，再现其坎坷而辉煌的传奇一生。

撰写伟大的历史人物传记，要遵循历史真实性与文学艺术性相统一的原则，创作难度是很大的。我们各怀美好的愿望，认定一个共同的神圣的目标，在开诚布公的争论中求得共识，在科学思辨的学习借鉴中共同成长！

创作的动力与意志来源于对创作价值的认识与判定。为什么写高明？学习、点赞他哪些亮点？他有否激发人们的爱国热情？有否鼓起我们读者的民族自信心？至少，高明的人格与《琵琶记》的神韵，导引我们追寻、膜拜那道德的圣殿——这些常常成为我们集体创作时讨论的焦点。

历史是劳动人民创造的，其中优秀人物创造性更丰富更强大。马克思说："有了人，我们就有了历史。"真实、生动地写好历史文化名人传记，可为后世作为仿效的楷模，其榜样激励作用不可估量——我们既然下了创作决心，就要不怕万难，全力以赴。中途不得退缩畏难，要牢记着办法总比困难多！坚持创作善始善终，争取成书成功。我们真诚地将创作《高明传》当作学习高明的一次考验。高明在元末战乱中辞官寄人篱下，抱病三年写成《琵琶记》而泽遗后世，闻名世界，我们衣食无忧的三个人在上下各方关怀下难道就写不成《高明传》？

其次是加深对历史真实的认识。写历史人物，以报告文学的笔调，贵在历史的真实。历史真实有深、浅之分。浅层的是指历史人物一生的重大实践创造，必须实事求是，有根有据，对史料细搜集，会挑选、辨真伪，撮其要，先达到形似，接着由表入里地深入下去求得神似。我们得思考历史人物的时代环境、社会关系、思想性格和其在家族群体与社会整体的实践活动中扮演角色的特点、个性及对历史创造的贡献。只有形神兼备了，正如王安石在《读史》诗中亮明的"糟粕所传非粹美，丹青难写是精神"，我们就必须咬定青山不放松，反复努力写出历史人物的神韵——这才是真正的历史真实。比如《明史》和一些省市方志对高明卒年各存一说，几百年来争论至今。我们认真比较判断，选择了高、陈二姻亲家的族谱和《简明大不列颠百科全书》词条"高明（1305—1359）"为准，觉得较为可靠。这一类属浅表性的材料真实。而像高明孤身寄寓鄞县栎社沈明臣家当塾师，三年创作《琵琶记》，承蒙其妹沈小瓯长期抄录与寻医煎药，体贴照顾，双方产生了恋情。之后沈小瓯主动通款，愿做二房"雨无门户能留客"。而且当时是可以多妻的封建环境。但写《琵琶记》标榜道德教化与忠孝节义的高明最后忍痛割爱，抱病离开沈家回乡，道是"虹有桥梁不度人"。不料客死宁海道上，显示出正直知识分子"遵天道，明人伦"的人格光辉！这就是深层次的历史真实！如若高明以近花甲之年娶得年轻的沈小瓯，他撇下老家倚门相望的糟糠之妻陈素，这故事固然会更曲折更热闹，但可惜会成为现实版的"停妻再娶"，成了对《琵琶记》的绝大讽刺！高明作为伟大的剧作家，通过《琵琶记》赞美大忠大孝，不独做官刚直清正，为人亦耿介利他，才成了"为时名流"，留芳至今。这种关键时刻的人物选择与考验，才真正显现了传主的神韵和历史的真实！

我们在构思、撰写《高明传》过程中，最伤脑筋的是关于高明入仕元朝的民族气节评价问题。与好友刘基、宋濂相比，刘、宋最后都离弃元衙职务，毅然投入朱元璋的造反队伍，为建立朱明新朝立下不朽功勋。而高明呢，尽管考举人、考进士是爷爷逼迫，要他光耀门庭，但他十年宦海沉浮，即使受压迫屈居下僚，但为官为政仍然十分卖力。只是"南人"身份一直受歧视遭排斥，立功无望，立德无力，便转而发挥自身优势，走创作"立言"之道。诚如《明史》本传点明的："以《琵琶记》鸣于世"，也算"立功至伟"了。

由此我们逐步取得共识：我们写的是历史文化名人高明，文学家高明，而非写将相领袖或政治家。同为历史文化名人的南唐后主李煜，是一个奢靡无能、盘剥百姓的亡国之君，但他又是开创一代词风的大诗人；书画家赵孟頫还是赵宋的子孙，却为元廷服务！人在各种主客观条件下，各类时代背景及人生机遇不同，会出现不同的价值取向进而留下不同的历史痕迹。文史专家何西来如此评价李煜："一个孱弱无能的亡国之君消失在历史烟尘之中；一代盖世词主却能万古流芳。这是运道，这是人生，更是宿命！一千年的沉寂，在作者笔下回响，绽放出凄冷的

烟花。这是一首动人的挽歌。"（见郭启宏《千秋词主李煜传》）

较之李煜，高明的仁义爱民之心强多了。一是生在农家，从小节俭，与乡邻农夫习性相通，明白稼穑靠天的艰难，下笔颇能细微传神；二是传统儒家读书人，"学而优则仕"。宗族、长辈总是鼓励乃至逼迫他们走科举之路，争门庭光耀，实际上也是实现人生忠君、爱民的价值；其三呢，是中国文人"人过留名、雁过留声"精神心理需求。读一辈子书，"才识超群"，就无声无息地白活一辈子？这是中华民族几千年来激励读书人建功立业、终生进取的最韧性、最有力的发动机！

《左传·襄公二十四年》强调过："太上有立德，其次有立功，其次有立言。虽久不废，此之谓三不朽。"在中国文化历史长河中，多少先哲先贤浸润其中而追求不朽！屈原放逐乃赋《离骚》；太史公忍辱不死，为写《史记》；曹丕重在谋权立国，仍不忘撰写《典论》藏之名山。至元明社会动荡，生计艰难，高明的好友刘基隐居南田山与石门洞，仍孜孜求学，殷殷写书，像姜太公渭水钓鱼似的"以俟知者"："先生生于元季，早蕴伊吕之志，遭时变更，命世之才，沉于下僚，浩然之气，厄而不用，因著书立言，以俟知者！"（引自瑞安学者叶蕃为好友刘基《写情集》之序）

高明作为刘基知音，也是同理立世：元廷腐朽，他辞官不就，已示决绝；朱元璋托刘基延聘不应，一为年高体衰，自知有病，二为《琵琶记》的文词打磨，声腔妙构，还得投放心血。他钦佩刘基的"鼓志奋勇"最终成为"三不朽"名人，也能有自知之明："弱水三千吾只取一瓢饮"——《琵琶记》的传世，让他在文学上永垂不朽！

我们三人立志抱团创作《高明传》，一为惋惜六百多年后的今日文学之日渐式微，二为哀叹高明这样的文学伟人竟没有一本倾情、详尽的传记！

写高明传，我们不求典章礼仪的逼真，不详乎去伪存真的求证，也不做孰是孰非的妄断。我们只想将高明的史略演绎开来，让他的精神有一个载体得以有效传播，让他的思想有一个平台予以展示，让他的文脉有一个渠道得以流传。

　　写历史文化名人传记，需要扎实的文献功底。我们沿着高明求学及为官的足迹，自驾二绕江浙，找到了高明借寓三年创作《琵琶记》的瑞光楼遗址及沈氏祠堂；通过老县长高祈祥弄清了高氏后裔的族谱记载，直至七月冒高温去北京国子监找到元代进士名录碑以及元大都与内蒙古正蓝旗的元上都古城，搜集了大量的高明史料与高明跟南戏的生动传说，让我们写《高明传》有了丰富的可供还原的现实场景和用来借鉴的文史资源。拟草稿，泪伴高潮，三易其稿，终致成书！全凭着与传主同乡的情愫，全凭着搜集积累的第一手史料，全凭着对报告文学创作的共同爱好和中国报告文学学会的坚持鼓励，加上文化强国战略的推出与中华历史文化名人工程实施的天赐机缘，我们才有《高明传》的孕育问世，了却了报效家乡的一个心愿。

　　从动议至成书，我们经历了一千多个日夜。寒暑交替，南来北往，清茶淡饭，坚持到底，终不辜负各方的关爱和期待。

　　从斗室走出，走向大街，走向旷野，抬头问天：这个作品不知能否给家乡人民带来新风尚，注入正能量？

2014 年 8 月一稿

2014 年 12 月二稿

2015 年 5 月三稿

图书在版编目（CIP）数据

琵琶情：高明传 / 金三益 著. -- 北京：作家出版社，2015.7

（中国历史文化名人传丛书）

ISBN 978-7-5063-8132-1

Ⅰ.①琶… Ⅱ.①金… Ⅲ.①高则诚（？～1359）– 传记 Ⅳ.①K825.6

中国版本图书馆CIP数据核字（2015）第160919号

琵琶情——高明传

作　　者：金三益
责任编辑：冯京丽
书籍设计：刘晓翔+韩湛宁
责任印制：李卫东 李大庆
出版发行：作家出版社
社　　址：北京农展馆南里10号　　　　邮　　编：100125
电话传真：86-10-65930756（出版发行部）
　　　　　86-10-65004079（总编室）
　　　　　86-10-65015116（邮购部）
E-mail:zuojia@zuojia.net.cn
http://www.haozuojia.com（作家在线）
印　　刷：北京汇林印务有限公司
成品尺寸：152×230
字　　数：303千
印　　张：22
版　　次：2015年8月第1版
印　　次：2015年8月第1次印刷
ISBN 978-7-5063-8132-1
定　　价：60.00元（精）

作家版图书，版权所有，侵权必究。

作家版图书，印装错误可随时退换。